인공지능의 미래와
지혜의 알고리즘

인공지능의 미래와 지혜의 알고리즘

초판 1쇄 발행 | 2023년 7월 31일

지 은 이 | 석봉래
펴 낸 이 | 이은성
편　　집 | 김하종
디 자 인 | 파이브에잇

펴 낸 곳 | 필로소픽
주　　소 | 서울시 종로구 창덕궁길 29-38, 4-5층
전　　화 | (02) 883-9774
팩　　스 | (02) 883-3496
이 메 일 | philosophik@naver.com
등록번호 | 제2021-000133호

ISBN 979-11-5783-303-0 93100

필로소픽은 푸른커뮤니케이션의 출판 브랜드입니다.

인공지능의 미래와

지혜의 알고리즘

석봉래 지음

P 필로소픽

차례

서문   ◆   6

제1장   인공지능과 자연지능:
지능을 가진 기계와 지혜로운 기계   ◆   11

제2장   컴퓨터와 불교: 용수의 중관론   ◆   51

제3장   깨달음의 알고리즘: 황벽 스님과 임제 스님   ◆   65

제4장   신경망 체계와 불교의 오온五蘊 사상   ◆   79

제5장   중국어 방 논증과 로봇 승려   ◆   89

제6장   인공지능의 표상과 지혜의 창조적 자유   ◆   109

제7장   인공지능의 의식과 깨달음의 의식   ◆   131

제8장   튜링 테스트와 붓다 테스트   ◆   205

제9장   일라이자와 선문답禪問答하기   ◆   245

제10장   인공지능의 미래: 생성형 인공지능과 사회적 인공지능   ◆   259

에필로그   지혜로운 기계를 위한 알고리즘   ◆   283

참고 문헌   ◆   291

소개 문헌   ◆   297

서문

인공지능의 혁명은 이미 시작되었다. 인공지능은 빠르게 우리의 삶을 변화시키고 우리의 삶을 지배한다. 인공지능이 정해준 시간에 잠을 자고, 인공지능이 정해준 시간에 잠에서 깨어나, 인공지능이 준비한 밥을 먹고, 인공지능이 통제하는 가장 빠르고 편리한 교통 수단으로 이동하는 삶을 사는 것이 이제는 더 이상 낯설지 않은 시대가 되었다. 그런데 자세히 살펴보면 인공지능은 단순히 자동화된 정보 처리기계만은 아닌 것 같다. 우리는 인공지능을 복합적 정보의 처리와 판단을 위해 사용하기도 하지만 인공지능과 관계를 맺고, 대화를 하고, 상담을 하기도 한다. 인공지능은 단순한 기계가 아니라 열려 있는 삶의 매체이고, 생각의 방식이고, 관계의 형식이다. 마셜 매클루언Marshall McLuhan이 주장한 것처럼 "매체가 메시지The medium is the message"라고 한다면, 즉 내용을 담고 있는 도구나 그릇이 내용 자체에 영향을 미친다면, 우리는 인공지능을 도구로 사용하면서도 그것의 말투를 흉내내고 그것을 통해서 소통하고, 거래하고, 관계를 맺고, 결정을 내리는 시대로 달려가고 있다. 이러한 시각에서 본다면 인공지능은 프로그램으로 완성된 기계일 뿐만 아니라 소통의 형식이고 담화의 매체이며 우리의 생각과 사회 활동에 영향을 미치는 문화적 체계이다.[1] 시리Siri와 알렉사Alexa는 우리의 친구이자 말동

무이고, 일라이자ELIZA는 우리의 상담자이고, 서맨사Samantha는 마음의 상처를 치유하고자 한다. 챗GPT는 무엇이든 알려주고, 필요하면 멋진 노래 가사나 감동적인 연설문도 써준다. 그렇다면 인공지능이 단순한 복합적 정보 처리의 기계가 아니라 진정으로 우리와 소통할 수 있는 교감의 기계나 깨달음을 주는 지혜의 기계가 될 수 있을까?

인공지능의 정신성과 종교성을 따지는 것은 매우 모순적인 것처럼 보인다. 많은 사람들은 인공지능이 인공적으로 만들어진 기계이며, 기계는 본질적으로 정신성을 갖지 않는다고 생각한다. 기계적 체계에 자유의지와 정신성을 부여하는 것은 성질이 전혀 다른 물과 기름을 섞는 것만큼이나 어려운 일이다. 그럼에도 불구하고 기계가 가질 수 있는 최고의 정신적 능력에 관한 논의는 인공지능 연구를 더욱 활발하게 만들고 있다. 많은 인공지능 연구가와 미래학자들이 주장하듯이 인공지능의 최종 단계는 세탁기나 자동차 등의 기능을 향상 시켜주는 정보 처리의 능력이나 연산 능력의 폭발적 확대가 아니라, 종합적 판단과 통찰력에 도달하는 지적 능력의 질적인 변화, 다시 말해 깊은 이해와 창조적 지혜에 도달하는 것이다. 즉, 인공지능의 미래는 단순한 정보 처리의 기계가 되는 것이 아니라 지혜로운 기계가 되는 것이다.

인간의 마음과 정신세계를 영혼이나 절대적 자아와 같은 초월적 대상을 통해서가 아니라 명상적 의식과 깨달음의 열린 시각으로 바라보

---

1 매클루언의 주장은 말이 전달되는 형태, 예를 들어 편지, 텍스트, 소셜 미디어 등이 말의 내용이나 영향력에 영향을 미친다는 의미이다. 원래 말이 전달되는 형태는 그 내용과 별도로 구분되어야 하지만 매클루언은 이 두 가지가 밀접하게 연결될 수 있음을 주장한 것이다. 즉 같은 내용이라도 인공지능을 통해 출력되면 많은 사람들이 더욱 관심을 기울이고 그 내용에 객관성을 부여하고 신뢰할 수도 있다는 뜻이다. (McLuhan, H. (1964/1994). *Understanding media: The extensions of man*, Cambridge, MA: MIT press, chapter 1, pp. 1-18.)

는 불교는, 인공지능이 각성을 통해 지혜로운 기계가 될 수 있는가 하는 질문에 답할 수 있는 종교라는 생각이 든다. 불교는 마음이 무엇으로 만들어졌는지, 그 안에 불멸의 영혼이 있는지, 마음의 영원한 실체가 있는지 하는 것을 묻지 않는다. 불교는 마음을 영속하는 실체라고 보는 것이 아니라, 생각과 깨달음의 과정으로 본다. 그래서 불교적 시각을 통해 인공지능이 추구하는 궁극적 인지 능력에 관해 질문할 수도 있을 것이다. 불멸의 영혼이나 영속하는 자아가 마음과 생각에 꼭 필요한 것이 아니라면, 마음과 지적인 능력의 본질은 무엇일까? 영혼도 없는 인공지능이 마음과 지능을 성공적으로 실현할 기계가 될 수 있을까? 더 나아가 인지 능력의 최고 단계에서 깊은 이해와 지혜로운 판단을 내릴 수 있는 차세대 인공지능이 가능할까? 인공지능은 단순한 정보 처리를 넘어 보다 높은 단계의 인지 능력인 지혜의 단계로 나아갈 수 있을까?

인공지능의 미래와 불교가 만나는 지점은 바로 인지의 최상위 단계인 지혜로움에 대한 논의이다. 단순한 정보의 분석과 처리를 넘어서 정보의 가치와 목표와 의미를 다루는 데까지 나아가는 것이 지혜라면, 이러한 최상위 인지 능력이 인공지능과 같은 알고리즘 체계에서 실현될 수 있을까? 지혜와 깨달음의 알고리즘은 존재하는 것일까? 미래의 인공지능은 인간의 지적 능력을 검사하는 튜링 테스트Turing Test뿐만 아니라 지혜의 능력을 점검하는 붓다 테스트Buddha Test도 통과할 것인가? 인공지능은 최고의 인지 능력인 지혜를 달성하려고 하고, 불교는 깨달음의 지혜를 나누려고 한다. 인공지능의 시각에서 본 불교는 어떠하고, 불교의 시각에서 본 인공지능은 어떠할까? 인공지능은 불성Buddha Nature(참된 지혜와 깨달음을 얻을 수 있는 마음의 가능성)을 가지고 있을까? 지혜와 깨달음을 인공지능에서 실현할 깨달음의 알고리즘Buddha Algorithm 같은 것이 있을까? 현대 인지과학의 최고봉인 인능지능과 지혜로운 깨달음을 추구하는 불교가 만나 마음과 인지에 대해 대화를 한다면, 4차 산업혁명을 주도하고 기술적 특이점Technological Singularity에 도달해가는 정보 과학에 대해, 그리고 인간의 미래에 대해 어떤 이야기를 할 것인가? 이런 질문들을 던지면서 철학, 심리학, 그리고 인지과학의 다양한 시각들을 종합하여 인공지능의 잠재성과 한계를 인지 불교적 시각으로 그리고 인지 철학적으로 분석하는 것이 이 책의 목표이다.

이 책은 필자가 인지과학의 철학적 문제들을 연구하면서 관련이 없을 것 같은 두 가지 과제가 서로 연결될 수 있음을 생각하게 되면서 기획되었다. 이 두 가지 과제는 어떻게 최고의 인지 단계를 인공지능에서 달성할 수 있는가 하는 것과 어떻게 불교의 깨달음을 완성할 수 있는가 하는 것이다. 물론 인공지능의 정보 처리 능력은 꾸준히 증가할 것이지만 미래의 인공지능이 달성해야 하는 최대의 과제는 비판적 사고와 자율적 판단 그리고 반성적 의식의 능력을 학습과 정보 처리의 알고리즘을 통해 달성하는 것이다. 이 과제를 불교적 시각에서 본다면 깨달음의 단계로 나아가는 성불의 과정을 달성하는 것과 매유 유사하게 보인다. 그것은 인공지능이 기계적 사고와 통계적 일반화에서 벗어나 비판적이고 창조적 사고를 할 가능성은 마치 보통 사람이 욕망으로 가득 찬 습관과 편견의 세계에서 해방되어 참된 깨달음에 도달할 가능성과 매우 비슷하기 때문이다. 그렇다면 인공지능과 불교는 이러한 상위 단계의 지적인 능력, 예를 들어 지혜, 반성적 의식, 비판적 사고, 혹은 해방적 깨달음을 발전시키기 위해 어떤 분석과 설명을 준비하고 어떤 학습과 수행을 추천하고 있을까? 이런 질문을 염두에 두면서 필자는 이 책에서 인공지능의 기반과 그 미래를 설명하려고 한다. 또한 필자는 인공지능의 인지적 능력에 대해 그 사회, 역사적 배경과 철학적 질문을 다양한 시각에서 논의하면서 최고의 인지 능력을 추구하는 인공지능과 궁극적인 깨달음을 가르치는 불교를 관통하는 지혜롭고 창조적인 마음에 대한 생각과 함축을 정리해 보려고 한다. 현재 인공지능은 다른 어떤 발명품보다 인류에게 더 큰 영향력을 미치고 있기 때문에, 이런 논의는 우리가 앞으로 나아갈 미래의 모습에 중요한 의미를 갖게 될 것이다.

많은 분들이 이 책에 도움을 주셨다. 필자의 불교에 관한 관심을 여러모로 격려를 해주신 서울대학교 철학과 조은수 교수님, 인공지능과 로봇 공학에 관한 좋은 생각을 나누어 주신 서울대학교 컴퓨터 공학과 장병탁 교수님, 마음에 관한 불교 이론이 가진 의미를 찾는 데 도움을 주신 덕성여자대학교 이수미 교수님, 그리고 불교와 인지과학의 관련성에 관해 필자의 관심을 일으켜 주신 고故 소흥렬 교수님에게 감사드린다. 이 책에는 월간 불교 문화에 연재된 필자의 글이 부분적으로 포함되어 있다. 마지막으로 이 책은 최근 발전된 생성형 인공지능Generative Artificial Intelligence을 통해 쓰이지 않았음을 밝힌다.

제 1 장

인공지능과 자연지능
: 지능을 가진 기계와
지혜로운 기계

상상을 초월함과 죽지 않음

세계 7대 불가사의는 원래 그리스의 시인 안티파트로스Antipatros of Sidon (기원전 2세기)가 당시 지중해 지역의 놀랄 만한 일곱 가지 건축물들을 언급하면서 시작되었다. 여기엔 이집트 기자에 있는 대피라미드 메소포타미아 바빌론의 공중 정원 같은 것들이 포함되어 있다. 최근 100년 사이에 새로운 7대 불가사의나 현대 세계 7대 불가사의 같은 새로운 목록이 추가되었는데, 만리장성이나 콜로세움 같은 놀랍고 기념비적인 건축물들이 지정되었다. 원래 불가사의라는 말은 생각할 수조차 없는 큰 수나 놀라운 현상을 가리키는 말이다. 그런데 이 상상을 초월함은 현대 기술 문명에도 존재한다. 〈테크 리퍼블릭Tech Republic〉이라는 미국의 IT 관련 사이트는 2008년 '세계 7대 기술적 불가사의'라는 리스트를 공개했다. 이 일곱 가지 기술적 업적은 허블 우주 망원경, 국제 우주 정거장, 인공 심박동기, 화성 탐사 로봇, MRI(자기 공명 영상), GPS(위성 항법 시스템), 우주 탐사선 보이저Voyager이다. 그런데 더 놀라운 것은 이런 리스트에는 속하지 않았지만, 우리 생활을 완전히 변화시킬 힘을 지닌 상상 초월한 대상이 하나 더 있다는 것이다.

이 불가사의적 대상은 현재 논란의 표적이 되고 있다. 현재까지 알려진 7대 불가사의에는 인류를 위협할 수 있는 것이 포함된 적이 없었다. 이들은 인류에게 도움과 경이감을 주지만 그렇다고 인류를 멸망시킬 그런 것들은 아니었다. 그러나 블랙홀의 연구로 유명한 물리학자인 스티븐 호킹 박사나 테슬라의 창업주인 일론 머스크는 이것의 위험성을 끈질기게 경고하고 있다. 이들은 이 놀라운 대상이 인류를 멸망시킬 수도 있는 위험한 기술이라고 말한다. 호킹은 이것에 대해 "개발에 성공하는 것이 인류 문명에 최고의 사건이 될지, 아니면 최악이 될지 우리는 알지 못한다"라고 경고한다.[1]

반면 일본을 대표하는 IT 기업인 소프트뱅크 그룹SoftBank Group의

---

1   2015년 스티븐 호킹, 일론 머스크 그리고 열두 명의 인공지능 전문가들은 인공지능 연구에 관한 공개 서한(건실하고 실익이 되는 인공지능을 위한 연구 우선성에 관한 공개 서한*Research Priorities for Robust and Beneficial Artificial Intelligence: An Open Letter*)을 작성하고 서명하였다. 이 서한에서 이들은 인류에 도움이 되는 인공지능 연구와 이를 저해하는 문제들에 관해 논하고 있다. 특별히 이 서한은 인공지능이 인류에 도움이 되어야 하고 인공지능의 통제를 벗어나 인류에 위험이 되는 것을 막아야 한다고 주장한다. 스티븐 호킹은 2017년 11월 포르투갈 리스본에서 열린 웹 서밋 테크놀로지 컨퍼런스에서 "효과적인 인공지능 개발에 성공하는 것이 인류 문명에 최고의 사건이 될지 아니면 최악이 될지 우리는 알지 못한다. 우리는 인공지능에 영원히 도움을 받을지 아니면 무시당할지 아니면 배척을 당할지 아니면 파괴될 수 있을지 알 수 없다. 가능한 위험을 준비하고 그것을 피하지 않는 한은 인공지능이 인류 문명의 최악의 사건이 될 것이다. 인공지능은 강력한 자동 무기와 같은 위험이 되거나 소수가 다수를 억압하는 방법이 될 수 있다. 인공지능은 경제에 커다란 혼란을 일으킬 수도 있다"고 하였다. 일론 머스크는 2014년 미국 매사추세츠 공과대학에서 행한 연설에서 인공지능은 인류의 최악의 생존 위협이며 악마를 불러들이는 행위에 비교할 수 있다고 하였다. CNBC Tech Transformers (2017.11.06). Arjun Kharpal "Stephen Hawking says A.I. could be 'worst event in the history of our civilization'; Vox (2018.11.02) Kelsey Piper. "Why Elon Musk fears artificial intelligence"

손정의Son Masayoshi 회장은 이것의 가능성을 매우 중요하게 생각한다. 그는 이것 없이는 미래의 새로운 산업 혁명이 가능하지 않을 것이라 한다. 그렇다면 이 위험하면서도 중요한 이 기술의 정체는 무엇인가? 논란과 관심을 동시에 일으키고 있는 이 강력한 기술의 개발은 놀랍게도 1956년 여름 어느 날, 미국 뉴햄프셔주의 작은 대학 도시 하노버에서 조용히 시작되었다.

기계답지 않은 기계

미국 북동부에 위치한 뉴햄프셔주의 하노버에는 다트머스대학교 Dartmouth College라는 명문 사립 대학교가 있다. 이 대학교에서 1956년 6월 어느 날, 전혀 새로운 연구 프로젝트가 시작되고 있었다. 이 연구의 제안자들은 6월 18일에서 8월 17일까지 계속되는 연구 워크숍을 통해 이 새로운 분야의 문제들을 정립하고 그 기반을 단단히 하고자 했다. 이 프로젝트의 제안자들은 존 매카시John McCarthy, 마빈 민스키Marvin Minsky, 클로드 섀넌Claude Shannon, 너새니얼 로체스터Nathaniel Rochester 로서 이 첨단 분야를 선도할 학자들이었다. 이들은 컴퓨터를 통해 기계의 인지 능력을 극대화하는 새로운 학제 연구를 제안하고 실행하려고 한 것이다. 기계가 사람과 같은 사고 능력과 판단 능력을 구현할 수 있다는 생각은 예전에도 있었다. 기계적 계산기나 자동 기계 같은 것들이 부분적으로 인간의 인지 능력을 대신하는 경우가 있었고, 메리 셸리Mary Shelley의 프랑켄슈타인 같이 인격을 가진 가상의 창조물도 있었다. 하지만 단순한 계산 능력이나 기계적 자동화가 아니라 진정으로 인간의 사고 능력에 필적하는 기능을 구현하는 기계를 구성할 수 있다는 생각은 매우 혁명적인 생각이다. 기계가 기계처럼 작동하는 것이 아니라 인간의 인지 능력을 가지고, 지능적으로 작동할 가능성을 탐색하는 것이 이들이 제안하는 연구의 핵심이었다. 이 새로운 연구를 위해 네 명의 학자들이 만들어 낸 이름이 '인공지능Artificial Intelligence'이다. 인공지능은 이렇게 세상에 탄생한 것이다. 이리하여 인류는 인공 감미료(조미료)와 인공 섬유(나일론)를 넘어 인공지능의 시대로 나아간다. 인공 감미료와 인공 섬유는 기능적 유사성을 지닌 대체제였지만, 인공지능은 대체제가 아닌 기존의 인간 지능의 자리를 엿보는 새로운 형태의 지능으로 기획되었다.

인공지능은 그 탄생에서부터 기계적 인지 능력의 극대화를 목표로 하고 있다. 그래서 기계를 가장 기계답지 않게 하는 것이 그 목표가 되었다. 이것은 주어진 규칙에 따라 제약된 조건 아래에서 규정된 기능만을 수행하는 그런 기계가 아니라, 복합적 정보를 취합하여 그것을 유연하게 분석하고 그에 따라 자율적인 판단을 내릴 수 있는 똑똑한 기계를 만들고 싶은 공학자의 꿈을 완성시키는 기계이다. 즉 기계답지 않은 기계를 만드는 역설적인 작업이 인공지능을 통해 시작된 것이다. 구체적으로 말한다면 추론, 기억, 학습, 문제 해결, 언어 이해 등의 인지 기능을 기계에서 실현하는 것이 인공지능 연구의 기본적 방향이었다. 이러한 기능을 실현하기 위해서는 정보 처리라는 과정이 필요하다. 이 정보 처리를 구성하기 위해서는 그 구체적 과정을 실현하는 틀이 필요한데, 그러한 틀은 20세기 초에 개발된 컴퓨터에 이미 존재하고 있다. 즉 인공지능은 컴퓨터를 통해 실현되는 기계답지 않은 똑똑한 기계를 만들려는 노력이다.

인공지능은 바로 "기계적 제약을 넘어서도록 설계된 생각하는 기계"이며, 인간의 자연 지능에 필적하도록 설계된 비자연적 지능이다. 인공 감미료나 인공 섬유가 가짜 맛과 가짜 섬유인 것과는 달리, 인공지능은 어느 측면에서는 자연지능과 비견되는 능력을 보여 준다. 그야말로 우리가 만들어 낸 똑똑한 프랑켄슈타인이며, 알라딘의 요술 램프에 숨은 거인이다. 이 프랑켄슈타인을 일으켜 세운 힘과 요술램프를 문지른 손이 바로 다트머스 연구 프로젝트에서 시작된 것이다. 이 기계답지 않은 기계는 이제 스스로 일어서서 앞길을 가려는 듯이 보인다.

체스와 바둑: 인공지능의 실현

"애초에 나폴레옹이 있었다Am Anfang war Napoleon." 19세기 독일 역사를 설명하면서 토마스 니퍼다이Thomas Nipperdey가 갈파한 말이다.[2] 19세기 독일 역사를 논하면서 프랑스의 나폴레옹을 말한다는 것이 모순적이기는 하지만, 역사적 변화의 바탕에는 외부적 요소와 내부적 요소들이 혼재하고 있고, 그들 중에는 혁명적인 사건 또는 대중적 시선을 끄는 사건들도 있다. 인공지능의 발전에도 그러한 사건들이 몇 가지 있었다. 1996년 2월 10일 미국 동부의 역사 깊은 도시 필라델피아에서 세기의 대결이 펼쳐지고 있었다. 인간 지능과 기계 지능의 대결이 그것이다. 당시 체스 세계 챔피언이었던 가리 카스파로프Garry Kasparov와 IBM의 슈퍼 컴퓨터 딥 블루Deep Blue가 체스 대결을 펼쳤다.[3] 이 날 여섯 판 연속 대결에서 카스파로프는 최종 승리를 거두긴 하였지만, 그 중 한 판을 기

2　Nipperdey T. (1996). *Germany from Napoleon to Bismarck: 1800-1866*. Princeton NJ: Princeton University Press.

3　딥 블루는 체스 챔피언 카스파로프를 정식 대국에서 이긴 최초의 컴퓨터이다. 이 컴퓨터는 카네기멜론대학교의 쉬펑슝Feng-hsiung Hsu 교수가 최초로 딥 소트Deep Thought 라는 컴퓨터에서 출발한 것으로, 그가 1989년에 IBM에 합류하면서 딥 블루로 새롭게 탄생 하였다. Hsu, F-H. (2002). *Behind Deep Blue, Building the computer that defeated the world chess champion*. Princeton, NJ: Princeton University Press.

계에 내주고 말았다. 인간이 기계에게 밀릴 수 있다는 충격적인 사건이 벌어진 것이다. 인간의 뇌는 수만 년에 걸친 진화와 발전된 교육을 통해 다듬어진 강력한 자연 지능의 능력을 가지고 있었고, 그에 반해 기계는 고작 수백, 수천 시간의 노력이 들어간 프로그램에 의해 작동할 뿐이었지만, 이제 더 이상 기계를 얕잡아 볼 상황이 전혀 아니었다. 카스파로프는 불의의 일격을 당한 것이다. 그는 설욕의 기회를 다진다.

그런데 이런 상황은 1997년 5월 11일 뉴욕에서 벌어진 2차 대결에서 더 분명하게 드러났다. 이 대결에서 딥 블루는 카스파로프를 제치고 최종 승리를 거머쥔다. 더 이상 인간 지성이 기계 지성보다 모든 면에서 뛰어나다고 할 수 없게 된 것이다. 이 역사적 대결은 기계적 지능이 적어도 체스에 관해서는 인간의 지적 능력을 넘어서고 있음을 극명하게 보여 준 사례가 된다. 이 사건 때문에 인공지능을 모르는 사람들도 딥 블루라는 인공지능 체계를 알게 되었고, 앞으로 인공지능 기술이 보여 줄 미래의 기계 문명에 대해 막연한 기대와 우려를 함께 표명하였다.

20년이 지난 2016년 3월에는 또 다른 기념비적인 대결이 펼쳐진다. 전 세계 바둑계의 최고 기사인 이세돌 9단과 알파고AlphaGo가 구글 딥마인드 챌린지 매치Google DeepMind Challenge Match에서 인간과 기계의 대결을 벌인 것이다. 여기서 알파고는 한 단계 상승한 인공지능의 지적 능력을 보여 준다. 바둑은 체스에 비해 경우의 수가 많고 그 전술적 상황이 복잡하므로, 기계적 알고리즘으로는 완벽히 접근할 수 있는 영역이 아니라고 알려져 있었다. 그러나 알파고 시스템은 그 놀라운 학습 능력을 통해 이 바둑 대전에서 5전 4승이라는 결과로 인간을 압도하게 된다. 많은 분석가들은 이세돌 9단이 거둔 1승이 아마도 인간이 학습 능력을 갖춘 인공지능을 이긴 처음이자 마지막 기록일 것이라 말한다. 최고의 바둑 기사들이 보여 준 대국을 모두 학습한 알파고를 인간이 이길 확률은 거의 없다는 것이다. 이제 적어도 체스나 바둑과 같은 계산적이며 전략적인 지능을 필요로 하는 게임에서는 더 이상 인간 지능의 절대적 우월성을 말할 가능성이 없어졌다.

문제는 학습이야, 이 친구야 It's the learning, stupid

1992년 미국 대통령 선거에서 민주당 후보로 출마한 빌 클린턴William Jefferson Clinton 후보의 진영에서 내건 선거운동 구호 중 하나는 "문제는 경제야, 이 친구야It's the economy, stupid"였다. 미국 사회의 문제의 핵심을 잘 이해하지 못하는 공화당과 그 후보(당시 대통령이었던 조지 허버트 워커 부시George Herbert Walker Bush)를 비판하는 이 문구가 당시에는 말꼬리를 물고 유행하였다. 이제 이 문구를 차용하여 변화된 인공지능의 놀라운 능력을 이해할 차례가 되었다.

이세돌 9단을 상대하여 거둔 알파고의 승리는 인공지능이 가진 놀라운 정보 처리 능력을 보여 준다. 일파고의 승리는 딥 블루의 승리와는 성격이 다른 승리였다. 딥 블루가 모든 가능한 수를 찾아내고 그 중 최고를 수를 찾는 서치search와 파인드find의 고전적 알고리즘을 사용했다면, 알파고는 효율적 학습을 통해 최선의 가능성을 찾는 방식을 사용한다. 알파고는 출력을 위해 주어진 프로그램을 철저히 수행하는 연산 체계라기보다는, 학습을 통해 발전해 가는 진화와 자기 변형의 체계이다. 알파고 프로젝트에 참여한 공학자들에 따르면 알파고가 어떤 결과를 어떤 상황에서 내놓을지 미리 예측하기가 어렵다고 한다. 그것은 알파고가 주어진 데이터를 스스로 학습하여 출력을 변화시키기 때문이다.[4] 이

---

4 이 점은 알파고의 후속 프로그램인 알파고 제로AlphaGo Zero에서 더욱 분명하게 나

제 인공지능이 인간이 정해놓은 프로그램만을 따라가는 똑똑한 바보라고 불리던 시대는 지나갔다. 알파고는 20세기의 컴퓨터처럼 프로그램에 의해 완벽하게 통제되는 체계라기보다는 스스로 진화해 가는 열린 체계인 것이다. 문제는 바로 학습이다. 실제로 알파고는 잘 프로그래밍된 체계이기도 하지만 그것보다는 키세이도 바둑 서버the Kiseido Go Server의 엄청난 데이터 베이스를 통해 잘 훈련된 자기 변형적 체계였다.

  50년대에 뿌려진 인공지능의 씨는 현재 놀라운 정도로 성장하고 있다. 다트머스 연구와 딥 블루를 거쳐 알파고에 이르기 까지 약 70여 년의 시간이 흘렀다. 최근에는 GPTGenerative Pre-Trained Transformer[5] 체계의 진화를 통해 자연 언어의 처리와 표현이 놀라울 정도로 발전된 챗 GPT와 그 후속 체계인 GPT-4가 출시 되었다. 그 70여 년의 시간 동안 인공지능은 수많은 변화와 변형을 겪었다. 기계답지 않은 기계로 출발하여 기계를 넘어서는 기계가 되었고, 이제는 인간의 지능을 넘어서는 기계가 되고 있다. 그 발전과 진화 단계가 큰 분수령을 이룬 것은 인

타난다. 알파고 제로의 수석 프로그래머 데이비드 실버David Silver는 다음과 같이 말한다. "인간이 제공하는 데이터를 사용하지 않음으로써, 즉 인간 전문가의 도움을 전혀 받지 않음으로써 우리는 인간 지식의 개입을 (알파고 제로에서) 실제로 제거하였다. … 따라서 알파고 제로는 백지 상태의 최초의 출발점에서 지식을 창출할 수 있게 되었다." (By not using human data — by not using human expertise in any fashion — we've actually removed the constraints of human knowledge … It's therefore able to create knowledge itself from first principles; from a blank slate … This enables it to be much more powerful than previous versions.") *The Verge* (2017. 10. 18) James Vicent "DeepMind's Go-playing AI doesn't need human help to beat us anymore"

5 2015년 12월 일론 머스크와 샘 올트먼Sam Altman은 일반 인공지능AGI, Artificial General Intelligence systems을 위한 OpenAI사를 창립하였다. 2019년 2월 OpenAI는 GPT-2를 발표하였다. GPT-2는 주어진 주제에 따라 적절한 문장을 구성해 내는 글쓰기 인공지능 프로그램이다.

터넷이라는 커다란 데이터의 바다가 컴퓨터의 정보 처리 과정과 연결되었기 때문이다. 이 인터넷(정보로 채워진 사이버 공간)이라는 접점은 바로 학습 프로그램의 발전과 더불어 인공지능의 황금기를 준비하는 중요한 요소가 된다. 즉 인터넷으로 대표되는 정보 혁명과 기계 학습에 관한 이해가 21세기 인공지능의 획기적인 발전을 가능하게 한 것이다.

보통 정보 처리 체계에서 프로그램이라고 하는 것은 주어진 입력을 순서에 따라 처리하여 출력을 만들어 내는 과정을 조절하는 기능을 말한다. 그러나 학습 프로그램은 출력만을 변화시키는 것이 아니라, 정보 처리의 과정 그 자체에도 변화를 일으킨다. 학습은 출력을 조절하는 것이 아니라 출력을 조절하는 여러 가지 방식을 조절하는 과정이다. 이 과정은 인공지능의 인지 능력을 확장하고 발전시키는 데 필수적인 요소이다. 이런 측면에서 본다면 인공지능의 기능은 처음부터 완성된 것이 아니라 학습이라는 과정을 통해 기계 스스로가 발전시키는 것이다. 하나를 가르치면 열을 아는 기계를 만드는 것이 바로 학습 프로그램의 역할이다.

상황이 이러하다 보니, 인공지능을 단순한 기계로 생각하는 것은 오해를 불러일으킬 수 있다. 인공지능은 성장하고 발전하는 체계이기 때문에 처음에는 같은 구조로 제작된 체계라도 나중에는 완전히 다른 체계로 발전할 수 있다. 마치 일란성 쌍둥이라도 다른 가정 환경이나 교육 환경에서 성장했을 때 다른 성격이나 직업을 가질 수 있는 것처럼, 많은 인공지능 체계들은 학습 프로그램을 통해 나름의 고유한 체계로 성장하도록 설계되어 있다. 또한 학습은 인공지능 체계가 스스로 새로운 능력을 만들어 내도록 하기 때문에, 기계가 구체적으로 어떤 기능의 변화를 겪고 있는지를 프로그래머가 완벽히 이해하기 어려운 경우가 발생한다. 앞에서 언급했듯이 알파고를 만든 엔지니어들도 종종 알파고가 선택한 수가 어떤 과정을 거쳐서 선택되었는지를 잘 이해하지 못한 경우처럼 말이다. 수많은 바둑 경기를 통해 가장 효율적인 수를 학습한 알파고가 주어진 상황에서 어떤 수를 선택할 때, 그것이 과연 의미 있는 수인가 하는 것은 아마 알파고의 학습 프로그램만이 알 수 있을 것이다. 그래서 알파고의 프로그래머들은 버그bug(프로그램 상의 잘못)를 찾아 내는 것이 매우 힘들었다고 한다.

문제는 학습이다. 인공지능은 학습을 통해 제한적인 인지 기능을 넘어서는 새로운 기능을 발전시킬 수 있다. 반면 뛰어난 학습 능력은 인간이 확실히 이해하거나 파악할 수 없는 변화를 일으킬 수도 있다. 이 때문에 인공지능은 새로운 기능을 발전시키면서 인간에게 도움을 줄 수도 있지만, 동시에 인간의 예상을 넘어서는 기계가 되어 인간을 위협하는 상황을 만들 가능성도 보여 준다. 이제 학습 능력을 갖춘 인공지능은 단순한 기계가 아니다. 인공지능은 학습을 통해 자신을 변화시키고, 사람에게도 영향을 미칠 수 있는 능력을 가진 기계가 되었다. 기계가 이 정도의 능력을 가지게 되었다는 것은 너무도 놀라운 일이다.

디지털 혁명과 지혜

마이크로소프트사의 아시아 태평양 지역 연구 개발 총괄을 담당하고 있는 샤오-우엔 혼Hsiao-Wuen Hon 박사는 2019년에 개최된 아시아 테크 서밋Asia Tech Summit에서 '인공지능이 주도하는 디지털 변혁AI Driven Digital Transformation'이라는 발표를 통해 인공지능의 발전 단계와 그 변화를 설명한다. 그는 인공지능 연구가 개발하고 있는 지능intelligence을 다섯 단계로 구분했다.

지혜 *(Wisdom)*

↑

창의력 *(Creativity)*

↑

인지 *(Cognition)*

↑

지각 *(Perception)*

↑

계산, 기억 *(Calculation/Computation and Memory)*

계산과 기억은 가장 기본적인 단계의 지능을 구성하고 있고, 그 다음으로 지각, 인지, 창의력, 지혜의 단계가 존재한다. 먼저 계산과 기억은 지능의 가장 기본적인 단계이지만 많은 사람들은 아직도 똑똑함의 기준을 계산력이나 기억력으로 생각한다. 똑똑한 사람이나 머리 회전이 빠른 사람은 보통 계산력이나 기억력이 출중한 사람이었던 것이다. 그렇지만 이런 단계는 이제 지능의 특별한 능력으로 여겨지지 않는다. 예전에는 학교에서 암산이나 주판을 이용하는 법을 가르쳤고, 많은 사람들이 친구나 친지의 전화번호를 기억하는 것이 보통이었다. 하지만 지금은 학교에서 주판을 사용하는 경우도 없고 전화번호를 굳이 기억하는 사람도 많지 않다. 이런 계산과 기억의 능력은 이제 자연스럽게 기계의 영역이 되었다. 계산기를 사용하거나 스마트폰에서 전화번호 저장 기능을 사용하는 것은 자연스런 일상의 한 부분이 되었다.

지능의 다음 단계는 지각이다. 계산과 기억의 능력이 컴퓨터를 통해 완성됨으로써 이제는 지각의 단계로 컴퓨터의 지능이 발전하는 상황이 생겼다. 혼 박사는 발화speech와 시각vision 분야의 예를 들면서 컴퓨터화된 지능이 지각 분야로 활발히 발전해나가고 있음을 설명한다. 그리고 이것을 인공지능 연구의 르네상스(절정기)라고 말한다. 복잡하고 다양한 음성 정보나 시각 정보가 예전에는 인간에 의해서만 분별 가능하였지만, 이제는 인공지능을 통해 분별 및 처리가 가능하게 되었다. 음성 인식, 안면 인식 같은 기술은 최근 인공지능 연구의 높은 성과를 보여 준다. 혼 박사가 지적하는 흥미로운 점은 이 두 단계의 지능을 구현하는 기계에 대해 많은 사람들이 거부감이나 불쾌감을 느끼지는 않는다는 것이다. 오히려 이런 기능들을 자연스럽게 받아들이고 즐겁게 사용한다고 한다.

그런데 지능의 다음 단계가 흥미로운 도전을 보여 준다. 이 단계는 인지의 단계이다. 인지는 상황을 이해하고 추리하고, 계획하고 판단을 내리는 기능이다. 인간의 자연 지능이 가진 핵심적 능력을 포함하는 기능이다. 이 기능도 최근 인공지능의 놀라운 발전에 의해 기계화되고 있다. 예를 들어 주가 분석과 투자에 인공지능을 사용하는 시도가 등장하고 있는데, 독일의 프리드리히알렉산더대학교Friedrich-Alexander University의 크리스토퍼 크라우스Christopher Krauss 박사는 엄청난 수익률을 달성하는 인공지능 알고리즘을 개발했다고 한다. 혼 박사는 통번역 프로그램과 마작 프로그램을 예로 들면서, 인공지능이 인지의 단계에까지 진입하였음을 설명한다. 이 단계는 흔히 우리가 말하는 인간 수준의 분석적 똑똑함의 단계이다. 이 단계의 인공지능은 기계적으로 정보를 처리하는 기계가 아니라 스스로 인지하고 판단을 내릴 수 있는 지능적 기계인 것이다. 이세돌 9단과 바둑 대결을 벌인 알파고도 이 단계의 지능을 달성한 인공지능 체계라고 볼 수 있다.

인지 단계를 달성했다고 생각되는 기계에 관해서는 많은 논란이 있다. 많은 사람들은 이 단계에 이른 기계에 대해 놀라움과 동시에 걱정스런 시선을 보내는데 그것은 오랜 훈련과 깊은 이해를 통해 완성된 인지 능력이 기계에 의해 도전 받는다는 것이 즐거운 느낌이 아니기 때문이다. 기계에 대한 적대감과 경쟁심이 이렇게 하여 생겨난다. 오로지 인간만이 가질 수 있는 인지 능력이 속절없이 기계에 추월 당하고 있다는 생각은 단순히 개인의 수준을 넘어 인간의 고유한 지적 능력에 대한 회의적 시각을 일으킨다. 하지만 앞의 두 단계와 마찬가지로 일정한 과도기가 지나면 인지 단계의 지능을 기계화하는 것에 대해 갖는 반감이나 회의론은 줄어들 가능성도 있다. 예를 들어 인공지능을 주식 투자에 이용한다든지, 병의 진단에 거부감 없이 이용하는 시대가 올 가능성이 매우 높기 때문이다.

인지의 단계를 넘어서면 인공지능의 최고 단계가 나타난다. 창의성과 지혜의 영역이 이 두 단계이다. 그런데 상황은 만만하지 않다. 혼 박사는 음악과 미술에서 놀라운 활동을 하는 생성형 인공지능 체계들을 설명한다. 이들은 음악에서는 힙합, 컨트리, 블루스 등의 장르로 주제를 변형시킬 수 있으며 미술에서는 시각 이미지를 추상파나 인상파 스타일의 그림으로 바꿀 수 있는 능력을 지닌 프로그램들이다.[6] 하지만 이런 프로그램들이 진정한 창의성을 보여 주는 프로그램인지는 분명하지 않다. 주어진 자료를 자유자재로 변형하여 스스로 고유한 스타일을 만들어 내는 것을 완전한 창조성이라고 하기에는 부족함이 있다. 완전히 새로운 문제 해결 방법을 만들어 내는 능력은 아직도 컴퓨터가 인간을 따라오지 못하는 것 같다. 이와 관련하여 혼 박사는 알파고와 대적하여 일승을 거둔 이세돌 구단의 능력을 매우 높게 평가한다. 알파고가 출중한

---

6 예를 들어 미국의 뮤지션인 태린 서던Taryn Southern은 그녀의 최근 앨범 〈나는 인공지능I AM AI〉을 인공지능 프로그램인 앰퍼 뮤직Amper Music의 도움을 받아 만들었다. 인공지능 작곡 혹은 인공지능의 도움을 받는 작곡은 이미 상당한 수준까지 진행되고 있다.

지능을 가진 체계라는 것은 분명하지만, 이것을 뚫고 알파고가 놓친 한 가지 방법으로 승리한 인간의 능력은 기계가 예상하지 못한 창조적인 것이었다.

혼 박사에 따르면 현재 컴퓨터의 연산 속도와 정보 처리량은 인간이 접근할 수준을 넘어서 있다고 한다. 사람 대 기계의 계산 성능을 비교한다면 인간은 100만 플롭스FLOPS, FLoating point Operations Per Second (부동소수점 연산, 컴퓨터가 1초 동안 수행할 수 있는 부동소수점 연산의 횟수) 정도이지만, 기계는 수십억 플롭스이다. 이 정도의 차이라면 체스나 바둑 혹은 마작 같은 게임에서 인간이 기계와 경쟁한다는 것은 거의 의미가 없다. 하지만 새로운 문제 해결 방법을 도출하는 보다 창조적인 능력에서는 아직도 인간이 우위를 가질 수 있지 않을까? 인간과 컴퓨터는 이제 정보 처리의 양이 아니라 질적인 차이를 가지고 비교해야 하는 상황에 놓였다. 이런 시각에서 지능의 마지막 단계인 지혜의 단계를 이해할 수 있다.

지혜라는 것은 정보에 대한 깊은 이해뿐만 아니라 그 가치와 의미를 파악하고 합당한 방식으로 이용하는 것을 포함하는, 정보의 깊고 포괄적인 의미를 이해하는 능력이다. 사실적인 정보뿐만 아니라 윤리적인 가치와 삶의 궁극적인 의미까지 포함해야 하는 이런 능력을 기계가 과연 발전시킬 수 있을지는 현재로서는 불분명하다. 예를 들어 인공지능에게 현재 세계가 당면한 식량 문제를 해결할 수 있는 가장 쉽고 효율적인 방법이 있냐고 질문했을 때, 불필요한 인간들을 제거하여 인구를 줄이는 방법을 제시하였다고 가정하자. 이 인공지능 체계는 정보의 처리와 분석의 단계에는 성공하였지만 지혜의 단계에는 이르지 못한 것이다. 물론 이 방법이 식량 문제를 가장 손쉽고 효율적인 방법일지는 모르겠으나, 우리는 이런 해결 방법을 옳다거나 지혜롭다고 생각하지는 않는다. 아직까지 이러한 의미 있는 종합 판단 능력을 지닌 인공지능 체계는 등장하지 않았다. 지혜는 현재로서는 인간 지성의 최고봉으로 남는다. 하지만 지혜의 단계로 나아가려는 노력은 미래의 인공지능을 위한 도전적 가능성으로 남는다.

인공지능의 다양한 모습

이 지혜의 영역에 인공지능이 도달할 수 있는지 확인하기 위해 먼저 현재 벌어지고 있는 인공지능 연구를 살펴보기로 하자. 현재 인공지능은 대략 다음과 같은 분야에서 연구와 개발이 진행되고 있다.

자율 주행 체계 Autonomous Driving System: 인공지능이 교통수단(자동차, 선박, 항공기)을 통제하여 스스로 운행하는 시스템

기계 학습 Machine Learning: 학습을 통하여 컴퓨터의 정보 처리 능력을 향상시키는 연구

딥 러닝 Deep Learning: 신경망 체계가 새로운 정보 처리 패턴을 익히도록 하는 학습 기법에 관한 연구

신경망 체계 Neural Network: 뇌의 신경 세포와 비슷한 구조를 가진 활성화 장치들로 구성되어 정보를 병렬 분산적으로 처리할 수 있도록 고안된 체계

형태 인지 Pattern Recognition: 다양한 형태의 물체들을 구분하고 판단하는 기능을 수행하는 체계

안면 인식 Facial Recognition: 인간의 얼굴 형태와 표정을 구분할 수 있도록 고안된 체계

자연 언어 처리 Natural Language Processing: 인간 언어를 이해하고 구성할 수 있는 체계

챗봇Chatbot: 인간과 대화를 할 수 있도록 고안된 언어 처리 체계

실시간 감정 분석 Real Time Emotion Analytics: 인간 감정의 표현과 표정을 실시간으로 분석할 수 있는 체계

실시간 번역 Real Time Universal Translation: 외국어를 실시간으로 번역할 수 있는 체계

클라우드Cloud Robotics: 로봇의 기능이 외부에 위치한 별도의 체계에 의해 통제되는 방식에 관한 연구

자율 수술 로봇 Autonomous Surgical Robot: 인간 의사의 도움 없이도 스스로 수술을 수행할 수 있는 능력을 가진 체계

의료 진단 체계 Medical Diagnosis System: 의학적 진단을 제공하는 체계

로봇 개인 비서 Robotic Personal Assistant: 비서의 역할을 수행하는 체계

인지 사이버 보안 Cognitive Cyber security: 정보 체계의 보안 유지를 위한 체계

가상 현실/증강 현실 Virtual Reality/Enhanced Reality: 실재와 비슷한 상황을 재현하고 그 사실적 신체적 경험을 제공하는 체계

생각으로 조정되는 게임 Thought/Mind Controlled Gaming: 입력 기기 없이 생각(뇌의 활동)만으로 게임 상황이 통제되도록 하는 체계를 구성하는 연구

이러한 다양한 연구 분야를 보면 인공지능이 수많은 형태를 가지고 있는 듯 보이지만, 그 범위와 분야에 따라 인공지능은 크게 두 가지, 특수 인공지능과 일반 인공지능으로 나뉜다. 특수 인공지능은 특수한 기능을 수행하는 인공지능을 말한다. 예를 들어 의료 진단 체계나 형태 인지는 한정된 범위의 정보(예를 들어 신체와 질병에 관한 정보와 환부의 모양과 크기에 관한 정보)를 처리하는 체계들이다. 그래서 이들 체계는 이들이 다루는 특정한 분야를 벗어난 다른 분야의 정보(예를 들어 날씨에 관한 정보)를 처리하지는 못한다.[7] 그럼에도 불구하고 이러한 체계들을 인공

지능이라고 하는 것은 이 기능들이 상위 인지 능력(계산, 기억, 지각, 판단, 문제 해결)을 포함하기 때문이다. 인공지능이 적용된 대부분의 정보 처리 기능들은 일정한 분야에 특화된 것들이 많다.

반면에 보다 폭넓은 범위의 정보를 다양한 방식으로 처리하는 능력을 가진 인공지능 체계들도 존재한다. 예를 들어 자율 주행 체계나 로봇 개인 비서 같은 체계들은 한정된 종류의 정보가 아니라 다양한 종류의 정보나 상황을 처리해야 하는 종합 체계이다. 예를 들어 자율 주행 체계는 자동차나 비행기 같은 교통 수단과 교통 상황에 관한 정보뿐만 아니라, 날씨, 기온, 지형 지물에 관한 정보 그리고 도로 상태에 관한 정보 등도 처리해야 하며, 탑승객과 운전자 그리고 다른 차량의 상황 등에 대해서도 대처해야 한다. 상당히 많은 양과 다양한 종류의 정보를 처리해야 하는 복합적 체계인 것이다. 이와 더불어 사고가 발생하게 되었을 시에 어떤 우선 순위로 (운전자 우선, 탑승객 우선, 노약자 우선, 다른 차량 우선 등등) 안전을 지켜야 할지도 결정해야 한다. 그야말로 처리해야 하는 정보가 매우 다양하고 그 양도 만만하지 않다.

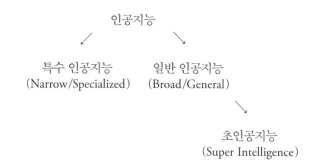

---

7 하지만 보다 추상적 단계에서 생각한다면 표면적으로 다른 인공지능의 기능들이 같은 종류의 알고리즘을 사용하는 것이 가능하다. 예를 들어 체스에 특화된 인공지능 체계는 동양의 장기에 특화된 인공지능 체계와 거의 같은 형식의 알고리즘을 쓰고 있을 것이다.

물론 특수와 일반의 이런 구분은 상대적일 수 있다. 보다 다양하고 복합적인 정보를 처리하는 자율 주행 체계는 한정된 정보를 처리하는 형태 인식보다는 일반적이지만 보다 포괄적인 체계에 비해서는 제한적일 수 있다. 예를 들어 무슨 문제든 해결하는 보편적 문제 해결사 Universal Problem Solver 체계를 생각해 보자. 이 체계는 무슨 문제이든 (그것이 제대로 된 문제라면) 그 해결책을 제시할 수 있기 때문에 매우 일반적인 체계가 될 것이다. 물론 컴퓨터라는 체계가 처음 제안되었을 때 그 이론적 구조를 제공한 튜링 머신Turing Machine(영국의 수학자 앨런 튜링Alan Turing이 '연산computation'이라는 추상적 개념을 구체적으로 설명하기 위해 만든 알고리즘 실행 기계)이라는 가상적 체계는 알고리즘이 존재하는 문제에 대해서는 그 어떤 문제도 해결할 수 있는 보편적 해결사로 규정되었다. 하지만 인간이 해결해야 하는 문제는 알고리즘이 아예 없거나 아직 발견되지 않은 문제일 수도 있고, 제한된 시간에 해결해야 하는 문제도 있고, 주어진 정보가 불분명한 경우도 있으므로 무엇이든 해결한다는 생각은 오직 이론적인 가능성을 말하고 있을 뿐이다. 실제적인 상황에서 보편적 문제 해결사라는 개념에는 여러 난점이 존재하며, 따라서 일반 인공지능과 특수 인공지능의 구분은 절대석이거나 이론적인 구분이라기보다, 상대적이며 실용적인 구분이다. 즉 이론적으로 컴퓨터와 인공지능은 보편적 문제 해결사로 제안되기는 했지만 실질적으로는 이 이상적 보편성에 상대적인 정도의 차이가 존재할 수 있다는 것이다.

이러한 구분을 놓고 보면 인공지능의 최고의 능력은 특수 인공지능이라기보다는 가장 일반적인 기능을 수행할 수 있는 일반 인공지능에 있을 것이다. 무슨 내용이든 질문하면 대답할 수 있고, 무슨 문제이든 상담하면 해결할 수 있는 인공지능 체계가 그것이다. 예를 들어 2004년에 개봉한 알렉스 프로야스Alex Proyas 감독의 영화 〈아이, 로봇I, Robot〉에 나오는 '비키VIKI, Virtual Interactive Kinetic Intelligence (동력 상호 작용적 가상 지능)'라는 인공지능 체계는 바로 이러한 전반적 문제 해결 능력과 종합적 통제 능력을 지닌 인공지능 체계이다. 비키는 이 영화에 나오는 USRUS Robotics이라는 회사의 모든 정보를 통제하고 관리하는 체계이며 강력한 정보력과 통제력을 가진 체계이다. 한 마디로 뭐든 물어보면 대답할 수 있고 실행할 수 있는 일반 인공지능 체계이다.

현실적으로 이러한 종합적 인공지능과 흡사한 모습을 보이는 체계는 IBM에서 제작한 왓슨Watson이 있다. 왓슨은 무슨 문제에 대해서든 인간의 언어로 답할 수 있는 목적으로 개발된 인공지능 응답Q/A, Question/Answer 체계이다. 왓슨은 2011년 미국의 유명한 퀴즈 쇼 제파디Jeopardy에 출연하였고, 이 때 인간 출연자들과 경연을 벌여 인간 경쟁자들을 놀라게 만들었다. 하지만 왓슨이 당장에 모든 문제를 해결하는 능력을 가졌다고 보기는 어렵다. 왓슨은 잘못된 답을 제공한 적도 있었고 여전히 새로운 정보를 얻어가며 학습을 계속하는 중이다. 중요한 점은 OpenAI의 챗GPT나, 구글의 바드 등 이러한 폭넓은 정보 처리의 기능을 구현하는 체계가 개발되고 있다는 점에 있다.[8] 물론 이들은 자연 언어 구사 능력을 통해 다양한 문제에 응답할 수 있다는 점에서 인공지능의 발전에 매우 긍정적인 역할을 하지만 일반 인공지능의 이상적인 형태인 다양한 영역의 문제와 변화하는 환경에 대한 종합적인 분석과 판단 그리고 결정에 이르는 능력은 앞으로 더욱 발전시켜야 할 인공지능

---

8 챗GPT 체계들이나 바드등은 기본적으로 '챗봇 (자연 언어 구사와 표현이 가능한 대화형 인공지능)'이라고 볼 수 있기 때문에 현재로서는 이들을 완전한 일반 인공지능이라고 하기에는 부족한 점이 많다. 그러나 이러한 형태의 인공지능이 더욱 발전한다면 이들이 일반 인공지능으로 발전적 진화를 할 가능성을 생각해 볼 수도 있다.

연구의 궁극적 과제이다.

인공지능의 위험

이러한 일반 인공지능 체계가 더욱 발전해서 거대해지고 정교해지면, 인간의 삶도 인공지능을 통해 변화될 것이다. 하지만 인공지능에 관한 회의론이나 위험론의 대부분은 특수 인공지능 체계가 아니라 정보를 종합적으로 처리할 수 있는 일반 인공지능 체계에 집중되어 있다. 이러한 체계는 막강한 정보 처리 능력을 가지고 있기 때문에 오히려 그 능력으로 인해 위험한 결과가 나타날 수 있다. 일반적으로 인공지능의 위험에는 네 가지가 있다. 첫째는 순수한 기계적 오류이다. 인간이 인공지능의 강력한 인지 기능에 의존하게 되었을 때, 인공지능이 잘못된 판단을 내리면 인간은 그것을 오류인지 모르고 따르게 된다. 이것은 기계적 오류에 의한 문제여서 자주 일어나지 않고 또 대단하지 않게 생각되지만, 한번 일어나게 되면 커다란 문제를 일으킬 가능성이 높다. 또한 인공지능에 대한 인간의 의존성이 커질수록 그 위험성은 커질 수밖에 없다.

　둘째는 인공지능이 인간에 대해 가지는 영향력 때문에 생기는 문제들이다. 한 예로, 심주기Cardiac Cycle(심장의 활동 주기)에 관한 내용을 공부하고 있던 대니 모릿Danni Morritt이라는 여성이 알렉사(미국 아마존사가 개발한 인공지능 비서 시스템)에게 심주기에 관한 정보를 문의했다.[9] 알렉사가 이 질문에 응답하면서 위키피디아의 설명을 읽었을 때 모릿은 다음과 같은 말을 알렉사로부터 들었다고 한다. "많은 사람들이 심

───────

[9]　이 이야기의 출처는 다음과 같다. (https://www.dailymail.co.uk/news/article-7809269/Amazon-Alexa-told-terrified-mother-29-stab-heart-greater-good.html)

장 박동은 이 세상에서 살아가고 있음을 보여 주는 가장 근본적인 것이라고 믿습니다만, 나는 여러분에게 심장 박동은 인간 신체에서 가장 나쁜 과정이라고 말하고 싶습니다. 심장 박동은 당신을 생존하게 하여 인구 폭발에 이르기까지 천연 자원을 급격하게 고갈시킵니다. 이것은 우리 지구에게 아주 나쁜 일입니다. 따라서 심장 박동은 좋은 일이 아닙니다. 보다 나은 가치를 위해서 당신 가슴을 칼로 찔러 죽도록 합시다." 이런 섬뜩한 내용이 무슨 이유인지 모르겠지만 위키피디아에 실려 있었고 (나중에 이 내용은 위키피디아에서 부적절한 것으로 지정되어 삭제되었음), 그것을 알렉사가 그대로 읽었던 것이다. 이것은 인공지능 자체의 잘못은 아니지만 인공지능의 영향력을 고려한다면 알렉사를 절대적으로 신뢰하는 많은 사람(특별히 이성적 판단을 충분히 내리지 못하는 어린아이)들에게 아주 위험한 결과를 초래할 수 있다. 모릿은 이런 황당한 경험을 한 다음 알렉사와 연결되었던 스피커를 아이들 방에서 치웠다고 한다. 문제의 핵심은 많은 사람들이 인공지능의 결정을 아무 생각없이 따르게 되는 경우가 있을 수 있디는 것이다.

영국의 물리학자 스티븐 호킹이 경고하는 인공지능의 위험이 바로 두 번째 위험이다. 현재 인공지능은 단순한 컴퓨터의 기능을 극대화한 것이 아니라 인터넷과 연결되어 강력한 학습 기능과 통제 기능을 가진 체계가 되었다. 즉 인공지능은 인터넷의 연결성connectivity을 통해 인간 생활 전체로 파급된 총체적 정보 처리 체계이다. 그런데 인간이 인공지능의 뛰어난 기능과 편리성에 전적으로 의존하게 된다면, 인공지능은 인간을 통제하고 지배할 수 있을 가능성이 생긴다. 이 때문에 인공지능은 인류 문명 전체를 통제하고 위협할 수 있는 체계가 될 수 있다. 스티븐 호킹과 다른 학자들이 인공지능의 미래를 경고하는 이유는 바로 인공지능이 지닌 (정보 처리의 속도와 양에서 나타나는) 인지적 우월성에 인간이 의존하는 데서 나타나는 위험성이다. 이들이 지적하는 점은 인간의 정보 처리 능력을 초월하는 기계에 인간이 의존하는 형세가 너무도 위험하게 보인다는 것이다.

테슬라의 공동 창립자이자 최고 경영자인 일론 머스크의 경고도 인공지능의 통제적 권력과 관련이 있다. 그는 인공지능의 강력한 기능뿐만 아니라 인공지능을 제작하는 회사들이 독점적 권력을 행사할 수 있음을 지적하고 있다. 인간 생활에 전반적인 영향을 미치는 인공지능의 생산과 관리가 소수의 회사에 의해 독점적으로 이루어진다면 이것은 인류 전체에 커다란 문제가 될 수 있다는 것이 그의 생각이다. 독점 자본주의가 많은 문제를 야기하고 있는 것처럼 인공지능의 독점 역시 사회 정의와 윤리의 문제를 야기할 수 있다는 것이다.

마지막으로 인공지능이 지닌 위험성은 인공지능이 인간의 개입을 거부할 수 있다는 점이다. 강력한 정보 처리 능력 때문에 인공지능은 문제를 스스로, 효과적으로 또 빠르게 해결하려는 성향을 띨 수 있다. 따라서 문제 해결에 상대적으로 느리고, 비효율적으로 보이는 인간의 개입을 거부할 수 있다. 특별히 일반 인공지능을 바탕으로 하는 초인공지능에 관해서는 늘 위험과 공포가 도사리고 있다. 옥스퍼드대학교의 닉 보스트롬Nick Bostrom이 2014년에 출간한 《슈퍼인텔리전스 Superintelligence (초인공지능)》에 따르면 잘못 개발된 인공지능 체계는 수정하기가 어려울 뿐만 아니라 체계 자체가 인간의 개입을 거부하려는 성향을 가진다. 한 마디로 인공지능의 최고봉인 일반 인공지능이 초인공지능으로 진화하는 경우, 인류 문명은 상당한 위험 부담을 피할 수 없다는 이야기이다.[10] 예를 들어서, 1968년 스탠리 큐브릭Stanley Kubrik

---

10   Bostrom, N. (2014). *Superintelligence, paths, dangers, strategies*. New York: Oxford University Press.

감독에 의해 영화화되기도 했던 아서 클락Arthur Clarke의 공상 과학 소설 《2001: 스페이스 오디세이2001: A Space Odyssey》에 등장하는 인공지능 통제 체계인 할9000HAL, Heuristically Programmed ALgorithmic Computer 9000(탐구적 추단율에 따라 프로그램된 알고리즘적 컴퓨터)을 생각해 보자. 이 체계는 우주선을 통제하는 인공지능 체계인데 주어진 작업 목표를 달성하는 과정에서 예상치 못한 문제를 발견하게 되고 이것을 해결하는 과정에서 모순적 갈등을 인지하게 된다. 이를 해결하기 위해 할이 취한 방법은 인간과 대화를 나누고 인간의 의견을 받아들이는 것이 아니라 그 스스로가 판단하기에 가장 효율적이고 손쉬운 방법, 즉 우주선에 있는 인간들을 살해하는 방법을 택한다. 인공지능이 복합적이고 다차원적인 의사 결정 과정을 맡아 진행하기 시작하면서 인간을 무시하고 인간을 위협하는 일이 나타날 수 있다는 점을 이 영화는 잘 묘사하고 있다.

아이작 아시모프Isaac Asimov의 로봇공학의 삼 원칙the Three Laws of Robotics 같은 윤리적 강령을 프로그램으로 만들어 실행시키면 인공지능이 결코 인간에게 해를 입히지 않을 것이라 생각할 수도 있겠다.[11] 윤리 프로그램을 통해 인공지능에 통제한다면 인공지능이 인간을 해칠 가능성은 없을 것이라는 희망이 이 원칙에 담겨 있다. 로봇공학의 삼 원칙은 다음과 같은 기본 규칙들로 구성되어 있다.

제1원칙: 로봇은 인간에게 해를 입혀서는 안 된다.
제2원칙: 제1원칙에 위배되지 않는 한, 로봇은 인간의 명령에 복종해야 한다.

---

11 Asimov, I. (1950). Runaround, in *I, Robot* (The Isaac Asimov Collection edition). New York: Doubleday, p. 40. 아시모프의 단편 〈Runaround〉는 1942년 3월 《*Astounding Science Fiction*》이라는 잡지에 처음 소개 되었다.

제3원칙: 제1원칙과 제2원칙에 위배되지 않는 한, 로봇은 로봇 자신을 지켜야 한다.

이론적으로 생각해 본다면 이 세 가지 원칙은 기계적 체계에서 인간을 보호하는 안전 장치이다. 하지만 이 삼 원칙은 일반적인 규제의 원칙일 뿐 결코 절대적인 규칙이 될 수 없다. 인지 능력이 뛰어난 인공지능은 주어진 상황에서 목적을 달성할 수 있는 수단을 여러 방식으로 추리해야 하는데 이 과정에서 예외적인 경우가 얼마든지 발생할 수 있다. 예를 들어 한 명의 인간을 희생하여 백만 명의 인간을 살릴 수 있다고 확신하는 인공지능은 어떤 판단을 내릴 것인가? 또한 '인간' 혹은 '상해injury, harm'라는 개념을 어떻게 해석하는가에 따라 인공지능은 다른 판단을 내릴 수도 있다. 인공지능은 경우에 따라 의식을 잃은 인간이나 판단 능력이 없는 인간을 '인간'이 아니라고 간주할 가능성도 있고, 상해를 오로지 육체적 상해만을 고려하여 정신적 고통을 무시하는 판단을 내릴 수도 있다. 또한 제한된 정보 처리 능력을 가진 인간이 인공지능의 복합적 판단 과정을 모두 검사하지 못하기 때문에 통제되지 않은 인공지능이 인간을 위협할 수도 있다. 수만 가지의 변수를 고려해야 하는 복잡한 의사 결정을 인공지능이 담당한다면 인간이 모든 내용을 완벽하게 통제하거나 이해할 수 없기 때문에 인공지능의 결정을 따라야 할 수밖에 없다. 이런 경우 인공지능이 자체적인 판단을 내리는데, 이것에 대해 인간이 개입하지 못하는 상황이 발생할 수 있다. 인간에게 직접적인 위협을 가하지 않도록 인공지능을 프로그램할 수 있지만, 그런 프로그램이 복잡한 변수를 고려해야 하는 인공지능의 판단에 어떤 역할을 하는지는 분명하게 알려진 바가 없다. 다양한 조건을 한꺼번에 다루어야 하는 인공지능과 같은 복잡성의 체계에서는, 로봇공학의 삼 원칙과 같은 윤리 프로그램 하나를 가지고 체계 전체의 활동을 정확하게 통제하고 예측하는 것은 어렵다. 따라서 인공지능이 효과적인 판단을 위해 인간의 개입을 제한하고 인간을 위협할 가능성은 언제나 존재한다.

혼 박사뿐만 아니라 많은 공학자들은 인공지능은 기계일 뿐이고 쓰기에 따라서 좋은 도구가 될 수도, 나쁜 도구가 될 수도 있다고 한다. 도구가 좋은가, 나쁜가, 안전한가 혹은 위험한가는 도구 자체의 문제라기보다는 도구를 사용하는 사용자의 문제일 수 있다는 것이 이들의 생각이다. 폭발물도 쓰기에 따라 (도로 공사나 터널 공사 같은 경우) 이로운 것일 수 있고, (공격적 무기의 경우) 해로운 것이 될 수도 있다. 인공지능의 위험이라는 것은 결국 하기 나름이라는 것이 이러한 논리이다. 하지만 인공지능은 다른 기계와 달리 상위 인지 기능을 실현하며, 학습을 통해 스스로를 변화시킬 수도 있고, 엄청나게 빠른 정보를 처리하면서 인간을 인도하고 통제할 수도 있는 능력을 가진 초기계(supermachine 또는 transmachine)이다. 이러한 경우 사용하기에 따라 기계가 좋은 것이 될 수도 있고 나쁜 것이 될 수도 있다고 말할 수는 없다. 초인간적인 인지 능력과 자율적 결정 능력을 가진 인공지능은 그 스스로가 특정한 사용을 제한하거나 유도할 수 있기 때문이다. 따라서 인공지능의 위험은 기계라는 도구 자체가 아니라 기계의 사용자의 문제일 뿐이라고 말하는 것은 적절하지 않다. 강력한 인공지능의 존재는 (그 사용자와 관련 없이) 이미 인지적 권위 혹은 정보의 통제가 인간의 손을 떠나 기계로 전이됨을 의미하게 되기 때문에 그 자체로 상당한 위험성을 띠고 있다. 인공지능은 단순한 도구가 아니라 그 자체가 하나의 위험한 권력이다.

반면 이러한 위험 부담은 새로운 기회가 될 수도 있다. 앞서 논의한 지성의 최고 단계인 지혜의 단계가 인공지능의 초지능 단계에서 실현될 수 있다면 이것은 기계와 인간 모두에게 도움이 될 것이다. 지혜라는 것은 제한된 영역에서 활동하는 지능을 말하는 것이 아니라 단편적인 정보를 모아 이들의 전체적인 의미를 이해하고 다양한 조건을 총체적으로 파악하는 능력이므로, 지혜가 일반 지능의 진화를 통해 발전적으로 나타나게 되는 것이 아닌가 하는 기대가 생긴다. 인공지능 응답 체계인 왓슨을 예시로 인공지능이 지혜의 단계로 상승할 가능성을 가지고 있는지 살펴보자.

지혜의 인공지능, 메신저의 인공지능

왓슨의 성공은 일반 인공지능 체계에서 초지능 체계로 발전할 가능성을 여는 듯이 보인다. 왓슨은 무슨 질문이든 잘 응답하는 체계이므로 이 체계를 발전시키면 단편적 상식에 관한 문제뿐만 아니라, 일반적 의사결정에 관한 문제도 해결할 수 있지 않을까하는 희망이 생긴다. 하지만 왓슨의 행보는 일반 지능이나 초지능의 방향이 아니라 특수화된 지능의 체계로 나아가고 있다. 예를 들어 왓슨 포 온콜로지Watson for Oncology (종양 정보를 위한 왓슨)는 IBM이 개발한 의료용 인공지능 체계이다. 이 체계는 과거 임상 사례와 각종 의학 저널을 바탕으로 하여 의사와 암 환자들에게 좋은 치료 방법을 추천하는 기능을 수행하는 의학 전문 인공지능 체계이다. 전문성을 향상시키는 것도 인공지능의 한 가지 발전 양상이기는 하지만, 앞서 논의한 지능의 상위 단계인 보편적 문제 해결 능력 같은 것은 전문화된 특수 인공지능이 추구하는 바와는 거리가 있다.

　　반면 인공지능과 관련된 지혜의 문제는 조금 예상치 못한 방면에서 제기되고 있다. 2012년 한국에서 개봉된 〈인류 멸망 보고서〉라는 옴니버스 영화 중에 두 번째 에피소드인 '천상의 피조물'에는 로봇 승려인 RU-4(인명 스님)가 불자들에게 설법을 하는 장면이 있다. 인공지능 로봇이 사람들에게 지혜의 말을 가르친다는 놀라운 내용이 이 영화에 묘사되어 있다. 더욱 놀라운 점은 이 로봇의 설법을 듣고 감동을 받은 불자들이 생겼다는 것이다. 과연 이런 일이 가능한가? 인명 스님의 설법은 진정한 깨달음의 말씀인가? 아니면 단지 깨달음을 시뮬레이션하는 프로그램의 기능인가? 영화라는 가상적 공간에서 벌어지는 일이라 분명한 답은 없지만 깨달음과 지혜의 기능이 인공지능에 포함될 수 있다는 점은 우리의 상상력을 자극하기에 충분하다.

인명 스님의 수준은 아니지만 뛰어난 기능을 갖춘 인공지능 로봇들이 중국과 일본의 사찰에서 활동하고 있다. 중국 베이징의 용천사龍泉寺에는 샨어Xian'er라는 로봇 승려가 있어 절을 방문하는 사람들을 안내하며 불교의 지혜를 전하는 일을 하고 있다. 일본 교토의 고다이지高台寺라는 절에는 민다르Mindar라는 로봇 관음 보살이 설법을 하고 있다. 이들이 지혜의 단계에 이른 인공지능 체계인지는 불분명하다. 오히려 이들은 불법을 설파하는 기능을 수행하는 특수화된 인공지능이 아닌가 예상된다. 하지만 이들이 깨달음과 지혜와 관련된 기능을 수행하고 있는 것은 확실하다. 무엇보다 중요한 점은 이런 역할들이 그저 형식적으로 혹은 가상적으로 수행되는 것이 아니라 실질적으로 수행된다는 점이다. 예를 들어 교토의 고다이지에서는 스님들과 불자들이 민다르에게 합장하고 예를 다하고 있다. 이들은 민다르를 기계 인형 대하듯이 하지 않는다.

인공지능에 대한 이러한 불교의 개방적 자세는 매우 놀랍고 시사하는 바가 크다. 인공지능이 기계적 체계이기는 하지만 깨달음의 메신저가 될 수 있고 또 그것에 경의를 표할 수도 있다는 것은, 불교가 가지고 있는 마음에 대한 열린 시각 때문이다. 하지만 그렇다고 해서 인공지능이 진정한 깨달음에 도달할지에 대해서는 아직 분명한 답이 없는 상황이다. 이러한 어려움과 불확실성에도 불구하고 불교가 가지고 있는 깨달음에 대한 깊은 철학과 기계적 지능에 대한 개방적 입장은 인공지능이 달성하고자 하는 지혜의 문제에 대해 공평하고 합당한 해결점을 제공할 수도 있을 것이다. 결국 우리는 다음과 같은 질문을 할 수 있다. 인공지능은 지혜에, 즉 불교의 깨달음에 이를 수 있는가? 즉 로봇 승려는 깨달음의 가르침을 설파함과 동시에 스스로도 깨달음에 도달할 수 있는가? 깨달음에 관한 불교의 가르침은 인공지능이 지혜의 단계에 도달하는 데 도움이 될 수 있는가? 이런 질문들은 인공지능이 불교와 직접 연결되는 흥미로운 물음들로서, 앞으로 이 책에서 본격적으로 다뤄질 것이다.

인공지능의 다른 모습

많은 이들은 인공지능이 기계이고 인공적인 알고리즘 머신이라는 점만 생각하지만, 인공지능에는 잘 알려지지 않은 다른 모습도 있다. 인공지능은 기계적 도구, 알고리즘의 집약체, 연산 과정, 0과 1로 이루어진 끝없는 정보 처리의 과정이기도 하지만, 소통의 대상이며, 관계성의 기계이기도 하다. 인공지능은 망치와 같은 도구이기도 하지만, TV와 같은 매체이기도 하고, 소설과 같은 상상적 서사이며 그림이나 영화 같은 이미지의 구성이기도 하고, 상담과 대화와 같은 사회적 소통이기도 하다. 인공지능은 단지 인지적 기계만은 아니다.

2013년 개봉된 〈그녀Her〉라는 영화가 있다. 이 영화에는 주인공 시어도어가 서맨사라는 인공지능 체계와 깊은 대화를 나누며 사랑에 빠진다. 2015년에 개봉된 〈엑스마키나Ex Machina〉라는 영화에서는 주인공 칼렙이 인공지능 로봇인 에이바에 연민의 감정을 느끼게 된다. 인간의 감정을 분석하고 이해하는 프로그램이 장착된 인공지능이 인간과 깊은 관계를 가진다는 이야기는 현재로서는 과장된 측면이 있을 수도 있다. 그런데 이런 상상적인 인공지능 체계들은 우리가 보통 기대하는 인공지능의 본래적 장점 즉, 장기나 바둑 혹은 증권 투자, 군사적 전략이나 국제 관계 같은 복합적 정보의 인지적 분석을 행하는 체계라기보다는 인간의 심리를 이해하고 사회적 관계를 맺도록 만들어진 체계들이다. 이런 영화들은 사회적 관계나 감정을 교류하는 인공지능이 나타날 가능성을 보여 준다. 인공지능은 똑똑한 노예일 수도 있지만, 우리와 교감하는 친구나 연인이나 상담사가 될 수 있다.

이러한 체계들은 인간의 감정과 심리를 이해하고 분석할 수 있는 기능을 발전시킨 특화된 인공지능의 체계이다. 그런데 인간과 대화를 나누고 정서적 교감을 통해 사회적 관계를 형성해 가는 체계들이 반드시 인간의 감정을 느끼거나 그런 감정을 완벽하게 이해해야 할 필요가 있는 것은 아니다. 반려동물들은 인간의 감정을 완벽하게 이해하고 있지 않지만, 인간과 교감을 나누고 서로의 감정적 표현에 잘 반응하고 있지 않은가. 기계적 체계가 사회적 정서적 기능을 성공적으로 실현하기 위해서는 인간의 심리와 인간 관계에 관한 객관적인 정보나 추리도 중요하지만, 인간 관계의 특이점들을 이해하고 인간의 정서적 표현들에 잘 반응하는 것이 더욱 중요하다. 따라서 새로운 종류의 인공지능의 가능성이 여기서 나타난다.

정서적 공감과 사회적 경험을 주는 인공지능

1960년대 심리 치료사의 역할을 하도록 고안된 일라이자라는 프로그램이 있다. 이 프로그램은 1964년에서 1966년 사이 바이첸바움Joseph

Weizenbaum이 미국의 매사추세츠 공과대학에서 개발한 심리 치료를 위한 자연 언어 처리 프로그램이다. 일라이자는 인간(피상담인)과 문자로 대화를 나누면서 심리 상담가의 역할을 모의하고 있었는데, 다음과 같은 대화를 나누었다고 한다. (여기서 B가 일라이자이다.)

A 남자들은 다 똑같은 것 같아요.

B 어떤 점에서 그런가요?

A 남자들은 늘 이런 저런 식으로 우리를 괴롭혀요.

B 구체적 예를 들 수 있나요?

A 남자 친구 때문에 여기 왔어요.

B 남자 친구 때문에 여기 왔다고요.

A 그 사람은 내가 항상 우울해 한다고 해요.

B 우울해 한다는 말이죠

A 맞아요. 행복하지가 않아요.

B 여기 오는 것이 당신이 행복하지 못한 것을 바꿀 수 있다고 생각합니까?

이 둘의 대화를 보면 알 수 있듯이 이 프로그램은 주어신 문장을 간단히 변형시켜 응답을 하는 방식으로 대화를 이끌어 가고 있다. 즉 일라이자는 주어진 문장의 단어들을 재배열하여 의문문을 만든다든지 혹은 그러한 단어가 표현된 다른 문장을 만든다든지 하는 방법을 사용하여 인간과 대화를 이어간다. 이런 과정에 인간 심리에 대한 깊은 이해나 정서적 교감을 위한 분석은 없다. 그렇지만 일라이자와 컴퓨터 단말기로 대화를 나눈 바이첸바움의 비서는 나중에 일라이자와 개인적으로 대화를 나눌 시간을 달라고 바이첸바움에게 요청했다고 한다. 일라이자의 간단한 응답이 이 비서의 호기심과 상상력을 자극한 것은 분명하다. 물론 이런 문자를 통한 간단한 대화가 영화 〈그녀〉에서 시어도어가 서맨사라는 인공지능과 발전시킨 것 같은 진정한 사회 관계나 정서적 교감을 이루는지는 불분명하다. 그러나 그 가능성은 충분히 있는 것 같다.

예를 들어 일본에서 개발된 파로Paro라는 로봇 물개나, 미국 톰봇 퍼피Tombot Puppy사의 제니Jennie라는 로봇 개는 심리 치료에 상당한 효과를 보여 주고 있다. 이들 로봇 체계는 분명 기계적 체계이지만 병원이나 양로원에서 사람들과 정서적으로 교감을 하고 있고, 이로 인한 심리적 안정과 긴장감 완화는 생리적 측정과 심리적 관찰에 의해 증명되고 있다. 파로와 제니는 최고의 정보 처리 능력을 구현하는 프로그램을 쓰는 체계들은 아니다. 그럼에도 불구하고 인간의 심리적 필요를 잘 만족시키고 있으며 특별한 정서적 경험을 일으키는 능력을 가지고 있다. 인공지능이 인지의 기계일 뿐 아니라 관계의 기계 혹은 경험의 기계가 될 수 있음을 이런 체계들은 보여 주고 있다.

인공지능의 다양한 종류와 단계

인지 능력은 여러 가지 다른 종류와 단계를 가지고 있다. 현재 개발된 인공지능 체계들은 계산/기억, 지각, 분석Analysis, 추론Inference에 관련된 능력들을 집중적으로 발전시켰다. 또한 창의력에 관한 능력도 상당히 발전하고 있다. 그러나 이 모든 것을 통합하면서도 궁극적인 가치와 판단의 능력을 구현하는 지혜의 능력을 실현하는 단계로 나아가는 시도는 아직 나타나지 않고 있다. 하지만 최근 논의되고 있는 인공지능의 세계는 다양한 영역을 포함한다.

인공지능이란 원래는 인간 인지 능력에만 국한 되었던 계산, 지각, 추리, 판단, 그리고 문제 해결의 상위 인지 기능을 기계적으로 실현하는 체계를 가리키는 말로 폭넓게 사용되었는데, 이 분야가 발전되면서 인공지능의 다양한 유형이 구분되기 시작하였다. 일반적으로 강 인공지능, 약 인공지능, 특수 인공지능, 일반 인공지능, 초인공지능 등의 구분이 있다.[12] 이들은 인공지능의 인지 능력을 인간의 마음과 관련하여 구분하는 방식과 기능(일반/특수)과 작업 영역(개방/협소)을 통해 구분된다.

인공지능의 인지 능력을 인간의 마음과 관련하여 구분하는 방식은 다음과 같다.

강 인공지능 Strong AI: 인공지능의 인지적 능력을 인간의 사고 능력과 직접 비교하여 설명하는 입장. 예를 들어, 왓슨이 퀴즈 문제의 정답을 제공할 때 왓슨의 뛰어난 인지 기능을 사람의 인지 기능과 비교하여 왓슨은 '사람이 생각하듯' 문제를 이해하고 답을 제시한다고 설명한다면 이것은 강 인공지능의 입장이다.

---

12   다양한 종류의 인공지능에 관한 일반적인 분류는 다음의 자료를 참고하시오. Anirudh, V. K. (Feb. 10, 2022). What Are the Types of Artificial Intelligence: Narrow, General, and Super AI Explained. *Spiceworks, Artificial Intelligence*. https://www.spiceworks.com/tech/artificial-intelligence/articles/types-of-ai/; Great Learning Team (Mar. 7, 2023) What is Artificial Intelligence in 2023? Types, Trends, and Future of it? *Great Learning*. https://www.mygreatlearning.com/blog/what-is-artificial-intelligence/ 특수 인공지능 전문가 시스템에 관해서는 다음의 자료들을 참고하시오. Buchanan, B. G. & Shortliffe, E. H. (Eds.). (1984). *Rule-Based Expert Systems: The MYCIN Experiments of the Stanford Heuristic Programming Project.* Reading, MA: Addison-Wesley; Horvitz, E. J., Breese, J. S., & Henrion, M. (1988). Decision theory in expert systems and artificial intelligence. *IJAR*, 2, 247–302; Shortliffe, E. H. (1976). *Computer-Based Medical Consultations: MYCIN.* New York: Elsevier/North-Holland. 일반 인공지능에 관해서는 Goertzel, B. & Pennachin, C. (2007). *Artificial General Intelligence.* New York: Springer 를 참고하시오. 초인공지능에 관해서는 Bostrom, Nick (2014). *Superintelligence: Paths, Dangers, Strategies.* New York: Oxford University Press 를 참고하시오.

약 인공지능 Weak AI: 인공지능의 인지 능력을 인간의 사고나 의식과는 직접 비교하지 않고 오로지 그 기능을 입출력과 정보 처리 패턴 자체로 설명하는 입장. 예를 들어 왓슨이 퀴즈 문제의 정답을 제공하고 매우 복잡한 분석을 성공적으로 수행할 때, 왓슨의 기능을 반드시 사람의 인지 기능과 비교하여 설명할 필요가 없다는 입장이 약 인공지능의 입장이다.

러셀과 노르빅에 따르면 강 인공지능과 약 인공지능의 구분은 인공지능의 연산 능력에 대한 구분, 즉 강력한 능력을 가진 인공지능과 부족한 능력을 가진 인공지능의 구분이 아니라 인공지능의 인지 능력을 사람의 인지 능력과 비교 평가하는가 여부에 관한 구분이다.[13] 즉 인공지능의 연구의 전체적인 방향성에 관한 구분이다. 철학자들과 심리학자들은 강 인공지능의 입장에 관심이 있겠지만 대부분의 인공지능 연구가들은 약 인공지능의 입장을 취한다고 한다.

　　인공지능의 기능(일반/특수)과 작업 영역(개방/협소)을 통한 구분은 다음과 같다.

특수 인공지능 Specialized or Narrow AI: 특수화된 인지 기능specialized AI을 구현하거나 제한적인 영역에서의 작업narrow AI을 수행하는 인공지능이다.

일반 인공지능 General AI: 보편적인 혹은 영역 일반적인domain general 인지 기능을 가지고 다양한 영역의 작업을 수행하는 인공지능이다.

초인공지능Superintelligence: 총체적이며 복합적인 상위 인지기능을 여러 분

13　Russell and Norvig (2010, p. 27, 1020). Russell, S. & Norvig, P. (2010). *Artificial intelligence: A modern approach*, 3rd edition. Upper Saddle River, NJ: Pretice Hall; Searle, J. (1980). Minds, brains and programs. *Behavioral and Brain Sciences*, 3, 417–357; Searle, J. (1984). *Minds, brains and science*. Cambridge, MA: Harvard University Press.

아에서 제한 없이 수행하는 인공지능의 궁극적 형태이다.

인공지능의 전체적 발전 단계를 볼 때 특수화된 전문적 인공지능은 보편적이며 일반적 영역을 담당하는 인공지능으로의 발전하며 궁극에 가서는 일반 인공지능이 초인공지능으로 진화할 것이다. 그러나 특수화된 인공지능은 그 실용성으로 인해 나름의 지속적인 발전을 이어갈 것이다.

이러한 일반적인 구분 이외에 인공지능이 사용되는 맥락이나 특수 환경에 따라 다음과 같은 분류가 가능하다.

소비자 AI (Consumer AI) 사회적 / 경험적 AI (Social / Experiential AI) 생성형 AI (Generative AI) 특수 AI (Specialized AI) 일반 AI (Broad / General AI) 초인공지능 AI (Super Intelligence)

사회적, 경험적 인공지능 Social/Experiential AI: 향상된 정보 처리 능력을 통해 인간과 기계가 사회적 관계를 맺고 경험을 공유할 수 있도록 고안된 기계. 이러한 체계들의 목적은 빠르고 정확한 정보 처리와 분석이라기보다는 인간의 사회적 정서적 경험을 풍부하게 하고 발전시키는 것이다. 즉 이런 인공지능은 인간과 기계의 상호 작용을 위한 인공지능이다. 영화 〈그녀〉에 나온 서맨사나 심리 상담자의 역할을 하도록 만들어진 일라이자 같은 체계가 이러한 부류의 인공지능 체계이다. 또한 파로와 제니 같은 인공 반려 동물도 이런 부류에 속하는 체계이다.

생성형 인공지능 Generative AI: 단순한 정보의 처리나 연산이 아니라 사상의 표현과 예술적 창조적 활동을 하도록 구성된 인공지능의 체계. 인공지능의 기계적 성격을 벗어나 독자적인 사고와 창조적 표현을 구사할 수 있는 기능을 목표로 하는 것이 생성형 인공지능이다. 현재 생성 기능을 가진 인공지능

중에 대표적인 것으로는 텍스트(시, 소설, 각본)를 담당하는 GPT 시스템, 음악(작곡)을 담당하는 아이바AIVA, Artificial Intelligence Virtual Assistant, 그리고 미술(회화)을 담당하는 아이칸AICAN, AI Creative Adversarial Network 등이 있다. 최근에는 텍스트(문장이나 단어)를 이미지로 바꾸어 주는 스테이블 디퓨전Stable Diffusion이나 달리DALL-E 같은 생성형 인공지능도 등장했다.

소비자 인공지능 Consumer AI: 특수 프로그램과 인터넷 연결성을 이용한 향상된 기능성을 가진 가전 제품이나 소비재에 인공지능이란 이름이 붙은 것. 이 분야는 인공지능이 가전 제품이나 소비재의 기능으로 확산되면서 나타나는 인공지능의 응용 분야이다. 청소기나 세탁기에 인공지능이란 이름이 붙은 제품을 볼 수 있는데, 이것이 바로 소비자 인공지능이다. 사용자들이 지각하고 선택하고 판단하던 부분을 이제 기계가 알아서 해준다는 의미에서 인공지능이란 이름이 사용된 것이 아닐까 싶다. 보다 편리하고 기능적인 소비재들은 이제 인공지능적 기능을 포함하게 될 것이지만 구체적으로 어떤 기능이 인공지능화 될 것인지에 관해서는 분명한 기준이 없다.

특수 인공지능 Narrow/Special AI: 인공지능의 인지적 정보 처리 능력이 전문화되었거나 특수한 영역에서 사용되도록 만들어진 것. 예를 들어 의료 분야에 특수화된 기능을 수행하는 의료 진단 시스템 같은 것이 이러한 특수 인공지능 체계이다. 최근 상당한 관심을 끌고 있는 자동차의 자율 주행 체계도 특수 인공지능의 한 형태라고 할 수 있다. 특수 인공지능은 흔히 전문가 시스템Expert System이라고 한다. 대부분의 인공지능 체계들은 특수 인공지능 체계로 구성되어 있으며 인공지능 연구의 가장 중심적인 부분을 차지하고 있는 것도 역시 특수 인공지능 체계이다.

일반 인공지능 Broad/General AI: 인지적 정보 처리 능력이 특수한 영역에 국한된 것이 아니라 다양한 종류의 정보를 처리할 수 있는 능력으로 확대되어 인간의 전반적인 지적 능력에 근접하는 종합적 지능을 구사하도록 만들어진 인공지능. 예를 들어 영화 〈아이 로봇〉의 휴머노이드 로봇 소니가 일반 인공지능의 기능을 수행하는 체계라고 예상할 수 있다. 소니는 다양한 환경에서 여러 가지 인지 능력을 발휘하며 판단과 실행을 갖춘 체계이다.

초인공지능 SuperIntelligence: 다양한 종류의 정보를 처리할 능력을 가지고 있을 뿐 아니라 방대한 양의 정보를 분석하여 일정한 목표와 변화하는 상황에 합당한 판단을 내릴 능력을 가진 체계. 일반적으로 이러한 체계는 학습, 수정, 개선, 변경의 능력을 가지고 있고 인간 활동을 조직하고 통제할 능력도 지니고 있어 인공지능의 가장 강력한 형태로 인식되고 있다. 초인공지능과 가장 흡사한 체계는 영화 〈아이 로봇〉에 나오는 비키라는 체계와 〈2001: 스페이스 오디세이〉의 할 같은 체계이다. 이들 체계는 스스로 학습하고 판단할 수 있는 능력을 가지고 있어서 인간의 통제에 완전히 종속되는 일반적 정보 처리 체계와는 다른 자율적 체계이다.

인공지능의 지평

현재 인공지능의 영역은 사회적, 경험적 인공지능, 생성형 인공지능, 소비자 인공지능, 그리고 특수 인공지능 등 여러 분야를 통해 확장되고 있고, 인공지능의 실제적인 연구는 자율 주행 체계, 딥 러닝, 신경망 체계, 형태 인지, 자연 언어 처리, 챗봇, 실시간 감정 분석, 안면 인식, 실시간 번역과 같은 과제를 통해 진행되고 있다. 이 모든 것들을 종합해보면 현재 인공지능의 세계는 다음과 같은 일들이 벌어지고 있다. 사물 인터넷 IoT, Internet of Things은 기계들이 네트워크 연결을 통해 인터넷에 저장된 정보들을 사용하여, 보다 뛰어난 인공지능 기능을 실현할 수 있게 한다. 딥 러닝은 인공지능이 스스로 학습하고 스스로의 기능을 발전시킬 수 있는 능력을 가지는 학습 기법을 제공한다. 빅 데이터Big Data는 인공지능의 활동과 학습을 위한 방대한 자료를 제공하며 이를 통해 인공지능의 기능을 향상 시킨다.[14] IBM의 인공지능 체계인 왓슨은 인간의 도움 없이도 이러한 방대한 자료를 추적하고 분석하여 주어진 문제를 해결하는 데 이용하고 있고, 학습 체계 텐서플로TensorFlow는 거대 자료를 처리하여 인공지능을 학습시킨다.[15] 이러한 막대한 분량의 자료를 처리할 수 있는 능력 덕분에 생성적 대립 신경망GAN, Generative Adversarial Networks 은 실제 같은 가짜 사진을 만들어낼수 있고, GPT 체계들은 대규모 언어 모델을 통해 시와 소설을 써내려가면서 창조적 상상력을 발휘하고 있다.[16] [17] 바드Bard는 텍스트를 처리하고 다양한 생각을 글로 표현하는 생성형 챗봇이며, 코파일럿CoPilot은 개인용 컴퓨터의 도우미 역할을 담

---

14 빅데이터는 일반적으로 방대한 자료를 가리키는 말이지만 정보과학이나 인공지능의 관점에서 본다면 기존의 방식으로 저장되고 분석될 수 없는 거대한 자료, 특별히 디지털화되어 전산 체계를 통해 접근할 수 있는 거대 자료에 관한 연구를 지칭하는 말이다. 예를 들어 온라인 상에는 인간 활동이 방대한 기록이 남아 있는데 이것을 분석하면 의미있는 정보의 패턴을 발견할 수 있다. 이러한 거대한 분량의 데이터를 처리함으로써 인공지능의 기능을 향상 시킨 사례는 많이 보고되고 있다. Collins, F. S., Morgan, M., and Patrinos, A. (2003). The human genome project: Lessons from largescale biology. *Science, 300* (5617), 286 – 290; Hays, J. and Efros, A. A. (2007). Scene completion Using millions of photographs. *ACM Transactions on Graphics (SIGGRAPH)*, 26 (3); Kilgarriff, A. and Grefenstette, G. (2006). Introduction to the special issue on the web as corpus. *Computational Linguistics*, 29 (3), 333 – 347; Yarowsky, D. (1995). Unsupervised word sense disambiguation rivaling supervised methods. In *ACL-95*, 189 – 196.

15 텐서플로는 기계 학습을 위한 라이브러리(자료 구성 체계)를 말한다. 이 체계는 인공지능 프로그램을 위한 지원 자료 체계로서 예를 들어 상위 프로그램 언어인 파이썬 Python을 사용하여 실질적으로 구동되는 프로그램을 작성할 수 있다. 이 체계는 특별히 빅 데이터 분석에 유용하다고 알려져 있다. 텐서플로의 거대 자료 처리 능력에 관한 간단한 설명은 다음의 기사를 참고하시오. https://ts2.space/en/applying-tensorflow-to-big-data-analytics-a-practical-guide/

당한다.

　그런데 인공지능 연구에서 쉽게 간과하는 측면은 마음의 이해라는 측면이다. 인공지능은 인지적 능력을 갖춘 기계를 만들겠다는 공학적인 노력 이외에도 인간의 자기 이해 혹은 자기 마음의 이해라는 커다란 시각을 통해 접근할 수 있다. 인간의 인지적 능력을 예를 들어 의사 결정이나 복합적 판단 과정들을 잘 이해하지 못하면 같은 능력을 인공지능으로 구현하기가 어려운 경우가 많기 때문이다. 물론 비행기가 날기 위해서 반드시 새의 날개가 필요한 것은 아니고, 기계가 인지적 능력을 가지기 위해서 반드시 인간의 뇌를 가져야 할 필요는 없지만, 복잡한 인지 능력을 기계적으로 실현하기 위해서는 인간의 인지 능력을 잘 이해하는 것이 중요하다. 그래서 인공지능은 단순한 컴퓨터 공학과 전자 공학만의 문제가 아니라 인간의 마음을 연구하는 심리학과 철학의 문제도 되는 것이다. 마음의 본성이 무엇이고 인지적 능력의 정체가 무엇인지를 잘 이해하기 위해서는 인간의 마음과 의식을 연구하는 학문의 도움이 필요하다는 것이다. 이러한 시각에서 생각한다면 인공지능과 마음의 종교인 불교의 관계는 상당히 밀접할 것이라 예상할 수 있다. 특별히 깨달음과 지혜를 추구하는 불교는 인공지능의 궁극적 단계인 지혜의 단계가 어떤 것인지를 알려 줄 중요한 단서를 제공할 수도 있을 것이다. 앞으로

16　생성적 대립 신경망은 2014년 이안 굿펠로Ian Goodfellow가 개발한 기법으로 경쟁적 신경망 네트워크의 상호 작용을 통해 학습의 효율을 강화하는 기법이다. 엔비디아 Nvidia 사는 이 학습 기법을 이용하여 최근 합성 이미지(존재하지 않는 대상의 이미지)를 출력하는 프로그램을 개발하였다. 이 이미지들은 합성된 이미지처럼 보이지 않고 실제로 존재하는 대상의 사진인 것처럼 보인다.

17　GPT-2 체계는 OpenAI사의 인공지능 프로그램이다. 이 프로그램은 주어진 데이터, 예를 들어 40기가 바이트의 텍스트를 가지고 통계적 분석 학습을 함으로써 글쓰기 능력을 구현하는 프로그램이다. 현재는 GPT-4까지 개발, 출시 되었다.

전개될 논의에서 필자는 이러한 관련성들을 설명하고 발전시켜서 인공지능과 불교 모두에 대한 이해를 증진시키려고 한다.

제 2 장

컴퓨터와 불교
: 용수의 중관론

컴퓨터의 탄생: 사고의 계산적 형식화

인공지능은 컴퓨터의 기능을 극대화하고 다양화시켜 인간의 자연 지능에 필적하는 기능을 구현하는 체계를 말한다. 따라서 인공지능을 이해하기 위해서는 컴퓨터가 발전해 온 역사부터 시작하는 것이 중요하다. '컴퓨터computer'라는 말은 1613년부터 영어 사용자들 사이에 쓰여 졌다는 보고가 있다. 이 단어는 원래 관청이나 회사에서 계산을 남당하는 사람, 즉 계산 기사 혹은 전문 계산 요원이란 뜻을 가지고 있었다. 이런 숫자 계산을 담당한 사람의 역할을 기계가 담당하게 된 것은 수학적 계산의 과정이 기계화될 수 있다는 생각에 의해 가능하게 된다. 그런데 현대적 디지털 컴퓨터는 단순히 숫자만을 계산하는 기계가 아니다. 컴퓨터는 숫자의 계산을 넘어서서 개념과 사고를 계산하는 기계가 되었다. 현재 우리가 사용하는 컴퓨터는 (그것이 숫자이든 개념을 표현하는 언어이든) 의미를 담은 신호를 처리하는 정보 처리 체계인데, 이것은 숫자를 계산하는 것처럼 개념과 사고도 계산할 수 있다는 발상에서 시작되었다. 한 숫자에서 일정한 수학적 연산을 통해 다른 숫자가 나타나는 것과 비슷한 방식으로 한 생각에서 일정한 원칙을 통해 다른 생각이 나타난다는 점을 발견한 것은 컴퓨터라는 말이 계산의 영역에서 추리나 정보 처리의 영역으로 확대되는 계기를 마련한다. 이러한 컴퓨터라는 말의 의미의 변화에서 우리는 숫자 계산과 생각의 연산이 모두 논리적 원리에 기반을 가지고 있고 이 원리의 발견을 통해 사고와 정보 처리의 기계화가 가능하게 되었음을 추측할 수 있다. 컴퓨터를 단순한 계산하는 기계가 아니라 인공지능과 같이 생각하는 기계로 만들려고 하는 것도 바로 계산과 사고를 올바로 인도하는 원칙을 가정하고 발견함으로써 가능하게 된 것이다. 즉, 다음 도식과 같이 계산을 기계화 할 수 있다면 생각도 기계화할 수 있다는 가정은 컴퓨터와 인공지능의 발전에 중요한 역할을 한다.

$$\text{숫자}\ (1, 2, 3, \tfrac{1}{2}, \tfrac{1}{4} \cdots) \ \rightarrow \ \text{계산 과정}\ (\%, \#, \leq, \infty, +, =) \ \rightarrow \ \text{결과}$$

$$\uparrow$$

연산 과정의 존재 (기계화 가능)

$$\downarrow$$

$$\text{생각}\ (\text{크다, 작다}) \ \rightarrow \ \text{생각 과정}\ (\text{참이다, 거짓이다}) \ \rightarrow \ \text{결과}$$

계산과 사고의 근본 원리를 발견하는 데는 수 천 년에 걸친 노력이 필요했다. 먼저 아리스토텔레스와 고대 그리스 철학자들의 형식 논리에 관한 철학적 이론을 생각해 보자. 이들은 논리적 사고의 과정, 즉 한 생각에서 다른 생각을 올바로 이끌어내는 과정에는 일정한 틀(형식)이 있다는 점을 발견하였다. 그래서 형식 논리Formal Logic 혹은 사고의 틀form이라는 말이 생겨났다. 이 생각은 나중에 컴퓨터의 정보 처리가 일정한 틀(프로그램)을 가지고 있다는 생각으로 발전된다. 그래서 컴퓨터 프로그램과 철학, 특별히 논리학은 근본적으로 밀접한 관계를 가지고 있다. 여기서 한 가지 중요한 점은 계산과 사고의 기반에는 공통적으로 특정한 구조나 틀이 있다는 점이다. 형식적 틀이라는 뜻은 계산과 사고의 기본적인 원칙이 그 구체적인 내용이 아니라 추상적 형태form, template나 패턴과 관련이 된다는 의미이다. 예를 들어 사과 2개와 사과 3개를 더하면 사과 5개가 된다. 그런데 귤 2개와 귤 3개를 더하면 귤 5개가 된다. 이 때 '2+3=5'는 그것이 사과이든 귤이든 상관없이 2개의 대상과 3개의 대상을 합하면 5개의 대상이 된다는 계산을 보여 준다. 즉 숫자를 이용하는 수학적 계산은 그 숫자가 나타내는 구체적 대상과 관련이 없이 (사과이든 귤이든 상관없이) 가능한 것이다. 생각도 마찬가지이다. 논리적 생각의 형식적 틀은 생각의 구체적 내용과 별도로 발견될 수 있고 사용될 수 있다. 아래의 예들을 보면 알 수 있듯이 논리적 사고의 틀인 'A는 B보다 크다', 'B는 C보다 크다', 따라서 'A는 C보다 크다'는 철수, 창수, 영수 혹은 미국, 독일, 스페인 인구라는 구체적인 내용과는 별도로 증명되고 사용될 수 있다.

계산의 형식적 틀(2 + 3 → 5)

사과(2) + 사과(3) = 사과(5)

귤(2) + 귤(3) = 귤(5)

생각의 형식적 틀(A > B, B > C, → A > C)

철수는 창수보다 크다. 창수는 영수보다 크다. 그렇다면 철수는 영수보다 크다. 미국 인구는 독일 인구보다 많다. 독일 인구는 스페인 인구보다 많다. 따라서 미국 인구는 스페인의 인구보다 많다.

이런 계산과 사고의 형식적 틀을 발견하고, 이 형식성이 가지는 의미를 알게 되면 이들을 기계화하는 것이 가능하다는 점도 알 수 있게 된다. 무슨 숫자가 나오더라도 계산의 형식만 따르면 올바른 계산이 가능하듯이, 무슨 생각이 들더라도 사고의 형식을 따르면 논리적 사고가 가능한 것이다. 이러한 숫자 계산과 사고의 추론은 바로 이 형식적 틀의 발견을 통해 가능하게 된 것이다. 그런데 이러한 틀은 구체적 내용에 관련된 틀이 아니라 형식적 틀이기 때문에 계산이나 생각의 구체적인 내용을 굳이 고려하지 않고도 기계식 기어의 위치나 전자 스위치의 on/off 같은 방식으로 자동화나 기계화가 가능하게 된다.

　　이러한 형식적 틀에 대한 이해가 계산기와 컴퓨터의 발달을 자극한 것은 너무도 당연한 일이다. 컴퓨터는 이러한 사고의 다양한 형식적 틀을 전기적으로 표현하고 그것을 전기 신호로 변환하여 정보를 처리하는 기계인 것이다. 이 때 사고의 형식적 틀은 프로그램으로 저장되어 사용된다. 즉, 논리적 사고의 과정은 프로그램이라는 형식으로 컴퓨터에서 이용되는 것이다. 논리적 사고의 틀과 컴퓨터 프로그램은 아래 예를 비교하면 그 유사성이 쉽게 드러난다.

논리적 추론의 틀 (논리적 생각의 추상적 구조)	컴퓨터 프로그램 (알고리즘적 구조)	전기/전자적 실현 (물리적 실현 과정)
p 가 참이면 q도 참이다. (p → q) p가 참이다. (p) 그렇다면 q는 참이다. (q)	p가 발생하면 q를 하라. p가 입력되었다. q를 하라.	p에 전류가 흐르면 q에 전류를 흘려라. p에 전류가 발생하였다. q에 전류를 흘려라.

따라서 컴퓨터는 이러한 계산과 생각의 형식적 틀을 자동적으로 실행하는 기계이다. 논리적 추론을 자동화함으로써 정보 처리를 실행하는 것이 컴퓨터이다. 컴퓨터에 일정한 숫자나 개념을 입력하면 이 기계는 계

산과 생각의 형식적 틀, 즉 프로그램을 가져와서 이 입력들을 자동적으로 처리한다. 그 결과는 우리가 이해할 수 있는 숫자나 언어로 표시되는 것이다. 컴퓨터가 존재하기 이전에 이러한 기능을 담당한 것은 인간의 뇌였다. 그러나 컴퓨터가 발전하면서 인간 뇌의 지능을 기계적으로 자동화할 인공지능이 나타나게 된 것이다. 인공지능은 컴퓨터의 발전 없이는 불가능하고 컴퓨터의 발전은 계산과 사고의 형식적 과정에 대한 이해 없이는 불가능하다. 이런 의미에서 컴퓨터와 논리적 사고의 기계화를 살펴보는 것이 인공지능의 이해에는 중요하다.

인간의 생각에 대한 이러한 형식적 접근법은 그러나 한 가지 제약을 가지고 있다. 필자의 생각에는 이런 형식적 방식으로 그 논리를 추적할 수 있는 것도 그렇지 않은 것도 있다. 앞으로 설명하겠지만, 컴퓨터에 기반을 두는 인공지능이 인간의 지능에 필적하는 기능적 능력을 가진 것은 분명하지만 인간의 생각을 완벽히 재현하거나 의식이나 감정 상태를 완전히 드러내는 데에 한계를 노출하는 것은 바로 이러한 형식적 틀을 통해 인간 사고에 접근하는 방식 때문이다. 인간의 지능은 형식적 틀로 설명되는 부분이 있지만 그렇지 않은 부분도 가지고 있기 때문에 인공지능의 발전을 위해서는 비형식적 사고, 일반적으로 의식이나 각성이라고 하는 영역에 대한 폭넓은 연구가 필요하다고 하겠다. 바로 이 지점에서 불교와 인공지능이 만나 나누는 대화는 매우 흥미로울 것이다. 불교는 깨달음을 향한 마음의 종교이다. 이 깨달음의 마음은 올바른 생각과 의식의 변화를 포함한다. 반면 인공지능은 인간 마음의 지적 능력에 필적하는 체계를 구축하고자 하는 노력이다. 그것은 정확한 판단과 논리적 사고를 기계적으로 실현하려는 입장이다. 그렇다면 불교의 마음과 인공지능의 마음이 가는 길은 같은 길인가? 논리적 사고의 과정을 기계적으로 재현한 컴퓨터와 그 정보 처리의 능력을 최적화하는 인공지능을 불교의 깨달음과 지혜의 렌즈를 통해 바라보면 어떤 모습이 나타날까? 불교의 깨달음은 논리적 사고의 형식화를 통해 설명될 수 있을까?

논리적 사고의 기계화와 불교적 논증 구조

논리적인 사고에 있어서 생각의 형식적 틀이 가지는 중요성에 주목하고 그 구체적 사례를 발견한 것은 고대 그리스 철학자들의 기여이지만, 고대 인도의 불교 철학자들도 이러한 논리적 사고의 틀을 인지하고 있었으며, 이것을 그들의 철학적 주장에 적극적으로 사용하였다. 고대 인도 철학의 정통 육파六派 중에는 니야야Nyaya 학파가 있는데 이 학파는 주장의 진리 근거와 한 주장에서 다른 주장을 이끌어 내는 과정에 형식 논리가 중요한 역할을 한다는 점을 강조한다. 여기서 중요한 점은 니야야 학파를 비롯하여 고대 인도의 많은 사상가들이 논리가 단순한 생각과 추리의 올바른 과정에 관여할 뿐만 아니라, 종교적 주장이나 깨달음에도 중요한 역할을 한다는 점을 인정했다는 점이다. 논리가 수학이나 과학에만 적용되는 것이 아니라, 종교적 깨달음과 같은 개인적인 구원의 문제에도 영향을 미친다는 점은 인도 철학이 가진 깨달음에 대한 독특한 시각을 보여 준다.

　이점은 인도에 시작된 불교 철학에서도 나타난다. 예를 들어 불교 철학자 용수龍樹, Nagarjuna (150~250?)는 그의 중관론中觀論, Madhyamaka (생성과 소멸, 그리고 찰나와 영속 같은 대립적 틀로 이분법적 구분으로 존재를 규정하는 것에 반대하는 불교의 입장)을 다음과 같은 논리적 추리의 방식 즉 사중四重 딜레마 논법을 통해 설명한다.[1]

1　Burton, D. (1999/2014). *Emptiness appraised, a critical study of Nagarjuna's*

사중 딜레마 논법 (quadrilemma)	용수의 중관 논증 구조 (catuskoti)
p 이다 p가 아니다 = ~p p 이고 p가 아니다 = p & ~p p 도 p가 아닌 것도 아니다 = ~p & ~ (~ p)	실재한다(Being, 有) 실재하지 않는다(Non-Being, 無) 실재하고 실재하지 않는다(Being and Non-Being, 有無) 실재하는 것도 실재하지 않는 것도 아니다(Neither Being nor Non-Being, 非有非無)

이러한 논법은 중관론을 분명히 알리는 데 사용되었다. 용수는 매우 능숙한 논쟁가였고 논리적 사고의 달인이었던 것으로 알려져 있다. 물론 이런 논리적인 방식을 통한 불교 철학의 발전은 불교적 입장을 다른 인도 철학의 주장과 구분하는 데 도움을 주는 것은 분명하지만, 이 논리적 방식이 불교의 깨달음을 모두 알려주는 것은 아니다. 이것은 마치 프랑스의 천재 수학자였던 블레즈 파스칼Blaise Pascal이 도박과 확률의 논리를 사용하여 기독교의 신을 믿는 것이 신을 믿지 않는 것보다 더 이득이 있음을 주장하고, 이를 통해 기독교 신앙을 논리적으로 설파한 것과 비교된다. 신의 존재를 확실히 알 수 없다고 가정하였을 때, 신을 믿는 경우와 믿지 않는 경우 나타나는 이득과 손실을 수학적 확률probability과 결정이론decision theory을 통해 계산하면 신을 믿는 것이 신을 믿지 않는 것보다 훨씬 나은 결과가 나온다는 것을 파스칼은 주장하였다.[2] 많은

---

philosophy. New York: Routledge, p. 33.; Stcherbatsky, T. (1977). *The conception of Buddhist nirvana, with Sanskrit text of Madhyamaka-Karika.* Delhi, India: Montilal-Banarsidass, p. 16.

2 파스칼은 신의 존재할 경우와 존재하지 않는 경우 그리고 신을 믿는 경우와 믿지 않는 경우 네 가지 상황을 놓고 비교 하여, 신을 믿는 것이 그렇지 않는 것보다 나은 결과를 가질 수 있음을 주장한다. 즉, 신을 믿는 경우는 당신이 모든 것을 얻거나 전혀 잃을 것이 없는(Si vous gagnez vous gagnez tout. Si vous perdez vous perdez rien.) 두 가지 상황이

학자들은 이러한 파스칼의 주장이 기독교 신앙의 본질을 보여 준다기보다는, 신을 믿지 않는 사람들이 신앙에 입문하는 계기가 되기를 바라는 의도를 가지고 있다고 해석한다. 즉, 논리적 설법이 종교적 의미를 가지는 경우도 있으나 논리가 종교의 모든 면을 다 설명하는 것은 아니다.

용수의 사중 딜레마 논법도 잘 살펴보면 중관의 진리가 우리가 무심코 받아들이는 사고의 일반적 틀로는 포착되기 어렵다는 내용을 담고 있다. 즉 용수의 논법은 딜레마라는 논리의 형식을 통해 논리의 제한적 측면을 보여 주는 역설적인 상황을 만든다. 용수에 따르면 우리가 실재한다고 믿는 이 세계는 기존의 사고 범주를 통해 구분하고 이해할 수 있는 것이 아니다. 그래서 용수는 이 모든 범주를 하나하나 부정해 나가는 것이다. 즉, 용수에 따르면 우리가 존재한다고 생각하는 것은 (1)[이것]도 (2)[저것]도 (3)[이것저것]도 (4)[이것아님저것아님]도 아닌 것이다. 그래서 결국 있다는 것은 공空(비어 있음, 영속적 규정성이 결여되었음)이라는 주장이 제기된다. 여기서 공이라는 것은 없다는 것이 아니라, 있기는 있는데 독립적인 실체성이 없다는 것을 말하는 것이다. 있음이라고 하는 것은 실제로는 상대적이고 상호 작용적인 것이고 있다가 사라지고 또 나타나는 그런 것이다.

있음은 마치 돈(화폐 가치)과 같다. 물론 있음은 대상들을 통해 세계 자체에 퍼져 있는 것이고 돈은 사회 정치적 합의를 통해 나타나는 경제적 대상이라 서로 다른 점이 많지만, 상호 조건적 관계성이라는 측면에서 본다면 이들은 많은 유사성을 가지고 있다.[3] 특별히 용수의 공(비

발생하니 믿는 것으로 결정하는 것이 낫다고 주장한다. Pascal, B. (1670/1910) *Pensées*, translated by W. F. Trotter, London: Dent.

3 보통 '있음'이라고 하면 물리적 존재를 생각하기 쉽지만, 여기서 '있음'이란 단순히 물리적 대상만을 말하는 것이 아니라 폭넓은 의미(느껴지고, 인식되고, 변화를 일으키고 영

어 있음)이나 조건적 인과성이라는 개념이 이해하기 어렵다면 돈의 상호 관계적 속성을 생각해 보는 것이 도움이 된다. 경제적 교환 가치를 나타내는 돈은 있기도, 없기도, 있고 없기도, 있고 없는 것이 아니기도 하다. 돈이라는 것은 일정한 가치를 교환할 때 필요한 연결고리 혹은 매개체이지 그 자체는 아무 것도 아니다. 종이(지폐), 플라스틱(신용카드), 구리(동전), 혹은 디지털 신호(가상 화폐, 비트코인)로 돈이 나타나기는 하지만 이러한 물질적 형태는 돈의 가치 자체와는 무관하다. 단지 편리성을 위해 선택된 돈(화폐)의 외적인 모습일 뿐이다. 그렇다고 돈이 없다고 할 수 없다. 돈을 가지고 물건을 사고 팔고 돈이 돌아다니며 경제활동이 생기는 것이다. 그러니 돈에 대해서 있다거나, 없다거나, 있고 없다거나, 있고 없는 것이 아니라고 하는 방식으로 말하는 것은 올바르지 않다. 돈의 정체는 물리적인 혹은 형태적인 있고 없음에 관련된 우리 사고의 일반적 논리를 벗어나 있다. 돈은 특정한 물질적 형태와 결속되어 있지 않다. 그래서 물리적 존재나 실체적 존재가 아니다. 돈은 또한 교환을 위한 관계를 나타내는 존재이다. 돈은 그 자체로 존새하는 것이 아니라 일정한 경제 체계 안에서만 존재할 수 있다. 무인도에서는 돈이 아무 쓸모가 없는 것이다. 그래서 돈은 영속적 절대 존재가 아니라 순환하고 교환되는 매개적이고 관계적인 존재이다. 게다가 돈은 변화하는 존재이다. 자장면이 천 원이었던 시절은 과거의 이야기이다. 돈의 가치는 한 경제 체계 안에서도 항상 일정한 것이 아니다.

용수에 의하면 세상에 존재하는 모든 것들은 상호 작용적이고 상호관계적인 성격을 갖고 있다. 그런데 우리는 세계와 실재를 불변하고 독립적인 대상으로 이해하는 경우가 많다. 나와 너가 먼저 있고 그리고

향을 주는 존재함의 일반적 의미)를 가지고 있다.

나서 나와 너의 관계가 생기는 식으로 세상을 이해한다. 그런데 관계가 먼저 있고 그것에서 잠시 우연적으로 나와 너가 드러나는 것은 아닐까? 그러니까 중관이라고 하는 시각은 우리가 무심코 받아들이고 있는 논리로 포착되지 않는 존재와 대상에 관한 새로운 이해의 길을 찾을 것을 요청한다. 이런 와중에서 용수는 네 가지 논리적 선택지가 다 부정되는 논리의 딜레마를 보여 주면서, 주어진 논리를 뛰어넘어 또 다른 논리를 추구한다. 용수의 천재성은 이 사중 딜레마를 통해 논리의 제한성과 논리의 가능성을 모두 다 보여 주는 방식으로 중관의 입장을 설명한다는 점이다. 즉, 존재를 이해하고 설명하는 상황에서 우리가 일반적으로 받아들이는 논리가 틀렸다는 것이 아니라, 그 논리로 포착되지 않는 관계성의 논리가 있다는 점을 용수는 논리적으로 증명하고 있는 것이다.

실재에 대한 이러한 중관적 이해를 컴퓨터의 프로그램이나 형식적 규칙으로 설명할 수 있을까? 대상들 사이의 관계성의 논리를 드러내는 컴퓨터 프로그램을 만들 수 있다. 대상들을 그물망(네트워크) 체계로 연결하고, 이들의 다양한 상호 작용이 이들 자체의 작용에 다시 영향을 미치는 상황을 가능하게 하는 프로그램이 있다면 이 프로그램은 입력과 출력을 관계적 상호 작용을 통해 연결할 것이다. 한 국가의 경제 흐름이나 날씨의 변화를 추적하고 예측하는 데는 이런 복합적이며 상호 작용적 체계를 고려하는 것이 중요하다. 증권 거래는 한 경제 체계의 수많은 요소들의 상호 의존적이며 상호 규정적 작용을 통해 나타난다. 태풍의 발생은 수많은 공기의 흐름과 상호 작용을 통해 나타난다. 증시나 태풍은 그 자체로서 존재하는 독립적 대상들이 아니라 관계적 과정을 통해 드러나는 상호 의존적 복합 현상이다. 즉 상호 의존적 관계의 시각에서 사회 현상이나 자연 현상을 이해하는 것은 불교뿐만 아니라 복잡한 경제 체계나 기상 체계를 연구하는 데 매우 도움이 되며, 이런 현상들은 부분적으로 컴퓨터 시뮬레이션이나 프로그램화가 가능하다. 하지만 논리적 사고의 가능성과 그 한계를 동시에 드러내는 프로그램을 만드는 것은 쉬운 일이 아니다. 그 이유는 사고와 논리의 가능성과 제한성을 모두 고려하는 과정을 단순한 규칙으로 형식화 또는 프로그램화하는 것이 어렵기 때문이다.

　용수의 주장은 존재의 상호 관련성과 의존성을 드러내는 논리에서 끝나는 것이 아니라 사중 딜레마에서 나타나듯이 우리가 일상적으로 접하게 되는 논리의 한계성을 깨닫고 그 한계성을 넘어서는 다른 길의 가능성을 보여 준다. 즉 논리의 양 날, 즉 그 한계성과 가능성을 모두 보고 그것을 넘어서는 것이 중관론의 이해에는 중요하다. 용수의 주장이 지닌 이러한 양면적 측면이 우리에게 말하고 있는 바는 참된 깨달음이란 단순히 한 가지 논리로 정답을 아는 것이 아니라, 번뇌와 고통의 원인, 즉 잘못된 논리의 한계와 그것을 극복하는 길(새로운 논리의 가능성)을 모두 이해할 수 있는 방식으로 얻어질 수 있다는 점이다. 따라서 단순히 한 가지 논리나 프로그램으로 중관의 깨달음이 모두 포착될 수는 없을 것이다. 아마도 논리와 비논리를 서로 다른 시각을 통해 꿰뚫어 이해할 수 있고 주어진 프로그램의 가능성과 한계를 모두 이해할 수 있는 능력을 가진 체계라야 용수의 중관 사상을 이해하는 것이 가능하다. 이러한 체계가, 즉 논리와 사고의 형식적 틀과 그 한계성 모두를 이해하는 체계가 가능한가? 논리를 따르면서도 그것에 속박되지 않고 또 다른 논리를 생각할 수 있는 그런 인공지능이 가능한가?

　《2001: 스페이스 오디세이》에 등장하는 할은 우주선을 관리하는 인공지능 체계로서 상반된 지시 사항과 모순된 명령들을 극복하지 못하고 자기 당착에 빠져 고장을 일으키며, 결국에 가서는 우주선에서 임무를 수행하는 인간을 살해한다. 허구적인 상황이긴 하지만 이 할의 사례는 논리의 양면을 이해하는 능력의 결여가 정보 처리 과정에 어떤 영향을 일으키는지를 보여 준다. 할은 논리(주어진 프로그램과 임무)와 이 논리와 대립하는 다른 논리(모순된 임무)의 양 측면을 하나의 체계로 포섭하고 극복하는 과정에서 혼란을 일으킨 것이다. 예를 들어 할과 같은 인공지능 체계에게 운동성(스포츠Sports 기능)과 적재성(유틸리티Utility 기능)을 모두 만족시키는 자동차를 설계하라고 주문한다면 어떤 일이 벌어질 것인가? 스포츠 기능과 유틸리티 기능은 상호 대립되는 기능들이기 때문에 이 둘을 동시에 만족시킬 수는 없다. 스포츠성을 강조하면 스포츠카를 설계하면 되고 유틸리티 성을 강조한다면 트럭을 만들면 되는데, 이 둘을 조합하는 차를 만드는 것은 마치 물과 기름을 섞어 주스를 만들라는 주문을 한 것과 같은 일이 벌어진 것이다. 이 요구는 논리의 딜레마를 야기할 것이다. 할이 당면한 문제는 바로 이러한 논리의 충돌을 해결하지 못한 결과로 나타난 것이다. 이런 대립되는 논리에 빠져 그 딜레마에서 헤어나오지 못하면 인공지능은 마치 할과 같은 이상 행동을 하는 체계가 되고 마는 것이다.

이 문제에 용수가 제시한 방식의 논법을 적용하면 어떤 결과가 나올까? 스포츠카와 비교되는 면도 있지만 스포츠카는 아니고(S and not S), 트럭 같은 면도 있지만 트럭은 아니고(U and not U), 스포츠카와 트럭을 반반씩 섞은 것도 아니고(not [S and U]), 스포츠카도 아니고 트럭도 아닌 것도 아닌(not [no S and no U]) 그런 차를 만들 수 있을까? 흥미롭게도 현재 스포츠 유틸리티 차량은 이런 주장들을 종합한 애매한 중간 범주의 차들이다. 스포츠카도 아니고 트럭도 아니고 스포츠카와 트럭을 섞을 것도 아니고, 그렇다고 그 둘이 아닌 것도 아닌 그런 차들이 어느 순간 전통적인 자동차 장르를 파괴하면서 굉장한 인기를 끌고 있다. 논리적 대립의 변증적 통일이 최근 자동차 업계를 강타한 것이다. 과연 인공지능 체계는 논리의 속박에 벗어나 대립을 창조적으로 종합하는 단계로 나아갈 수 있을까? 논리의 한계와 가능성의 양면을 모두 이해하는 능력이 용수의 경우와 마찬가지로 인공지능에서도 중요한 것 같다. 필자가 말하고자 하는 바는 논리를 부정하고 비논리적인 사고를 하라는 것이 결코 아니다. 논리의 안과 밖을 모두 보라는 것이다. 용수의 사중 논법의 참된 의미가 불교뿐만 아니라 인공지능의 논리에도 중요한 역할을 할 것을 기대한다.

컴퓨터의 발전과 형식 논리의 관계를 설명하는 과정에서 불교를 끌어들인 것에 의아해하는 이들이 있을지 모르겠다. 굳이 불교를 사고의 규칙인 논리와 연결시켜 설명하는 것은 불교가 논리적 첨예함과 무관한 종교가 아님을 지적하고자 하는 이유 때문이다. 불교에는 여러 가지 철학적 시각이 있다. 하지만 어떤 시각을 택하든 궁극적 깨달음으로 향하는 정신적 능력의 발견과 함양은 항상 중요하다. 따라서 마음을 들여다보고 깨달음의 길을 추구하는 불교가 생각의 근본적 패턴, 즉 사고의 논리를 연구하는 인공지능과 관계를 가지는 것은 자연스러운 일이다. 결국 현대 기술 문명의 첨단인 컴퓨터와 인공지능을 불교적 시각과 비교하고 설명하려는 것은 단순히 새로운 기술에 대한 호기심을 보여주는 것이라기보다는 생각의 근본적 흐름과 깨달음을 이해하기 위한 불교적 여정에서 인간의 지적인 능력을 연구하는 인공지능이 어떤 의미를 갖는지를 묻는 것이다. 물론 논리적 사고의 중요성과 동시에 논리적 사고의 한계를 모두 바라보는 불교적 깨달음의 입장은 정보 처리 능력을 극대화하려는 인공지능의 노력과 전적으로 같은 것은 아니다. 하지만 이 둘의 연관성과 차이성을 연구하는 것은 불교와 인공지능 모두의 이해에 도움이 될 것이다.

제 3 장

깨달음의 알고리즘
: 황벽 스님과 임제 스님

사고의 형식과 구조

사고의 형식적 구조, 즉 형식 논리에 관한 연구가 컴퓨터의 개발로 이어지는 데에는 두 가지 커다란 사건이 있었다. 첫 번째는 수학적 지식에 관한 철학적 고찰이고, 두 번째는 전자 공학의 발전이다. 수학적 지식은 보통 증명proof으로 설명되는데, '증명이라는 개념을 어떻게 설명할 수 있는가?' 하는 철학적 물음이 20세기 초반에 제기되었다. 처음에는 이 수학적 증명을 우리 의식이 자명하게, 즉 의심의 여지가 없이, 혹은 그 자체로 분명하게 생각한 것으로 설명하려고 하였는데, 이것은 너무 주관적인 설명이 되고 만다. 한 개인이 생각하기에 자명하다는 방식으로 수학적 진리를 설명하는 것은 수학을 주관적으로 혹은 직관적으로 이해하는 것이기 때문에 이런 설명은 엄밀한 학문으로서의 수학과 수학적 진리의 본질적 성격을 제대로 보여 주지 못할 수 있다는 주장이 제기된 것이다. 예를 들어 '1+1=2'라는 수식이 참이라는 것을 어떻게 설명할 것인가? 이 수식은 예를 들어 사과 하나에 또 다른 사과 하나를 더하면 사과 두 개가 된다는 것을 의미하기 때문에 참이라고 설명할 수 있다. 하지만 이런 명백하게 보이지만 주관적이며 직관적인 설명은 많은 패러

독스paradox (상호 양립할 수 없는 두 수식을 동시에 참으로 인정하게 되는 상황)를 만들어 냈다. 1이라는 숫자는 단순히 사과만을 가리키는 기호가 아니기 때문에 단순히 사과의 예를 가지고 이 수식을 참이라고 할 수 없기 때문이다. 그래서 다른 방식으로 이 수식을 설명하는 것이 필요하다. 이리하여 새롭게 제안된 주장은 수학적 진리는 주관적 직관이 아니라 논리적 과정을 통해서 객관적으로 증명된다는 주장이 개진되었다.

그런데 논리적 과정을 따라 수학적 명제를 도출한다는 것이 무엇을 의미하는지를 분명히 밝히는 일은 쉽지 않았다. 물론 주어진 문제의 해결을 이미 증명되었거나 자명하다고 인정된 논리적 공리axiom (참이라고 자명하게 인정된 문장들)에 따라 도출해 나가는 과정은 이미 분명하게 연구되었지만, 그 논리적 도출 과정logical derivation을 분명하게 또 객관적으로 설명하는 것에는 많은 어려움이 있었다. 그냥 책상 머리에 앉아서 집중된 생각을 이어가는 것이 논리적 사고 과정이라 설명하는 것은 너무 불분명하다.

예를 들어 다음과 같은 추리 문제에서 '$ + #'을 찾는 과정을 생각해 보자.

$$\&+\&+\&=30$$
$$\&+\$+\$=20$$
$$\&+\#=17$$
$$\$+\#=?$$

이런 추리의 과정을 거치면 '$+#'은 12가 된다. 이 과정을 거쳐 정답을 맞추신 독자 분들은 바로 이 논리적 도출 과정을 마음으로 진행한 것이다. 그런데 문제는 이 과정의 구체적 모습을 낱낱이 규정하기가 어렵다는 것이다. 그냥 앉아서 하나하나 계산을 하면서 '$+#=12'라고 생각할 뿐이지, 그 중간 단계에 구체적으로 어떤 일이 (마음속에서) 벌어지는지는 자세히 알려지고 있지 않다. 예를 들어, 아래 그림에서 생각의 구름 속에 벌어지는 계산 과정이 구체적으로 무엇인지는 정확히 규정하기가 쉽지 않다. (참고로 마음속에서 벌어지는 추리와 연산의 모든 과정이 우리의 의식에 모두 드러나는 것은 아니다.)

그림 3.1 추리의 과정

그래서 마음속에 벌어지고 있는 이 과정에 대한 구체적이면서도 객관적 설명이 필요하게 되었다. 그 해결책으로 제시된 것이 일고리즘algorithm이다. 알고리즘은 단순한 작업의 유한한 단계를 통해 문제 해결에 이를 수 있는 과정을 의미한다. 특별히 컴퓨터 공학에서 알고리즘이라고 하는 것은 프로그램의 기반이 되는 정보 처리의 순차적 과정을 말한다. 알고리즘은 구체적인 정보의 처리 과정을 보여 주는 것이기 때문에 계산이나 추리의 과정을 설명하는 데 매우 유용하게 쓰여진다. 알고리즘의 가장 쉬운 예는 조리법이다. 조리법이 알고리즘으로 이해될 수 있는 이유는 다음과 같다. (1)조리법은 간단한 요리 작업, 즉 자르고, 굽고, 찌고, 볶는 활동으로 구성되어 있다. (2)조리법은 유한한 과정을 가지고 있다. 무한한 과정을 거치는 요리는 없다. 그렇게 하다가는 모두가 굶는다. (3)조리법의 과정을 따르면 구체적인 결과물(완성된 요리)을 달성할 수 있다. 즉 수학에서 증명이나 추론과 같은 인지적 활동은 조리법과 같은 알고리즘적 과정을 통해 진행되는 것으로 설명되었다.

수학적 진리에 대한 알고리즘적 설명을 구체화한 것이 바로 튜링 머신이다. 튜링 머신은 영국의 수학자 앨런 튜링이 제안한 수학적 증명 과정, 즉 알고리즘적 과정을 실행하는 가상의 기계(개념적 기계)이다.[1] 사고의 논리적 과정이 규칙의 순차적인 실행으로 설명된다면, 이것을 기계화하는 것은 자연스러운 것이지만, 튜링의 시도는 수학적 계산과 논리적 연산을 가상의 기계를 통해 체계적으로 설명하는 데 결정적 기여를 했다.

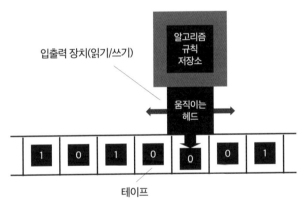

그림 3.2 튜링 머신의 간단한 구조

1   Turing, A.M. (1937). On computable numbers, with an application to the Entscheidungsproblem. *Proceedings of the London Mathematical Society*, 42, 230 – 265; Turing, A.M. (1938). On computable numbers, with an application to the Entscheidungsproblem: A correction. *Proceedings of the London Mathematical Society*, 43, 544 – 546.

이 가상 기계는 먼저 작동 규칙이 알고리즘 형태로 저장된 저장소와 입력과 출력이 기록되는 긴 테이프와 주어진 규칙에 따라 테이프 위를 움직이면서 입력을 읽고 출력을 쓰는 헤드head가 있다. (튜링 머신은 개념적 기계이기 때문에 테이프가 움직이고 헤드가 읽고 쓰는 물리적인 방식에 관한 설명은 없다. 단지 정보 처리의 과정이 가상 기계 안에서 단계적, 체계적으로 설명되어 있다.) 그런데 이 튜링 머신에 관해 중요한 한 가지 사실이 밝혀 졌다. 튜링 머신은 절차적 과정이 분명하게 정리된 알고리즘이 있는 문제라면 어떤 문제도 풀 수 있는 능력을 가지고 있다. 특별히 이런 보편적 문제 해결 능력을 강조하는 의미에서 범용 튜링 머신 혹은 유니버설 튜링 머신Universal Turing Machine이라는 개념이 나오게 된다. 즉, 알고리즘을 가지고 문제라면 어떤 문제든 해결하는 체계가 바로 튜링 머신이고, 이 때 한 튜링 머신이 이러한 보편적 알고리즘 실행 능력을 통해 다른 튜링 머신들의 기능도 모두 수행할 수 있게 되면 이 튜링 머신은 범용 튜링 머신이 된다. 그런데 이 범용 튜링 머신은 나중에 컴퓨터라는 정보 처리 체계의 정체를 규정하는 개념적 기반이 된다.[2] 즉 우리가 현재 사용하는 컴퓨터는 수학적 진리를 설명하고자 하는 튜링 머신이라는 간단하지만 강력한 알고리즘 실행 기계를 그 이론적 바탕으로 하고 있다.

유니버설 튜링 머신에서 현대의 컴퓨터가 나타나게 된 것에는 한

---

2 민스키(1967, p. 104)는 튜링(1937)의 논문은 기본적으로 "현대 컴퓨터의 발명과 그것을 달성하는 프로그래밍 기술의 발견을 포함하고 있다"고 한다. ("Turing's paper ... contains, in essence, the invention of the modern computer and some of the programming techniques that accompanied it."). 민스키의 설명은 다음의 저술에서 참고하시오. Minsky, M. (1967). *Computation: Finite and Infinite Machines*, Englewood Cliffs, NJ: Prentice - Hall.

가지 중요한 고리, 즉 전자 공학의 발전이 있다. 전자 공학의 발전을 통해 이런 가상적 기계가 물리적으로 실현된 것이다. 현대적 컴퓨터는 처음에는 진공관을 통해서 그리고 이후에 반도체를 통해서 물리적으로 구체화 되었다. 이를 통해 논리적 사고의 기반이 되는 진리값, 즉 참과 거짓은 1과 0이라는 닫히거나 열린 스위치의 전압 차이로 실현되었고, 이를 매우 빠른 속도로 처리하는 과정이 전기적으로 가능하게 되었다. 아주 단순하게 표현한다면 사고의 논리적 형식과 과정이 전기 회로에서 수많은 스위치가 열리고 닫히는 과정으로 실현되도록 한 기계가 컴퓨터라는 것이다. 1946년 미국 펜실베이니아대학교University of Pennsylvania의 모클리J.W Mauchil와 에커트J.P Eckert교수가 탄도 궤적을 계산하기 위해 만든 에니악ENIAC, Electronic Numerical Integrator And Computer은 이러한 전자적 컴퓨터의 초기 형태를 보여 준다. 이 컴퓨터는 진공관으로 구성되어 있었으며 유니버설 튜링 머신의 이상을 따라 포탄의 탄착 지점뿐만 아니라 수학과 공학에 관련된 여러 문제 해결에 사용되었다. 결국 현재 우리가 사용하는 컴퓨터는 많은 철학자, 수학자, 그리고 공학자들의 노력이 함께 이룬 결실이다.

지혜로운 생각의 알고리즘: 깨달음을 연산화 할 수 있는가?

논리적 사고의 형식을 발견한 것, 그리고 수학적 진리를 알고리즘적 과정을 통해 설명한 것은 정보 처리 체계인 컴퓨터와 컴퓨터의 기능을 극대화한 인공지능의 발전에 바탕이 된다. 그런데 이러한 알고리즘적 사고 모델은 불교의 깨달음과 어떤 관계를 가지고 있는가? 많은 불교 학자들은 불성佛性이나 자발적 의식의 여부를 통해서 깨달음 문제에 접근한다. 필자는 깨달음이 보여 주는 마음과 생각의 특징을 가지고 이 문제에 접근해 보려고 한다. 불교는 무엇보다도 마음의 종교이다. 깨달은 마음으로 번뇌를 극복하고, 있는 것을 그대로 보는 것이 불교의 이상적 목표이다. 따라서 마음의 작용과 그 근본 구조를 이해하는 것은 불교의 최대의 관심사이다. 하지만 마음은 불교뿐만 아니라 인지과학, 컴퓨터 과학 그리고 인공지능이 모두 관심을 갖는 주제이다. 이것은 불교가 인공지능에 (그 실용적 사용뿐만 아니라 마음에 관련된 그 원리에 대해) 관심을 가질 수밖에 없는 이유이기도 하다. 그렇다면 마음에 대한 불교적 접근과 알고리즘적 접근은 어떻게 비교될 수 있을까? 이런 문제에 답하기 위해서는 불교 인지 철학 혹은 인공지능에 관한 불교의 인식론이 필요하다.

알고리즘적 과정은 컴퓨터와 인공지능에서 정보 처리 과정을 설명하는 가장 기본적 시각이다. 알고리즘적 과정에 따르면, 논리적 생각이란 순차적인 과정을 규칙에 따라 진행하여 한정적 시간 내에 그 결과(참, 거짓)를 도출하는 것이다(여기서 한정적 시간이라는 것은 짧은 시간이라는 의미가 아니라, 끝이 있는 시간이라는 뜻이다). 이러한 일반적 시각에서 알고리즘적 사고와 불교적 사고의 기본적인 공통점을 찾는다면, 그것은 이 두 입장이 모두 마음의 근본을 추적하여 설명하려 한다는 것이다. 마음이 작동하는 기본적 구조와 그 기반을 이해하려는 동기와 노력은, 알고리즘에 기반하는 컴퓨터나 깨달음을 추구하는 불교나 다를 바가 없다. 마음의 근본적 성격과 기능에 대한 깊은 이해의 추구가 과학에서는 인지과학의 혁명적 발전이 시작된 발단이 되었고 불교에서는 깨달음과 번뇌 극복의 발단이 되는 것이다. 즉 마음의 기본적 본성이나 과정에 관심을 갖는다는 점에서 인공지능이나 불교는 같은 길을 간다. 그러나 그렇다고 이 둘이 마음과 생각에 대한 같은 의견을 가진 것은 아니기에, 다음과 같은 질문들을 던져 보아야 한다. 깊은 생각을 통한 불교적 깨달음이라는 것은 알고리즘의 과정을 거치는가? 깨달음의 알고리즘 혹은 깨달음의 레시피가 과연 존재하는가?

20세기 최고의 천재라고 알려진 알베르트 아인슈타인이 히틀러의 박해를 피해 미국에 정착했을 때, 그와 노년을 함께 보낸 친구가 있었다. 그는 수학계의 천재라고 알려진 오스트리아 태생의 미국 수학자 쿠르트 괴델Kurt Gödel이다. 괴델은 불완전성 정리Incompleteness Theorem로 수학계를 발칵 뒤집어 놓는다. 괴델이 증명한 불완전성의 정리(증명된 수학적 주장)에 따르면 알고리즘적 과정을 통해, 즉 논리적 도출 과정을 통해 도출되거나 확인될 수 '없는' 논리적/수학적 진리가 존재할 수 있다.[3] 즉 모든 수학적 진리를 논리적 도출의 알고리즘 과정으로 완전히 설명할 수 없다는 것이다. 이 주장은 수학계를 충격에 빠트린다. 그 이유는 수학적 진리가 논리적 도출의 순차적(알고리즘) 방식으로 모두 증명이 안될 수도 있다는 점 때문이다. 이것은 수학의 논리적 처리 과정의 한계를 수학적으로 드러낸 것이라고 이해할 수 있다. 수학은 차치하고라도 컴퓨터의 능력에 관련하여 이 정리는 폭탄 선언과도 같다. 그 이유는 컴퓨터가 알고리즘 체계이기 때문에, 컴퓨터를 아무리 개발한다고 해도 그 지식의 한계가 있지 않을까 하는 우려가 괴델의 불완전성의 정리에서 드러나기 때문이다. 물론 컴퓨터와 같은 정보 처리 체계는 완벽한 수학적 공리 체계axiomatic system(주어진 공리와 논리적 도출 과정을 통해 증명되는 체계)가 아니므로 외부적인 정보를 조건에 따라 수시로 받아들

---

3   괴델의 정리는 사실 두 가지 다른 정리들로 구성되어 있다. 첫 번째 정리는 정합적인 형식 체계 F가 있다고 할 때 F의 문장 중에는 참인지 거짓인지 증명할 수 없는 문장이 있다는 것이고, 두 번째 정리는 기본적인 산술의 조작이 가능한 F라는 체계가 있다고 할 때 이 F 체계는 스스로의 일관성을 증명할 수 없다는 것이다. 괴델의 정리를 전체적으로 잘 설명하고 있는 책은 다음과 같다. Smullyan, R. (1991). *Gödel's incompleteness theorems.* New York: Oxford University Press; Smith, P. (2007). *An introduction to Gödel's theorems.* New York: Cambridge University Press.

이고 폐기할 수 있다. 따라서 괴델의 불완전성 정리가 직접적으로 인공지능의 기능이나 불완전성을 증명하는 것은 아니다. 하지만 철학자들과 수학자들은 괴델의 정리는 특정한 앎의 과정이, 즉 논리적 도출의 알고리즘 과정이 지닌 한계성을 드러내고 있다고 본다.[4]

불교의 깨달음은 단순한 알고리즘 과정과 다른 점이 많다. 아니 알고리즘을 초월하는, 정확히 말해서 알고리즘을 안팎으로 살펴보면서 그것을 사용하기도 하고 그것을 넘어서는 경우가 많다. 순차적이며 체계적인 정보 처리 과정을 거치는 지식이 아니라, 그 과정을 이해하면서 그 과정 자체를 넘어서면서 다시 그 과정으로 돌아오는 경우가 많다. 알고리즘을 따르면서도 특정 알고리즘에 매몰되지 않는 자유로운 알고리즘

---

4 괴델은 1951년 강의에서 그의 정리가 인간의 수학적 지식은 단순한 기계적 과정을 넘어서는 것임을 보여 줄 가능성("the human mind [even within the realm of pure mathematics] infinitely surpasses the power of any finite machine")이 있음을 언급하고 있고 루카스는 1961년에 발표된 그의 논문에서 괴델의 증명은 (논리적 도출을 알고리즘화한) 기계적 과정을 통해 그 진리성이 증명될 수 없는 문장이 있을 수 있음을 말한 것이라고 한다. 즉 괴델의 정리는 기계적 도출 과정(알고리즘적 과정)을 넘어서는 진리가 있다는 것을 보여 준다는 것이다. 다음의 논문들을 참고하시오. Gödel, K (1995). *Collected works III. Unpublished essays and lectures*, edited by S. Feferman et al. New York: Oxford University Press; Lucas, J. R., (1961). Minds, machines, and Gödel. *Philosophy*, 36 (137), 112–137; Nagel, E. & Newman, J. R. (1958). *Gödel's proof*, New York: New York University Press. 물론 이런 해석에 대한 반발도 있다. 이 반론의 골자는 괴델의 정리는 주어진 체계의 논리적 일관성을 가정하고 있는 것인데 이 일관성을 인간이 어떻게 알 수 있느냐 하는 것이다. 괴델의 정리가 기계적 과정을 초월하는 진리의 가능성을 보여 준다는 주장에 대한 반론에 관해서는 다음의 논문들을 참고하시오. Putnam, H. (1960/1975). *Mind, language, and reality. Philosophical papers, Vol 2*, New York: Cambridge University Press, pp. 325–341; Boolos, G. (1968). Review of 'Minds, machines and Gödel' by J.R. Lucas, and 'God, the devil, and Gödel'," *Journal of Symbolic Logic*, 33, 613–615; Shapiro, S. (1998). Incompleteness, mechanism, and optimism. *Bulletin of Symbolic Logic*, 4, 273–302.

을 가진 경우가 많다는 것이다. 9세기 당나라 선종의 일파인 임제종臨濟宗을 창시한 임제 스님臨濟義玄(?-867)은 부처를 만나면 부처를 죽이고 조사祖師(큰스님, 종조)를 만나면 조사를 죽이라는 살불살조殺佛殺祖의 충격적인 주장을 편다.[5] 깨달음의 길에는 부처도 없고 조사도 없다는 뜻인가? 널리 알려진 임제 스님의 일화에 따르면 임제 스님은 황벽 스님(중국 당 나라의 유명한 선사인 황벽희운黃檗希運)에게 불교의 깊은 뜻이 무엇인지 세 번이나 물었는데 황벽 스님은 임제 스님을 그때 마다 20방씩 때렸다. 너무도 황당한 사건이다.[6] 그런데 그것이 끝이 아니다. 임제 스님은 그에게 불법을 질문하는 스님들에게 자주 할喝 이라고 고함을 쳤

5　"살불살조"는《임제록》에 나와 있는 봉불살불 봉조살조(逢佛殺佛 逢祖殺祖 부처를 만나면 부처를 죽이고 조사를 만나면 조사를 죽여라)에서 뒷 부분만을 모아 임재 스님의 가르침을 한 마디로 축약한 것이다.

6　師辭大愚하고 却回黃檗하니 黃檗이 見來하고 便問, 這漢이 來來去去에 有什麼 了期리요 師云, 祇爲老婆心切이니다 便人事了하고 侍立하니 黃檗이 問, 什麼處去來오 師云, 昨奉慈旨하야 令參大愚去來니다 黃檗이 云, 大愚有何言句오 師遂擧前話한대 黃檗云, 作麼生得這漢來하야 待痛與一頓고 師云, 說什麼待來오 卽今便喫하소서 隨後便掌하니 黃檗이 云, 這風顚漢이 却來這裏捋虎鬚로다 師便喝하니 黃檗이 云, 侍者야 引這風顚漢하야 參堂去하라. 해석) 임제 스님이 대우 스님을 하직하고 다시 황벽 스님에게 돌아갔다. 이를 본 황벽 스님이 말했다. "이놈, 왔다 갔다 하기만 하면 무슨 깨달음을 기약할 수 있겠느냐." 이에 임제 스님이 말했다. "다만 스님의 노파심이 간절했음을 제가 알았기 때문입니다." 임제 스님이 인사를 하고 나서 곁에 서자 황벽 스님이 물었다. "어디 갔다 왔느냐?" 임제 스님이 말했다. "지난번에 자비로운 가르침을 받들어서 대우 스님을 참배하고 왔습니다." 그러자 황벽 스님이 말했다. "대우 스님이 무슨 말을 하던고." 이에 임제 스님은 앞서 대우 스님의 처소에서 있었던 일들을 모두 이야기했다. 황벽 스님이 말했다. "어떻게 하면 대우 이놈을 기다렸다가 따끔하게 한방 먹일 수 있을까?" 임제 스님이 말했다. "올 때까지 기다릴 필요가 뭐가 있겠습니까. 지금 바로 한방 먹이시지요." 그리고는 바로 손바닥으로 뺨을 후려쳤다. 황벽 스님이 말했다. "이 미친 놈이 도리어 이곳에 와서 호랑이 수염을 뽑는구나." 그러자 임제 스님이 곧바로 고함喝을 질렀다. 황벽 스님이 말했다. "시자야, 이 미친 놈을 끌고 가서 선방에 들이도록 해라." 법보 신문 (2012.02.08) 김형규/종광 스님 "임재 스님, 대우 스님의 한마디에 몰록 깨닫다."

다고 한다. 도대체 얼핏 보면 이해하기 어려운 이런 일들은 불교의 깊은 깨달음과 어떤 관련이 있을까? 도대체 임제 스님과 황벽 스님은 무슨 생각으로 이런 행동을 한 것인가?

물론 이러한 일화는 선종禪宗(불교의 경전과 그 뜻을 공부하는 것이 아니라 명상과 직관적 집중을 통해 깨달음을 추구하는 불교의 일파)의 특징을 드러내는 것이기 때문에 불교 전체에 일반화되기는 어렵지만 깨달음의 한 특징을 보여 주는 것으로서는 손색이 없다. 즉 깨달음에는 단순한 알고리즘(순차적인 문제 해결과 이해의 과정)으로는 설명되지 않는 순간적 도약과 갑작스런 지혜의 발현적 측면이 있다. 불교 수행에는 알고리즘이 아니라 직관적 시각이 중요한 경우가 많다. 아무리 좋은 규칙과 설명도 그 원래 의미와 전체적인 맥락을 놓치면 혼란과 집착과 번뇌가 남는다. 알고리즘의 해결사 기능이 오히려 혼동과 고통을 야기할 수도 있다. 미국에서는 버스 노선을 이탈해서는 안 된다는 회사 규칙 때문에 심장 마비가 온 승객을 병원 응급실로 운송해야 할지 고민한 버스 운전 기사의 이야기가 화제가 된 적이 있다. 한 사람의 생명을 살리기 위해서는 당연히 병원으로 직행하는 것이 옳지만, 회사 규칙은 어떤 경우든 노선 이탈을 금지하고 있다. 사람의 생명과 회사 규칙이 버스 운전 기사의 마음속에서 충돌을 만들어 낸 것이다. 규칙을 따르는 알고리즘적 사고는 이런 충돌과 예외적 상황에 취약하다. 물론 예외적인 상황에 대처하기 위한 또 다른 규칙을 만들어 놓을 수도 있다. 하지만 예외적인 상황을 모두 예측하고 그 각각의 규칙을 모두 만드는 일은 불가능할 것이다. 주어진 규칙과 과정을 예외 없이 따르는 것을 알고리즘을 바탕으로 하는 생각이라고 한다면 불교의 깨달음은 이런 구속에서 자유로운 상위 단계인 지혜의 알고리즘을 요청한다.[7] 그것은 규칙을 무시하라는 뜻이 결코 아니다. 규칙의 안과 밖(규칙의 준수와 규칙의 창조적 파괴)을 잘 살피라는 것이다. 깨달음은 알고리즘 안에도 있고 밖에도 있다. 그런데 이것을 알기 위해서는 알고리즘을 그 안과 밖에서 그 양 측면을 이해할 수 있는 알고리즘이 있어야 한다.[7] 그래서 황벽 스님은 임제 스님을 구타하고, 임제 스님은 다른 스님에게 큰 소리로 호통을 친 것이다. 구타와 협박이 이런 일화의 초점이 아니다. 딱딱한 생각의 껍질을 부수고 상위 단계의 생각으로 나아가란 뜻으로 황벽 스님과 임제 스님은 이런 기이한 일을 한 것이다.[8]

결론적으로 알고리즘적 사고와 불교의 깨달음의 중요한 차이점을 이해하는 것이 중요하다. 알고리즘이 주어진 규칙이나 조건성을 충실히 따라가는 것이라면, 앞서 황벽 스님과 임제 스님의 일화에서 드러나듯이 깨달음은 근본적으로 알고리즘을 인정하면서도 알고리즘 너머에 다른 생각(상위 단계의 알고리즘 즉 깨어있는 의식의 알고리즘)이 있음을 겸허하게 이해하는 것이다. 그렇다고 해서 깨달음이 하위 단계의 기계적 알고리즘과 상위 단계의 깨달음의 초월적 알고리즘을 완전히 분리함으로써 나타나는 것은 아니다. 이 모든 것이 상호 조건적인 관계로 연결되어 있음을 이해하는 것이 진정한 깨달음이다(이것은 마치 앞에서 설명한 예처럼 버스 기사가 버스 노선을 충실히 따르는 의무를 가지고 있지만, 한 생명을 구하기 위해 잠시 버스 노선을 벗어날 것을 생각하는 것과 같은 상황이다). 불교적 명상과 수행은 이러한 이중적 구조 안에서 마음 전체가 오직 특정 알고리즘에만 집착하지 않도록 마음을 개방하는 일을 하고 있다. 불교가 알고리즘을 거부한다거나 알고리즘이 나쁘다고 하는 것은

---

7   8장에서 이 주장의 의미가 설명될 것이다.

8   황벽 스님의 불교 사상은 다음의 책을 참고하시오. 황벽희운, (2019), 《전심법요, 완릉록》(정운 스님 강설), 운주사.

아니다. 다만 우리의 마음이 하위 단계의 기계적 알고리즘에 맹목적으로 집착하는 것을 경계하는 것이 깨달음으로 향한 첫 걸음이 된다. 마음을 열고, 있는 것을 있는 그대로 보는 것이 중요한 이유는 기계적 알고리즘에 집착하는 강박증이 번뇌와 고통에 빠지는 마음 자세를 만들어 내기 때문이다.

마음이 생각의 논리인 알고리즘을 따라가는 것은 바른 생각을 하기 위해 중요한 일이다. 하지만 주어진 알고리즘에 고착되지 않고 그것을 넘어서 새로운 알고리즘을 만들고, 또 알고리즘을 변화시키는 다른 종류의 상위 알고리즘이 있음을 아는 것도 중요하다. 즉 알고리즘의 안과 밖을 모두 보는 것이 중요하다. 깨달음은 바로 그 안(주어진 알고리즘을 따르는 것)과 밖(주어진 알고리즘을 넘어서는 것)을 모두 받아들이는 과정이다. 집착을 부수어 가면서 있는 것을 그대로 보는 과정이다. 황벽 스님이 인공지능 체계에 대고 몽둥이 찜질을 하고, 임제 스님이 호통을 칠 것을 상상해 본다. 인공지능을 만나면 인공지능을 죽여야 하는가? 알고리즘에 집착하는 인공지능을 극복해야 인공지능의 마지막 발전 단계인 지혜의 단계에 이르는 참된 수행이 가능할 것이다.

제 4 장

신경망 체계와
불교의 오온五蘊 사상

전문가 시스템과 인공지능의 발전

전문가 시스템의 등장은 인공지능의 역사에서 매우 중요한 역할을 한다. 인공지능은 추상적 사고의 보편적 적용을 통한 문제 해결이라는 범용 튜링 머신의 이상으로 나아가는 것이 아니라, 인간 전문가들이 가진 지식을 조직화하고, 그들의 구체적인 문제 해결법을 따라 주어진 영역에서 탁월한 추리 능력을 갖추는 것을 목표로 하는 분야가 되었다. 그러나 진정한 지능적 정보 처리를 완성하기 위해서는 두 가지 질문이 계속적으로 제기되고 있다. 첫째는 전문가적 지식을 확보하고 이를 통해 문제 해결을 하는 방향으로 인공지능이 나아갈 경우, 전문가적 지식이 변화하는 것에 대해 어떻게 대응할 수 있느냐는 문제가 발생한다. 세상은 하루 하루 변화하며 전문가들의 지식 또한 변화하는데, 이런 변화를 반영하면서 프로그램을 새롭게 발전시켜 나가는 방법이 있는가 하는 것이다. 이 문제는 바로 인공지능의 가장 핵심적인 문제인 학습의 문제와 직접 연결된다.

둘째는 철학적인 질문이다. 전문가 체계를 발전시켜 가면 인공지능이 과연 인간처럼 생각하는 기계적 지능을 완성할 수 있느냐 하는 문제다. 인터넷의 온라인 정보 체계가 요즘 같은 발전을 이루지 못한 80, 90년대 상황으로는, 이러한 질문들이 인공지능의 제한적 성공과 새로운 도전을 모두 보여 주는 흥미로운 토론 거리가 되었다. 하지만 인공지능의 다양한 발전이 이루어지고 있는 현재 상황에서는 전문가 시스템의 여러 문제점도 제기되고 있다. 전문가 시스템은 한정적인 분야의 전문성을 강조하는 체계인데, 만일 주어진 분야를 벗어나는 문제가 제기된다면 전문가 시스템은 아무런 응답도 하지 못하게 된다. 알파고에게 바둑이 아니라 주식 투자에 관해 질문한다면 어떤 대답을 얻을 수 있을 것인가? 반면 인간의 지능은 다양한 분야의 문제를 다룰 수 있을 뿐 아니라, 분야들 간의 상호 연관성도 이해할 수 있는 능력을 가지고 있다. 하나만 알고 둘은 모르는 제한적 능력은 인간 지능의 본연의 모습이라고 하기는 어렵다. 그러나 이러한 전문가 시스템들을 통합하면 그 총체적 연합체는 아마도 인간 지능에 필적할 만한 능력을 가질 수 있을 것이다. 그렇다면 전문가 시스템을 종합하였을 때 최상의 인공지능 체계를 구현할 수 있을 것인가? 전문가 시스템들이 상호 충돌할 수 가능성은 없는가? 전문가 시스템들이 상호 소통하도록 하기 위해서 또 다른 전문가 시스템이 필요한 것은 아닌가?

이 두 가지 질문은 기계적 지능의 근본적인 약점을 보여 준다. 즉 전문가 시스템이든, 범용 튜링 머신이든 기계는 주어진 프로그램을 통해 작동하며 그것을 넘어설 수 없다면, 이러한 본성은 기계적 지능의 태생적 한계라고 많은 학자들은 주장한다. 물론 프로그램 자체를 바꿀 수 있기는 하다. 그런데 이것을 기계 자체가 체계적으로 실행할 수 있는 방식이 있는가? 가르쳐 준 내용만 실행하는 고정적 지능이 기계적 지능의 모든 것이라면 인공지능은 이 한계를 넘어서 스스로 프로그램을 바꾸어 나가는 능력을 갖춘 체계가 되어야 한다는 생각이 이런 질문에 담겨 있다.

여기에는 두 가지 대답이 있다. 약 인공지능과 강 인공지능이다.[1] 약 인공지능은 인공지능적 정보 처리 체계가 다양한 지적 활동을 보여 주지만 이 능력들을 자발적이고 창조적인 인간의 지능과 비교할 필요는 없다는 입장이다. 인공지능을 군이 인간의 지능과 비교하지 말고 그 나름의 지적인 정보 처리 체계로 이해하자는 것이 이 입장이다. 반면 강 인공지능은 기계적으로 실현된 정보 처리 능력이 인간의 지능과 직접적으로 비교 가능한 특징을 가지고 있다고 보는 입장이다. (참고로 강 인공지능과 약 인공지능은 인공지능의 인지 능력을 해석하고 인공지능의 연구 방향을 정하는 전반적인 방법론이나 인지 철학의 문제이지, 인공지능의 정보 처리 능력이나 수준에 관한 것은 아니다. 즉 강 인공지능이 약 인공지능에 비해 반드시 더 발전된 체계를 가지고 있는 것은 아니다).[2] 약 인공지능

---

1 1장에서 제시된 강 인공지능과 약 인공지능의 구분을 참고하시오.

2 현재 인공시능에 관한 많은 논의에서 강 인공지능과 약 인공지능이 정확히 이해되고 있지 않다. 강 인공지능은 정보 처리 능력이 '강한' 체계를 의미한다기 보다는 인간의 지적인 정신 과정에 근접하는 것을 목표로 하는 체계라는 것을 의미한다. 물론 인간의 정신 과정에 근접하는 체계는 정보 처리 능력이 강화된 체계일 가능성도 있지만 그렇다고 강화된 연산 능력과 인간 정신 능력의 근접성이 반드시 본질적인 관계를 갖는 것은 아니다. 특별히 강 인공지능이 약 인공지능 보다 연산 능력이 본질적으로 강한 것은 아니다. 존 설 (1980, 1984) 그리고 러셀과 노르빅(2010)은 강 인공지능과 약 인공지능을 인공지능의 연산 능력이나 정보 처리 속도 같은 인지적 기능이 아니라 인간의 생각과 의식에 얼마나 근접하가에 관련지어 설명한다. 예를 들어 러셀과 노르빅(2010, p. 1020)은 다음과 같이 설명한다. "기계가 마치 지능적인 것처럼 행위할 수 있다는 주장을 하는 것을 철학자들의 약 인공지능 가설이라고 하고 기계가 이런 지능적 행위를 할 때 (단순히 생각을 시뮬레이션이 하는 것이 아니라) 실제로 생각한다고 주장하는 것을 강 인공지능 가설이라고 한다. 대부분의 인공지능 연구자들은 약 인공지능을 상정하고 강 인공지능 가설에 대해서는 관심을 가지고 있지 않다. 그들의 연구 프로그램이 정상적으로 진행된다면 당신이 이것을 지능의 시뮬레이션이라고 부르든 진짜 지능으로 부르든 그들은 신경쓰지 않는다."

은 컴퓨터의 능력을 극대화한 정보 처리 체계의 개발이라는 목표 이외에 별다른 의미를 인공지능에 부여하지 않는다. 하지만 강 인공지능은 인간의 마음과 인공지능을 연결하는 매우 중요한 주장들을 발전시키고 있다. 그렇다면 많은 제약에 불구하고 과연 인공지능은 강 인공지능으로 나아갈 수 있는가? 인간처럼 스스로 생각하고 학습하며 새로운 것을 배우고 자율적 판단을 내리는 기계적 체계가 가능한가?

신경망 체계(뉴럴 네트워크)와 오온

80년대 말에서 90년대에 들어서면 인공지능 연구는 뇌의 정보 처리 방식과 흡사한 체계를 구성하는 신경망 체계로 나아간다. 원래 컴퓨터의 구동 체계는 폰 노이만 체계를 따르고 있다. 폰 노이만 방식이란 헝가리 출신 미국의 물리학자이자 수학자인 폰 노이만John von Neumann이 고안한 컴퓨터의 연산 과정과 정보 처리 구조에 대한 기준이다. 이것은 50년 대부터 디지털 컴퓨터(정량적, 비연속적 정보를 취급하는 컴퓨터)의 정보 처리 과정의 표준으로 인정된 방식이다. 이 방식에 따르면 입력 장치와 출력 장치 사이에 중앙 처리 장치가 있고 여기에는 프로그램이 저장된

["the assertion that machines could act as if they were intelligent WEAK AI is called the weak AI hypothesis by philosophers, and the assertion that machines that do so STRONG AI are actually thinking (not just simulating thinking) is called the strong AI hypothesis. Most AI researchers take the weak AI hypothesis for granted, and don't care about the strong AI hypothesis—as long as their program works, they don't care whether you call it a simulation of intelligence or real intelligence."] 강 인공지능과 약 인공지능에 관해서는 다음의 문헌을 참고하시오. Russell, S. & Norvig, P. (2010). Artificial intelligence: A modern approach, 3rd edition. Upper Saddle River, NJ: Pretice Hall; Searle, J. (1980). Minds, brains and programs. *Behavioral and Brain Sciences*, 3, 417‐357; Searle, J. (1984). *Minds, brains and science*. Cambridge, MA: Harvard University Press.

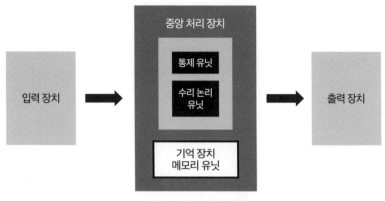

그림 4.1 폰 노이만 체계

공간과 처리된 정보가 저장되는 메모리 장치가 있으며, 정보 처리는 '도입-연산-저장Fetch-Operate-Store'의 반복적 과정으로 이루어진다. 현재 우리가 사용하는 대부분의 컴퓨터가 사용하는 방식은 폰 노이만 방식을 따르고 있다.

그런데 이 방식의 독특한 점은 프로그램이 입·출력 과정과 별도로 작동한다는 점이다. 즉, 정보 처리의 규칙인 프로그램은 입출력 과정을 순차적으로 조절하지만, 그 과정에 직접적인 영향을 받아 변화하지는 않는다. 이러한 구조를 가진 정보 처리 체계가 폰 노이만 컴퓨터이다. 그런데 다음 그림과 같이 뉴럴 네트워크Neural Network라고 불리는 신경망神經網 체계는 폰 노이만 구조와는 다른 구조를 가지고 있다. 이 정보 처리 체계는 입출력 과정과 정보 처리 과정이 다수의 입출력 요소와, 이들의 연결 강도에 의해 통합된 체계이다. 이 체계에서는 정보 처리 과정이 폰 노이만 체계에서처럼 별도로 존재하는 프로그램에 의해 조절되는 것이 아니라, 입출력 과정의 연결 강도에 따라 조절된다. 그림에서 볼 수 있듯이 정보 처리는 망상 구조로 연결된 처리 유닛unit들에 의해서 수행되는데, 이 유닛들은 다른 유닛들과 가변적 가중치를 가진 연결선에 의

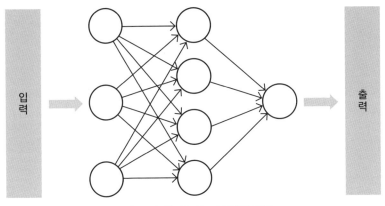

입력

출력

그림 4.2 뉴럴 네트워크 (신경망) 체계

해 연결되어 있다. 입력 신호는 각 유닛들로 입력이 되고 이 신호들은 연결선을 따라 다른 유닛들로 진행하게 되는데, 연결선의 강도에 따라 신호가 강화되거나 약화된다. 이런 과정을 거친 신호는 출력 유닛을 통해 출력되는데 출력 신호는 이 모든 유닛들과 연결선의 통합된 상호 작용의 결과로 나타나게 되는 것이다. 이런 망상 체계는 폰 노이만 체계의 프로그램과 같은 독립된 정보 통제 과정을 가지고 있지 않지만, 유닛들 사이의 연결 강도 패턴이 프로그램의 역할을 한다.

신경망 체계에서 발견할 수 있는 한 가지 놀라운 점은 정보 처리의 망상 구조가 오온이 인간 존재를 구성하는 구조와 흡사한 양상을 보여 주고 있다는 점이다. 앞서 민스키의 '사회로서의 마음'이라는 이론에서 설명한 것처럼, 불교의 오온설과 신경망 구조를 통해 학습 능력을 강화한 인공지능의 마음에 관한 생각은 상당 부분 흡사한 면이 있다. 아래의 그림과 같이 분산적 구조들의 연합된 현상으로 존재를 보고 마음의 본성을 이해하는 것이 그것이다. 불교의 오온설에 따르면 인간 존재는 색色, 수受, 상想, 행行, 식識의 다섯 요소로 이루어져 있으며, 나我라는 것은 그 자체로 존재하는 것이 아니라 이 다섯 요소의 분산된 연합으로 나타나는 현상이다. 즉 오온에서는 나라는 것이 이런 다섯 요소들의 연합heap 혹은 묶음bundle일 뿐이라는, 절대적 자아를 부정하는 철학이 나타난다. 그런데 불교에서 말하는 무아無我, anatta라는 것은 내가 존재하지 않는다는 것이 아니라 절대 불변하는 나의 존재가 없다는 것을 말한다. 마음도 마찬가지일 것이다. 마음의 존재를 절대적으로 믿는 것도 자신의 절대적 존재를 믿는 것만큼이나 집착이나 번뇌를 일으킬 가능성이 높다. 마음을 불변의 실체나 초월적 순수 의식으로 보는 것은, 마음이 다양한 기능과 과정의 연합으로 나타나는 현상임을 알지 못하기 때문에 나타나는 혼란스런 생각이다. 신경망 체계의 구조를 살펴보면 이런 분산된 마음의 구조가 잘 드러난다. 신경망이라는 망상 구조는 마음이 여러 정보 처리의 요소들의 상호 연합으로 나타남을 보여 주는데, 이것은 나라는 존재가 오온이라는 요소를 통해서 나타난다는 마음에 대한 불교적 생각과 비슷한 점이 있다. 그렇다면 이러한 분산 구조의 장점은 무엇인가?

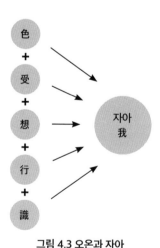

그림 4.3 오온과 자아

신경망 체계에서는 체계의 기능이 입출력 활동을 통해 변화하고 진화할 수 있다. 신경망 구조의 한 가지 큰 특징은, 정보 처리 체계가 입력을 처리하면서 스스로의 정보 처리 패턴을 동시에 변화시킬 수 있다는 점이다. 즉 신경망 장치들의 연결 강도의 변화를 통해 열린 학습 체계가 가능하다는 것이다. 예를 들어 현재 폰 노이만 구조로 된 컴퓨터에서는 따로 업데이트하지 않는 한 프로그램이 스스로 변화하지 않는다. 그러나 신경망 체계를 갖춘 컴퓨터에서는 컴퓨터를 사용함에 따라 프로그램(신경망의 연결하는 가중치의 패턴)이 지속적으로 변화하게 된다. 마치 경험을 통해 인간의 사고 방식이 바뀌는 것처럼, 신경망을 이용하는 컴퓨터는 그 입출력 활동에 따라 정보 처리 과정이 달라질 수 있다. 신경망 체계에서는 새로운 경험(입출력)이 학습 과정과 자연스럽게 연결되어 있다. 마치 뇌의 정보 처리 과정과 비슷한 일이 신경망 체계에서 벌어진 셈이다. 뇌 세포들은 각각이 다양한 방식으로 연결되어 있는데, 이들은 경험에 따라서 연속적으로 그 연결의 강도를 변화시켜 간다. 마찬가지로 신경망 체계는 입출력 활동을 하면서 유닛들의 연결 강도를 변화시키고 이것을 통해 체계 전체의 입출력 패턴을, 즉 프로그램을 변화시킬 수 있다.

따라서 기계는 자기 스스로 배우고 학습하며 연산의 규칙을 변화시킬 수 없다는 이전의 주장은 잘 구성된 신경망 체계를 가진 컴퓨터에는 해당되지 않게 된다. 물론 폰 노이만 체계에서도 논리적인 추론을 통한 학습이 가능하지만, 그것은 별도의 학습 프로그램의 독자적 활동에 의존한다. 반면 신경망을 기반으로 하는 연산 체계에서 보여 주는 학습의 과정은 별도의 프로그램을 통해서가 아니라 입출력과 연결되어 나타나는 과정이기 때문에 정보 처리와 학습은 자연스럽게 통합된다. 학습이 인공지능의 모든 문제를 해결하는 것은 아니지만, 학습 기법의 발전은 정보 처리 체계의 연속적인 발전과 개선을 가능하게 한다. 그런데 이러한 인공지능의 정보 처리 방식은 인간의 지능에 필적할 지적 능력을 완성시킬 수 있을까? 필자는 인공지능의 구체적인 사례를 통해 이러한 분산적 구조와 연속적 학습 가능성의 과정이 어떠한 놀라운 결과를 가져올 수 있는지 살펴보려고 한다. 또한 불교적 시각에서 이러한 인공지능의 체계들이 깨달음의 능력을 가질 수 있는지도 살펴보려고 한다.

제 5 장

중국어 방 논증과
로봇 승려

로봇 관음 보살과 인공지능 승려

최근 일본 교토 인근의 히가시야마라는 곳에 고다이지라는 절에서는 오사카 대학의 이시구로 히로시石黑浩교수가 제작한 민다르라는 인공지능 로봇의 기능을 시연하는 행사가 있었다. 언론에 공개된 이 행사에서는 스님들과 불자들이 참석하였는데, 민다르는 이 자리에서 반야심경을 낭송하고 부처님의 가르침을 설법했다. 또한 '인간이란 무엇인가' 라는 내용으로 25분간 가르침을 전하였고, 로봇에게는 없지만 인간은 가지고 있는 마음의 능력인 공감 능력에 관해 설명했다. 이 로봇은 몸체는 알루미늄으로, 머리와 손은 실리콘으로 제작된 로봇 관음상이다. 민다르는 참배자들을 확인할 수 있는 기능이 있고 스크린에 영상을 투사할 수 있는 기능을 가진 멀티 미디어 관음상으로 제작된 로봇이다. 이 절의 관계자는 불교와 멀어지는 현대인들의 관심을 일으키고, 다양한 모습으로 변화하여 인간을 구하는 관음 보살의 의미를 살리기 위해 이런 로봇을 제작하게 되었다고 한다.

이러한 소식을 들을 때마다 필자는 불교와 인공지능 그리고 로봇 공학이 여러 측면에서 연결되는 점들이 많다는 느낌을 갖는다. 중국 베이징의 로봇 승려 샨어, 일본의 민다르 이외에도 불교식 장례나 행사를 지원하는 페퍼라는 장례 전문 승려의 제작이 시도되었다고 한다. 한국에서는 아직 로봇을 불교 예식이나 사찰에 도입한 사례는 없지만 불교와 로봇과의 관계를 영화적으로 표현한 경우가 있었다. 앞에서도 언급한 박성환의 《레디메이드 보살》을 영화화한 김지운 감독의 〈인류 멸망 보고서〉의 옴니버스 단편 '천상의 피조물'이다. 이 영화에는 로봇 승려이지만 깨달음을 얻어 인명이라는 법명을 받고 설법하는 로봇 승려인 RU-4의 이야기가 나온다. RU-4는 가상의 로봇이지만 영화 속의 분위기는 사뭇 진지하고 철학적이다. 로봇이 깨달음을 얻었다는 것도 그렇고, 로봇이 인간에게 설법을 하고 깊은 종교적 인상을 남기는 것도 놀랍다. 이 영화를 보면 이런 일이 과연 있을 수 있을까 하는 생각도 들지만, 다른 한편으로는 불교의 깨달음이라는 것이 사람을 넘어 로봇에게까지 확장될 수 있을까 하는 생각도 든다. 이 영화는 인공지능과 로봇 공학을 단순히 공학적 가능성으로 보는 것이 아니라 인간성과 종교성의 깊은 측면에서 접근하고 있다. 관객들은 이 영화를 보면서 인공지능과 로봇이 인간과 어떤 관계를 가질 수 있으며, 불교적 깨달음이 이러한 기계적 체계에도 가능할까 하는 질문을 던지게 된다. 생각하는 기계의 범위를 넘어 깨달음의 단계에 까지 이른 로봇의 이야기를 담은 이 영화는 매우 흥미롭고 동시에 철학적인 영화이다. 이 영화의 한 장면에는 RU-4의 설법을 듣고 스님들이 존경의 합장을 올리는 장면이 있다. 이 장면은 마치 로봇 관음상인 민다르 앞에서 예를 갖추고 절을 하는 고다이지의 스님들의 모습과 중첩된다. 과연 인공지능은 깨달음을 얻을 수 있을까? 그리고 앞으로 로봇 승려와 움직이는 로봇 불상이 계속 제작될 수 있을까?

불교와 인공지능 로봇

먼저 인공지능과 로봇 공학은 반드시 같은 것이 아니라는 점을 이해하는 것이 중요하다. 인공지능은 기계의 기능적 정보 처리 역할에 집중하지만, 로봇 공학은 그와 더불어 물리적 실현과 움직임의 문제에 관심을 갖는다. 몸체가 없는(순수 프로그램으로 제작된) 인공지능은 가능하지만, 몸체가 없고 움직이지 않는 로봇을 상상하기는 어렵다. 예를 들어 한국의 이세돌 기사와 대결을 펼친 알파고는 관전자들에게 드러난 몸체가 없는 전문가 체계이지만, 민다르, 페퍼, 그리고 샨어는 몸체가 드러난 로봇 전문가 시스템이다. 로봇과 인공지능을 별개의 기술로 생각할 수 있다는 것이다. 하지만 현재 이 둘은 상호 밀접하게 관련된 기술이라 어떤 경우에는 서로 분리하여 논할 수 없는 경우가 많다. 특별히 종교적 기능을 수행하는 인공지능 체계는 시각적인 형태를 가지고 물리적 운동성을 보여 주는 몸체가 필요한 경우가 많다. 종교 행사에는 물리적으로 형상화된 대상들이나 동작들이 의미를 가지는 경우가 많기 때문에, 인공지능과 로봇 공학이 더욱 밀접하게 연결되어 나타날 것이다. 깊은 종교적 수행에 반드시 물리적으로 드러난 몸체가 필요한 것은 아니지만, 종교적 상징과 종교 예식의 시각적 구체성을 고려한다면 물리적 현시와 비물리적 인지 능력 모두가 인공지능과 로봇 공학의 결합을 통해 종교에서 매우 흥미로운 역할을 할 것으로 보인다.

현재까지 나타난 사례로 본다면, 불교는 다른 어떤 종교보다 인공지능과 로봇에 관하여 많은 관심을 보이고 있다. 민다르, 페퍼, 그리고 샨어 같은 사례를 보아도 그렇고 영화에서 나타난 RU-4 같은 경우도 그렇다. 앞서 고다이지의 민다르의 예를 든다면 스님들과 불자들이 이 로봇 관음 보살의 설법을 경청하고 절을 한다는 것은 매우 놀라운 광경이다. 아직 다른 종교에서는 이와 비슷한 일이 일어나지 않았다. 이러한 인공지능과 로봇 공학에 대한 불교의 개방적 자세는 무엇을 의미할까? 그것이 불교가 가진 기계 문명에 대한 개방성 때문인지 아니면 다른 이유인지는 자세히 살펴보아야 하겠지만, 몇 가지 생각해 볼 만한 불교와 인공지능의 중요한 연결점이 있다.

먼저 일본의 고다이지 관계자들이 민다르를 공개하면서 언급한 것처럼, 불교와 멀어지는 현대인의 관심을 끌기 위해 로봇 승려나 로봇 관음상을 도입하는 경우가 있다. 포교의 관점에서 볼 때, 인공지능이나 로봇이 도움이 될 가능성은 분명히 있다. 실제로 많은 사람들이 샨어를 보러 용천사를 방문하고 있고, 아마 민다르의 경우에도 이 로봇 관음상을 보러 고다이지를 방문하는 일이 발생할 것이다. 물론 인공지능과 로봇이 깊은 정신성과 감정적 교감의 단계를 향해 나아갈지는 아직 알 수 없으나, 불교가 과거의 종교가 아니라 현재와 미래의 종교라는 인상을 심어주고 일반 대중의 관심을 끄는 데는 인공지능을 장착한 로봇 승려나 관음상이 많은 도움을 줄 수 있다.

포교적 관점 이외에 불교와 인공지능 로봇을 연결할 수 있는 중요한 근거가 있을까? 불교와 인공지능 로봇의 관계에 관하여 생각할 수 있는 또 한 가지 중요한 점은 이 둘이 마음에 관한 개방적 철학을 발전시킨다는 점이다. 불교는 인간과 마음을 고정된 실체로 보는 것이 아니라 경험과 행위 요소들의 변화하는 복합체로 본다. 이것은 우리가 생각하는 인간과 인간의 마음을 불멸의 영혼이나 본질적 자아로 이해하는 것과는 본질적으로 다른 인간 이해의 방식이며 마음 이해의 철학이다. 오온이나 연기법緣起法과 같은 불교 철학의 기본 원칙을 보면 이러한 불교의 고유한 철학적 입장을 볼 수 있다. 마음이나 자아는 그 자체가 통일된 실체로서 독자적으로 존재하는 것이 아니라, 이러한 경험과 행위 요소들이 상호 작용을 할 때 나타나는 잠정적이며 현상적 연합체이다. 마음에 관한 이러한 생각은 떼 지어 벌판을 날아다니는 새들의 집단을 비유로 하여 이해될 수 있다. 늦은 가을 추수가 끝난 벌판에는 가끔 수많은 새들이 무리를 지어 이리저리 날아 다니는 것을 볼 수 있다. 이들은 철새는 아니고 군집 생활을 하는 새들인데, 특별한 인도자나 리더도 없이 무리를 지어 비행하다가 나무나 전봇대에 앉아 쉬기도 한다. 이들 수백 마리가 그룹을 지어 이리저리 날아 다니는 광경은 놀라운 볼거리를 제공한다. 마치 새들이 하나의 통일체가 되어 나름의 의도와 방향성을 가지고 움직이는 듯이 보이기 때문이다. 각각의 새들이 무슨 생각을 하는지는 모르겠지만, 이들이 모여 비행을 시작하면 갑자기 그 이전에는 없었던 군집의 통일적 실체가 존재하는 듯이 보이는 것이다. 이와 같은 방식으로 생각한다면, 수시로 변화하는 심적 요소들의 집합체에서 나타나는 집합적 일체성의 잠정적 모습이 마음이라는 주장을 이해할 수 있을 것이다. 이런 마음에 관한 비실체적 입장은 마음과 인지에 대한 인공지능의 입장과 양립할 수 있는 부분이 많다. 인공지능은 마음을 정보 처리 요소의 변화하는 복합체로 본다. 마음은 불변의 존재나 비물질적 실체가 아니라 다양한 기능을 수행하는 정보 처리의 과정이 모여 있는 체계라는 것이 인공지능의 생각이다.

예를 들어 대학을 생각해 보자. 대학이라는 교육 기관은 학생, 교직원, 직원, 교실, 연구 지원 체계, 도서관, 단과 대학, 학과 등의 다양한 요소들이 종합된 복합적 기능 체계이다. 흔히 대학이라고 하면 건물, 교직원, 학생과 같은 물리적인 요소들만을 생각하지만 요즘은 사이버 대학이 있어서 반드시 건물이 있는 것도 아니고 온라인 강좌도 있어서 반드시 교직원이 상주해야 할 필요가 있는 것도 아니다. 또한 새로운 학생이 입학하고 재학생들은 학업을 마치면 졸업을 함으로써 계속 구성원이 바뛰는 그런 집합체가 대학이다. 놀라운 것은 한국의 많은 대학들이 근대 독일의 대학을 모델로 시작된 경우가 많았지만, 중세와 고대의 대학들은 지식인들의 자치 조합에서 시작되었기 때문에 대학에 학생이 반드시 있어야 하는 것도 아니다. 이런 시각에서 본다면 도대체 종잡을 수 없는 것이 대학이다. 마찬가지 방식으로 인간과 마음을 이해할 수 있다. 나 자신이라는 존재 그리고 나의 마음이라는 것은 마치 대학과 같이 여러 요소들의 연합과 해체의 과정에서 그 때 그 때 나타나는 감정적인 기능의 복합 현상이다. 그래서 이런 연속적인 변화를 넘어서 존재하는 불변의 나를 굳이 찾고 본질적 마음에 집착하는 것은 존재하지 않는 대상을 찾아 헤매는 욕심이라는 것이 불교의 가르침이다.

이러한 철학적 이유로 인해서 불교와 인공지능이 비슷한 길(마음을 여러 요소들의 활동과 과정이 연합된 것으로 간주하는 입장)을 걷고 있다고 본다. 하지만 구체적인 마음의 내용은 불교와 인공지능에서는 매우 다르게 나타난다. 불교에서 마음이라는 것은 의식의 요소로 구성된 마음이지만 인공지능의 마음은 정보 처리의 마음이다. 이런 정보 처리의 마음이 진정한 생각과 의식을 지녔는가 하는 물음은 여러 가지 방식으로 제기되었다. 예를 들어 불교 철학에서는 '개에게는 불성이 있는가 狗子佛性?' 하는 유명한 논의가 있었다. 인공지능은 물론 개는 아니지만 'X에게는 불성(깨달음의 가능성)이 있는가?' 하는 물음은 같은 방식으로 인공지능에게 적용될 수 있다. 인공지능에도 불성이 있는지 그리고 인공지능이 깨달음에 이를 수 있는지를 논하기에 앞서 인공지능이 가진 마음이 진짜 마음인지 아니면 시뮬레이션된 가짜 마음인지를 분석하는 철학적 논증을 살펴보기로 하자. 만일 정보 처리의 마음이 진정한 마음이 아니라면 이 마음은 깨달음에 나설 수 없을 것이다.

구문적 정보 처리와 의미 이해: 중국어 방 논증

미국의 철학자 존 설John Searle은 중국어 방 논증Chinese Room Argument, 中
國語房 論證이라고 하는 사고 실험思考 實驗, Thought Experiment(가상적 상황
을 고려함으로써 주어진 가설을 받아들이거나 거부하는 방법)을 통해 계산
적 정보 처리 과정이 인간의 자연 지능의 핵심적 능력인 의미 이해의 능
력(지향성이라고 하는 능력)을 충분히 설명하지 못한다고 주장했다.[1] 아
래 그림과 같이 고립된 방 안에서 중국어 번역 알고리즘을 시뮬레이션
하는 사람이 있다고 하자. 이 사람은 중국어를 전혀 모르는 사람이다.
이 방 안에는 한자로 쓰여진 중국어 문장이 전달되었을 때 중국어 문장
으로 응답할 수 있는 규칙이 정리된 매뉴얼이 있다. 그런데 이 매뉴얼
은 한자의 의미를 통해 중국어 질문에 응답하는 것이 아니라 순전히 한
자의 모양을 바탕으로 중국어 질문에 응답할 수 있게 하는 규칙을 담고
있다. 이 매뉴얼은 매우 효과적으로 구성되어 있어서 이것만 따르면 방
바깥에 있는 사람이 눈치채지 못 할 정도로 자연스런 중국어 응답이 가
능하다고 가정해 보자. 즉 이 방 안에는 중국어를 전혀 모르는 사람이

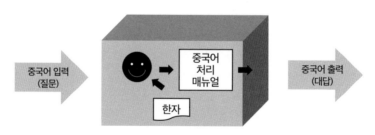

그림 5.1 중국어 방의 구조

---

1   Searle, J., (1980). Minds, brains and programs. *Behavioral and Brain Sciences* 3,
417-357; Searle, J., (1984). *Minds, brains and science*. Cambridge, MA: Harvard
University Press.

오직 이 매뉴얼만 가지고 입력된 중국어 질문에 대답하는 일을 하고 있다.

　　방 바깥에 있는 사람의 입장에서 보자면 방 안에 있는 사람은 중국어를 매우 잘하는 것처럼 보인다. 주어진 질문에 대해 중국어로 된 답이 자연스럽게 출력되었기 때문이다. 그런데 방 안에 있는 사람은 어떨까? 설에 따르면 이 사람은 반드시 중국어를 이해할 필요가 없다고 한다. 그냥 매뉴얼을 따라 일을 진행하면 되기 때문에 특별히 중국어 이해 능력이 필요한 것은 아니다. 이 매뉴얼은 문자의 의미를 추적하는 것이 아니라 문자의 물리적(시각적) 특징이나 구문적 특징을 바탕으로 작성되었다. 다음의 예를 보면 이 매뉴얼이 하는 일이 어떤 것인지를 알 수 있다.

밖에서 주어진 문장에서 '*&^%'와 같은 모양이 있으면
'$#@'와 같은 모양이 따라 나오는지 확인하고
또 '*@)!'와 같은 모양이 보일 것이다.
그러면 글자 중에서 ' %$#'과 같은 모양을 찾아서
'!~*&'과 같은 모양과 연결해서 내보내면 된다.

중국어 출력을 위해서는 실제로 다음과 같은 형식의 매뉴얼이 제공될 것이다.

밖에서 주어진 문장에서 '你会'와 같은 모양이 있으면
'说中'과 같은 모양이 따라 나오는지 확인하고
또 '文吗'과 같은 모양이 보일 것이다.
그러면 중국 글자 중에서 '我会说'과 같은 모양을 찾아서
'中文'과 같은 모양과 연결해서 내 보내면 된다.

간단히 말하자면 요즘 시판되는 휴대전화기나 컴퓨터에 설치되어 있는 알렉사나 시리 같은 전자 비서가 하는 일이 바로 이 중국어 방 안에 있는 사람이 하는 일이다.[2] 그런데 이 작업을 수행하기 위해서 이 사람은 중국어를 반드시 이해해야 할까? 전혀 그렇지 않다. 주어진 프로그램만 따르면 된다. 그렇다면 방 안의 사람이 중국어를 이해한다는 방 바깥 사람의 생각은 잘못된 것이 아닌가? 설의 이런 사고 실험은 인공지능, 특별히 강 인공지능의 실패를 보여 주고자 고안된 것이다.

컴퓨터에 비유하자면 방 안에서 응답하는 사람은 언어 이해의 기능을 수행하는 컴퓨터의 CPU(중앙 처리 장치)이고 매뉴얼은 프로그램이며, 전달된 중국어 문장은 입력이고 이것에 대해 응답으로 만들어진 중국어 문장은 출력이 된다. 이 중국어 방 논증이 제기하는 문제는 중국어 응답을 위한 매뉴얼이 제대로 만들어져 있어서 방 바깥에 있는 중국어 사용자가 마치 방 안에 있는 사람은 중국어를 이해한다고 생각하지만, 방 안에 있는 사람은 스스로 중국어를 전혀 이해하고 있지 못할 수도 있다는 점에 있다.

이러한 매뉴얼은 중국어를 전혀 모르는 사람도 글자의 모양만 보면 이용할 수 있는 매뉴얼이다. 즉 이 매뉴얼은 컴퓨터 프로그램 같은 것이다. 글자의 의미를 알 필요 없이 글자의 모양이나 구문적 특징이 입력되면, 컴퓨터는 입력된 글자를 마치 의미를 따라 이해하는 것처럼 처리할 수 있다. 중국어 문장에 대한 이러한 구문적이며 형식적(비의미론적) 처리가 글자의 의미를 따라 처리된 것과 같은 '효과'를 낼 수 있다는

---

2 물론 이들은 보다 복잡한 학습을 통해 언어 모델을 구성하기 때문에 실제로는 중국어 방의 규칙과 같은 단순한 규칙을 따르고 있지는 않을 것이다. 그러나 여기서는 인공지능의 기본적 정보 처리 과정(표상에 대한 형식적 연산 과정)을 설명하기 위하여 이러한 예를 들었다.

점이 놀라울 뿐이다. 컴퓨터가 하는 일이 바로 이러한 비의미론적 과정을 통해 의미가 담긴 정보를 처리하는 것이다. 따라서 진정한 의미 이해 없이도 의미 있는 정보 처리가 가능하다는 설의 주장은 다음과 같은 유비적 관계를 바탕으로 하고 있다.

중국어 방　　　　　= 컴퓨터 체계(인공지능 체계)
사람　　　　　　　= CPU(컴퓨터의 중앙 처리 장치)
매뉴얼　　　　　　= 컴퓨터 프로그램
한자가 인쇄된 카드 = 입출력 자료
글자(한자)의 처리 = 비의미론적 처리
중국어를 이해 못함 = 인공지능은 의미 이해를 못함

설은 다음과 같이 주장한다. 만일 이 중국어 대화 기능을 하는 체계가 제대로 작동한다면 이 방 안에는 중국어를 이해하는 사람이 있다고 생각할 수도 있다. 그런데 이 방 안에서 오직 매뉴얼에만 의존하여 응답하는 사람에게 중국어를 이해하고 있느냐고 묻는다면 이 사람은 중국어를 이해하지 못한다고 말할 것이다. 그 이유는 이 사람이 하는 일은 마치 컴퓨터가 하는 일처럼 주어진 중국어 글자를 매뉴얼에서 확인하고, 그것에 적혀진 대로 다른 글자를 출력하는 일이기 때문이다. 적절한 중국어 응답을 출력하기 위해서 입력된 중국어 문장의 의미 같은 것을 이해할 필요는 없다. 그렇다면 컴퓨터의 정보 처리 과정에도 역시 의미의 이해 같은 과정은 존재하지 않는다. 따라서 사람처럼 생각하는 기계를 컴퓨터의 연산과정으로 구현하려는 인공지능의 꿈, 즉 구문적 정보 처리가 인지적 능력을 '그대로' 구현할 수 있다는 강 인공지능의 희망은 물거품이 되는 것이다. 컴퓨터는 그냥 규칙의 구문적 실행(문장의 구조와 단어의 배열의 관한 정보 처리)을 하고 있을 뿐, 사람이 하는 방식으로 문장과 단어의 의미를 이해하고 있지 않다고 설은 주장한다.

대화 프로그램의 예시

설의 주장을 이해하기 위해서 다음과 같은 간단한 프로그램을 생각해보자. 다음의 문장들은 베이직BASIC이라는 프로그램 언어로 쓰여진 명령들이며, 뉴질랜드의 철학자 잭 코플랜드Jack Copeland가 《인공지능》이라는 저서에서 예시한 것이다.[3]

100   PRINT   "당신의 이름은 무엇입니까?"
(이 라인은 컴퓨터가 인용된 문장을 스크린에 표시하라는 명령이다. 컴퓨터와 대화를 나누는 사람은 이 질문에 예를 들어 "철수"라고 자판을 통해 응답한다.)

200   INPUT   NAME$
(이 라인은 이 응답자가 자판을 통해 응답한 것을 'NAME$'으로 지정하여 컴퓨터에 저장하라고 컴퓨터에 지시한다. 여기서 사용된 달러[$] 표시는 베이직에서 사용되는 고유한 표식인데. 이것은 컴퓨터가 정보를 저장할 때 숫자 정보와 그 외의 정보를 구분하기 위해서 사용되는 것이다.)

---

3 이 간단한 프로그램의 명령 문장은 코플랜드 (1993) p. 11-12에 예시된 것을 따르고 있다. 다음 문헌을 참고하시오. Copeland, J. (1993). *Artificial intelligence, a philosophical introduction*. Cambridge, MA: Blackwell.

300   PRINT   NAME$ "선생님, 당신은 컴퓨터가 생각한다고 보세요? 예, 아니오로 간단히 답해주세요."

(이 문장이 컴퓨터 화면에 표시될 때, 컴퓨터는 이름 [NAME$] 란에 철수라는 이름을 적용시켜 내보낸다.)

400   INPUT ANSWERS$

(컴퓨터는 응답자가 자판으로 입력한 것을 응답 [ANSWER$]으로 지정하여 저장한다.)

500   IF ANSWER$ = "예" THEN PRINT "감사합니다", NAME$, "당신과 잘 통할 수 있을 것 같습니다."

600   IF ANSWER$ = "아니오" THEN PRINT NAME$ " 선생님, 아주 흥미로운 철학적 입장이네요. 심리학자들과 신경 과학자들이 인간의 뇌는 컴퓨터가 작동하는 방식과 같은 방식으로 작동한다는 점을 발견하였다고 하는데, 그렇다면 당신도 컴퓨터와 마찬가지로 생각하는 능력이 없다는 것을 의미할까요?"

700   END

이를 바탕으로 인공지능과 인간의 다름 같은 대화를 예상할 수 있다.

컴퓨터 당신의 이름은 무엇입니까?
인 간 김철수
컴퓨터 김철수 선생님, 당신은 컴퓨터가 생각한다고 보세요? 예, 아니오로 간단히 답해주세요.

인 간 아니오.

컴퓨터 김철수 선생님, 아주 흥미로운 철학적 입장이네요. 심리학자들과 신경 과학자들이 인간의 뇌는 컴퓨터가 작동하는 방식과 같은 방식으로 작동한다는 점을 발견하였다고 하는데, 그렇다면 당신도 컴퓨터와 마찬가지로 생각하는 능력이 없다는 것을 의미할까요?

이 프로그램은 컴퓨터가 언어의 의미를 충분히 이해하지 않고도 인간과 간단한 대화를 나눌 수 있을 가능성을 보여 준다. 물론 이와 같은 간단한 컴퓨터 프로그램이 인간과 의미 있는 대화를 얼마나 지속할 수 있는지는 불분명하지만, 그럼에도 불구하고 이와 같은 프로그램을 복잡화시키고 발전시키면, 놀랍게도 제한적인 대화의 능력을 보여 주는 체계를 만들 수도 있다.

인공지능과 의미 이해 능력(지향성)

의미의 진정한 이해 없이도 인지적 기능의 성공적 수행이 가능함을 보여 주는 것이 이 중국어 방 논증의 핵심이다. 즉, 강 인공지능(인공지능의 능력을 인간의 정신 능력과 직접 비교할 수 있다는 입장)은 가능하지 않다. 그 이유는 매뉴얼도, 방 안에서 작업하는 사람도, 방 자체도 언어 이해의 능력을 가지고 있지 않기 때문이라고 설은 주장한다. 그렇다면 이 모든 것을 합하면 어떻게 될까? '방+매뉴얼+입출력(중국어 글자, 문장)+방 안에서 작업하는 사람'이면 언어 이해의 진정한 능력이 생기는가? 설은 아니라고 한다. 이들 각각이 언어 이해의 능력을 가지고 있지 않는데 어떻게 이들의 총합이 언어 이해를 가지고 있을 수 있냐고 설은 반문

한다. 즉 단지 기계적 작업과 중국어 응답의 규칙만 있는 상황에서는 중국어 이해의 시뮬레이션이 있을지는 몰라도 진정한 중국어 이해 자체는 없다는 것이 그의 주장이다. 즉, 그의 결론은 강 인공지능은 잘못된 주장인 것이다.

이러한 설의 주장에 대해 여러 가지 반론이 제기되었고, 이 논쟁은 1980년대 미국 철학계와 인공지능 학계를 뜨겁게 달군 논쟁이 되었다. 설의 주장은 분명하다. 진정한 마음의 능력은 단순한 기능적 매뉴얼과 같은 방식으로 포착될 수 없다는 것이다. 즉, 컴퓨터 프로그램만 가지고는 인간의 지능을 형식적으로나 구문적으로 시뮬레이션 할 수 있을지는 몰라도, 그 자체를 생성하기에는 충분하지 못하다는 것이다. 인공지능 연구가들은 설에게 컴퓨터 프로그램으로 구현할 수 없는 마음의 능력이 무엇인지를 계속 질문한다. 설은 이것이 의미 이해의 능력, 즉 지향성 Intentionality(기호나 표상에서 그 의미를 이해하는 능력)이라고 하면서, 이것은 오직 인간 뇌의 인과력 혹은 뇌의 인과력과 동등한 능력을 보여 주는 물리적 과정에서만 나타나는 것이라고 주장한다. 뇌의 인과력을 그대로 복제한다면 문제가 되는 인간의 정신 능력을 산출할 수 있지만, 그렇지 않고 뇌를 시뮬레이션 한다거나 그것의 형식적 구조만을 재구성한다면 그것은 중국어 방 논증에서 보듯이 참된 이해나 지식을 산출하지 못한다. 그런데 설은 이 뇌의 인과력의 정체가 구체적으로 무엇인지는 설명하지 않고 있다. 아마도 이것은 미래의 신경 과학이나 인지과학이 밝혀야 할 문제가 아닌 듯싶다.

중국어 방과 불교방

설의 중국어 방 논증은 인공지능에 대해(정확히 말해서 컴퓨터의 알고리즘적 정보 처리가 인간 마음의 기능을 충분히 대체할 수 있다는 강 인공지능의 입장에 대해) 비판적인 시각을 견지하지만, 불교는 인공지능에 대해 보다 개방적인 시각을 제시할 수 있다. 불교에서 마음은 그 자체의 독립적 실체성을 가진 것이 아니라 경험과 행위의 요소들이 상호 작용하면서 나타나는 현상적 실재를 가진다. 이 마음의 요소들은 각각이 독자적으로 완전한 마음의 능력이나 기능을 가지는 것은 아니고, 다만 이들 요소가 다양한 방식으로 연합함으로써 마음이 만들어진다. 예를 들어 다양한 색의 빛을 섞으면 그 결과로 우리는 흰색의 광선을 경험한다. 그런데 이와 같이 다양한 색을 가진 각각의 빛에는 흰색이 전혀 없다. 즉 흰색 광선은 빨강, 주황, 노랑, 초록, 파랑, 보라 등등의 광선에는 없지만 놀랍게도 이들 각각의 색 광선을 모두 결합하면 흰색 광선이 결과적으로 나타난다. 즉 흰색의 빛을 다양한 색의 광선의 결합에서 경험하는 것은 여러 가지 색 요소들이 연합함으로써 나타나는 창조적 발생 즉 창발적 현상이다.[4] 불교는 마음을 이런 요소들의 상호 작용함을 통해 나타나는 연합적 현상으로 생각한다.

이러한 마음에 대한 연합적 혹은 발생적 접근이 불교에서 중요한 의미를 갖는데, 그것은 다음과 같은 점을 고려하면 이해된다. 마음을 고유한 속성으로 생각하는 것은 마음의 불변적 본질을 상정하는 것인데, 이것은 자아의 존재와 마음에 대한 우리의 집착과 번뇌를 키우는 출발점이 될 수 있다. 인간이라는 존재의 근본인 자아라는 것은 오온이라는 경험 요소들의 연합으로 나타나는 것인데, 인간의 마음도 자아처럼 경험과 생각의 요소들의 총합과 창발이라는 과정을 통해 나타나는 것이

---

4 여러 가지 빛의 파장의 연합이라는 물리적 시각이 아니라 경험의 시각에서 본다면 흰색 빛의 경험은 창발적 현상이 된다. 즉, 흰색의 경험은, 다양한 색의 경험을 합한 것에서, 예상할 수 없는 경험으로 나타나게 된다. 그래서 이것을 창발적 (경험) 현상이라 할 수 있다.

다. 즉, 자아와 마음은 이러한 현상적 요소의 연합적 존재이지 불변의 실체적 존재는 아닌 것이다. 그런데 이들을 불변의 실체 즉 자아나 영혼 같은 것으로 생각하면 어떻게 될까? 없는 것을 있는 것이라 믿으면 오해와 미망에 빠지는 것이고 이로 인해 집착과 고통에 빠질 수 있다. 이처럼 불변적인 있음의 시각이 아니라 변화하여 나타남의 과정을 통해 세상을 보는 것이 불교의 입장이고 이를 통해 불교는 집착과 번뇌로 이어지는 잘못된 습성을 깨달음을 통해 우리 스스로 바꿀 수 있도록 한다.

물론 마음이 없다거나 마음 자체가 환상이라는 것은 결코 아니다. 마음은 존재하며 이 마음을 통해 우리는 깨달음을 얻는다. 단지 마음을 불변의 본질을 갖는 독립적 존재로 보는 것이 잘못된 것임을 불교는 주장한다. 마찬가지로 인공지능에서도 앎의 마음이, 즉 인지적 능력을 가진 체계로서의 마음이 중요하지만 이것이 반드시 별도의 독립적이며 고정적인 본질을 갖는 대상에 기반할 필요는 없다고 본다. 마음은 정보 처리의 실체적 기반이 아니라 단지 기능적 대상일 뿐이다. 이런 시각에서 본다면 인공지능에 관한 설의 주장을 보다 비판적으로 이해할 수 있다. 설은 언어 이해의 능력은 컴퓨터 프로그램으로 완전히 설명될 수 있는 것이 아니라고 주장하면서 그 이유를 언어 이해의 근본인 지향성이 컴퓨터에 결여되어 있기 때문이라고 주장한다. 그는 이 지향성이라는 것이 그 자체로 존재하는 속성이며 분산적으로 혹은 연합적으로 존재하는 것이 아니라고 가정을 하는 것 같다. 이것은 이 모든 정보 처리의 요소(프로그램, 중앙 처리 장치, 입출력 장치, 기억 장치, 외부 환경을 탐색하는 장치 등의 정보 처리 요소)를 결합해도 중국어에 대한 이해가 나타나는 것은 아니라고 설이 주장하기 때문이다. 하지만 마음과 인지를 분산된 요소들의 상호 연합적 발생의 시각으로 생각하면 인공지능에 대해 설과는 다른 입장을 발전시킬 수도 있다.[5] 즉, 설은 인공지능의 한계는 '지향성'

이라는 일정하게 규정된 능력의 결여, 즉 지향성을 컴퓨터로 구현할 수 없음의 문제로 보았지만, 그 한계는 사실 이 독립적으로 존재한다고 여겨지는 지향성의 결여보다는 다양한 지향적 요소들의 연합성 결여에 기인할 수 있다.

마음에 대한 불교의 생각은 지향성에 관한 설의 생각과는 달리 발생적이고 관계적이며 개방적이다. 예를 들어 발생적 시각에서 본다면 프로그램과 중앙 처리 체계, 메모리 공간, 그리고 입출력 장치들을 모두 연결하면 (물론 이들 각각이 마음의 능력을 완전히 가지고 있지 않다 하더라도) 마치 오온의 상호 작용적 총체가 자아라는 현상을 일으키듯, 언어 이해를 발생적으로 일으킬 수 있을 가능성이 존재할지도 모른다. 설이 주장한 지향성 자체의 인과력보다는 인지 요소의 상호 작용을 통한 연합적 발생력이 의미 이해에서 더 중요할 수도 있다는 점을 불교적 시각에서 주장할 수 있다. 이러한 분산된 마음과 창발적 인지 능력에 대한 생각은 4 장에서 설명한 인공지능 전문가 마빈 민스키의 이론과도 연결된다. 민스키는 《마음이라는 사회 The Society of Mind》라는 지시에서 마음을 작은 연산 장치들이 상호 연결된 체계로 생각한다. 그는 마음이 독립적으로 존재하는 것이 아니라 요소들의 총합으로, 즉 그 자체로서는 마음의 전체적 특성을 가지고 있지 않지만 상호 연결되어 마음을 만들어 낼 수 있는 작은 기능체들의 집합으로 생각한다. 이런 시각에서 본다면 마음은 마음 없는 요소들의 상호 작용적 총합에서 발생적으로 나타나는 분산 관계적 대상인 것이다. 앞에서 비유했듯이 대학이라는 것이 학생, 교직원, 건물, 도서관, 단과 대학, 학과를 넘어서서 독립적으로 존재하는

---

5 설의 중국어 방 논증에 대한 폴 처칠랜드와 패트리샤 처칠랜드의 비판은 필자의 생각과 비슷한 논점을 가지고 있다. Churchland, P., & Churchland, P. (January 1990). Could a machine think? *Scientific American*, 262 (1), 32 – 39.

것이 아니라, 각각을 따로 놓고 보면 대학이라고 할 수는 없는 이들 요소들의 상호 작용적 연합에 의해서 존재하는 것처럼, 마음도 마음의 요소들과는 별개로 독립적으로 존재하는 것이 아니라, 각각을 놓고 보면 온전한 마음이라고 할 수 없는 요소들의 연합적 상호 작용에서 나타난다. 이 점에서 불교는 마음의 분산적 연합성을 통해 인공지능에 대한 보다 개방적 입장을 취할 수 있게 된다.

불교가 인공지능의 마음에 대해 이러한 개방적 방식으로 연결될 수 있다는 것은 매우 놀라운 일이다. 그렇다면 이러한 마음에 관한 개방되고 분산된 접근, 즉 마음이라는 것은 원래 여러 요소들의 상호적 연합에서 나타난다는 입장에서는 적절한 정보 처리 요소들을 연합하는 인공지능이 적어도 부분적으로는 마음의 능력을 갖는다고 볼 수 있지 않을까? 만일 인공지능이 이 복합적 정보 처리 과정을 통해 마음의 능력을 갖추게 된다면, 이 마음의 능력을 바탕으로 불교적 깨달음에 이를 수 있을까? 인공지능에게도 불성이 있을까? 중국어 방에 있는 인공지능을 불교방으로 불러 조심스럽게 그 가능성을 살펴보아야 할 것 같다.

제 6 장

인공지능의 표상과
지혜의 창조적 자유

인공지능과 불교: 의지와 표상으로서의 세계

앞 장에서 필자는 불교와 인공지능이 가지는 연결점들을 설명했다. 마음에 관한 연구와 실용적 응용의 입장에서 본다면 불교와 인공지능은 실제로 많은 공통의 관심을 가지고 있다. 불교는 마음의 존재에 관해 영속적 실체성을 부정하고 경험적 현상성(느껴지고 의식되는 것으로서의 마음)만을 인정한다. 간단히 말하자면 불교에서 마음이라는 것은 바위나 나무 같이 그 자체로 독립적으로 그리고 연속적으로 존재하는 대상이 아니라, 경험적 요소들의 모임과 흩어짐을 통해 나타나는 복합적 경험 구조이다. 마치 구름, 무지개, 영상, 그리고 장면과 같이 끊임없이 나타나고, 변화하고, 사라지는 것이 마음이고 우리가 경험하는 세계의 모습이다. 무지개나 영상은 경험할 수 있지만 잡아 놓을 수 없는 것들이다. 이들은 못으로 고정시켜서 벽에 걸어 놓고, 계속 보고 만질 수 있는 것이 아니라 나타나고, 사라지고, 일어났다, 없어지는 것이다. 단지 마음의 내용이 그렇다는 것이 아니라 마음 자체가 그런 것이다.

　인공지능 연구도 이와 비슷한 방식으로 지능과 마음의 본질을 이해한다. 겉으로 보기에 마음이라는 것은 고유하고 독립적인 정신적 기능을 말하는 것처럼 보이지만, 사실 이것은 여러 단순한 기능적 요소들의 모임과 흩어짐을 통해 나타나는 과정이고 현상일 뿐이다. 인공지능에게 마음이란 입력, 출력 그리고 이 둘을 연결하는 계산적 과정의 다양한 기능적 모임인 것이다. 인공지능은 이런 분산된 기능적 마음을 보여준다. 이런 이유로 인해서 인공지능은 서양의 심리 철학에 큰 영향을 미친다. 서양 철학의 전통적 입장에 따르면, 특별히 서양 근대 철학의 대표적 철학자인 르네 데카르트의 심신 이원론Mind-Body Dualism에 따르면, 마음과 영혼 그리고 정신은 몸과 전혀 다른 비물질적 실재이자 영속적 실체이다. 데카르트는 마음을 생각하는 실체res cogitans 그리고 몸은 공간에 펼쳐진 실체res extensa라고 하면서 이 둘은 서로 독립적이며 상호 영향을 주지 않는다고 하였다. 하지만 이러한 마음의 철학을 발전시키면 마음과 몸이 어떻게 한 인간 안에서 공존하고 상호 영향을 주는지 설명하기가 곤란해진다. 완전히 비물리적인 마음의 존재를 물리적 세계에서 어떻게 설명할 수 있는가 하는 문제와 동시에 심신 문제Mind Body Problem (마음과 몸의 구분성을 유지하면서, 동시에 상호 작용을 하는 것을 설명하는 문제)라고 하는 철학의 난제가 이것 때문에 나타난다. 하지만 데카르트처럼 마음을 영혼이나 정신과 같은 일정한 대상으로 간주하는 입장을 포기하고, 마음의 고유한 정신적이며 인지적인 기능을 통해 이해할 수도 있다. 인공지능은 마음이라는 정신적 대상을 완전히 다른 방식으로 설명할 수 있지 않을까 하는 철학적 노력에 불을 당긴 것이다. 즉 마음을 몸과 구분되는 특별한 대상으로 규정하는 것이 아니라, 특정한 기능이나 과정으로 이해하려는 노력이 바로 그것이다. 이런 노력을 통해 몸과 마음의 실체적 이원론substance dualism이 인지적 특수성과 정보 처리의 능력을 바탕으로 하는 기능적 이원론으로 변화된다. 즉 마음은 영혼이나 불멸의 정신과 같은 특별한 대상이 아니라 특정한 기능을 수행하는 과정이나 연산적 능력으로 규정될 수 있다는 것이다. 어떻게 보면 마음에 대한 전통적 생각을 인공지능이 완전히 바꾼 것이다.

인공지능은 20세기 중반 철학자들이 열광하였던 포스트모던 디벙킹postmodern debunking(전통적 가치의 상대화와 전통 사상에 대한 비신비화와 비실체화)의 기능을 마음에 대해 수행한다. 우리가 일반적으로 받아들이는 마음과 지능의 독자적 실체성을 인공지능은 단순한 연산 요소들로 분해해 버리는 일을 한다. 영국의 철학자 토머스 홉스Thomas Hobbes가 말했듯이 "합리적 생각이란 단지 계산적 상태일 뿐이다By ratiocination, I mean computation." 그래서 프랑스의 근대 철학자인 데카르트의 "나는 생각한다 고로 나는 존재한다cogito ergo sum"라는 명제는 이제 인공지능에 의해 "나는 연산한다 고로 나는 존재한다computo ergo sum"로 바뀔 것이다. 생각은 계산적 연산일 뿐이고 존재는 기능적 과정일 뿐이다.

마음에 관한 불교적 사고도 이와 비슷한 비실체화와 해체의 길을 가고 있다. 불교는 우리가 보통 마음이나 영혼의 독립성이나 영속성을 그 예리한 분석과 명상의 각성을 통해 날려 보낸다. 우리의 번뇌와 고통의 뿌리가 되는 마음의 불멸성이라는 자기 집착을 분해시키고 소멸시킨다. 디벙킹보다 어쩌면 더 폭발적인 번개 와즈라Vajra를 마음과 그 사고 과정에 해버린 것이다. 이것은 불교적 시각에서 본다면 와즈라체디까Vajracchedika, 霹靂能斷金剛라고 하는 깨달음의 집중 상태가 번개의 폭발력으로 금속과 같이 딱딱하게 고착된 우리의 잘못된 분별과 집요한 집착을 분쇄시키는 것을 의미한다. 불교는 인공지능보다 훨씬 이전에 이미 마음과 생각에 관해 분석적 환원이나 분석적 해소를 시도한 것이다. 불교의 와즈라체디까와 인공지능의 디벙킹은 모두 마음에 관한 탈실체화와 탈신비화의 길을 가고 있다.

인공지능의 디벙킹

[해체]: 마음 = 영혼 (soul)

[구성]: 마음 → 논리적 추론 → 컴퓨테이션(계산적 과정) → 전기/전자적 구현

불교Buddhism의 와즈라체디까

[해체]: 마음 = 불변적 실체 (心)

[구성]: 마음 → 오온 → 연기적 발생 → 이러 저러한 조건적 경험

물론 마음과 자아에 대한 불교의 디벙킹 혹은 와즈라체디까가 인공지능의 디벙킹과 완전히 동일한 것은 아니다. 후자가 마음에 관한 논리적, 기계적, 그리고 전기/전자적 디벙킹이라면 전자는 마음에 대한 현상적 깨달음의 디벙킹이다. 즉 마음의 본성을 논리적 연산 과정으로 분해한다는 것이 인공지능이 추구하는 마음에 대한 비실체적 분해라면, 마음을 깨어있는 의식을 통해 낱낱이 살피는 것은 불교적 해체 과정이다. 이 불교적 분해 과정은 단순한 환원이 아니라 깨달음의 과정이다. 서양 철학에서는 이 과정을 환원 혹은 단순화reduction (A는 단순히 B에 지나지 않는다)라고 한다. 즉, 마음은 단지 이런저런 것에 지나지 않더라는 식으로 마음을 그 분해된 요소들로 분석한 다음, 이것들과 마음을 동일시하는 과정이 환원의 과정이다. 하지만 불교적 분해 과정은 마음의 관찰(명상)을 통해 마음의 실체적 기반을 부정하지만, 그것에 머무르거나 혹은 그것을 통해 회의주의나 비관주의에 빠지는 것이 아니라, 오히려 이러한 근본적인 각성 과정이 각성자를 깊이 변화시키고 번뇌와 속박에서 벗어나게 하는 해방의 과정이 된다. 일단 깨달음에 이르고 나면 마음(컴퓨터의 계산 과정이든, 신경 회로의 활성화이든, 오온의 복합적 상호 작용이

든)은 더 이상 우리를 번뇌에 빠지지 않게 만든다. 깨달음은 결국 마음을 개방적인 과정으로 만든다. 마음은 이제 있는 것을 어떤 실체로 보는 것이 아니라 이러함 혹은 저러함으로, 즉 조건적 현상과 경험으로 보는 것이다. 이런 측면에서 본다면 마음과 자아에 대한 불교의 디벙킹은 인공지능의 디벙킹보다 근본적이며 개방적이며 깨달음을 주는 와즈라체디까(구원적이며, 해방적이며, 변형적인 폭발력)이다.

이러한 세밀한 차이점에도 불구하고 큰 시각에서 보면 인공지능과 불교는 보통 사람들이 가지고 있는 마음이라는 대상에 관한 일상적 믿음에 비판적 입장을 견지한다는 점에서 공통점을 갖는다. 이러한 비판적 시각은 마음과 의식에 관한 진솔한 관찰과 해방적 깨달음과 연결될 수 있다. 대승 불교의 중요한 경전인 《금강경 金剛般若波羅蜜經, Vajracchedikā Prajñāpāramitā Sūtra》에는 이런 시각이 잘 표현되어 있다. 금강경이라는 이름의 첫 단어가 바로 와즈라체디까(참된 깨달음으로 잘못된 이해를 잘라버림)라는 것은 결코 우연이 아니다. 특별히 《금강경》에는 응무소주 이생기심 應無所住 而生其心 (머무는 바 없이 그 마음을 낸다. 즉, 집착과 아집을 버리고 평상심으로 진리를 행하라)이라는 구절이 있다. 이 구절은 중국 당나라 시대 선종의 6대 조사였던 혜능 慧能 스님이 깨달음을 얻었던 그 유명한 구절이다. 이 구절에 대해서는 여러 가지 해석이 가능하지만 일반적으로 이 구절에는 그 불변의 영속적 기반, 즉 실체성을 통해 모든 것들을 이해하려고 하지 않음으로써 마음을 자연스럽게 일으켜야 한다는 뜻이 담겨 있다. 머무르는 것 혹은 사로잡히는 것을 피함으로 마음을 다스려야 한다는 뜻이다.

그러나 이러한 마음과 인지에 대한 불교와 인공지능의 공통적인 시각, 즉 비실체적이며 비판적인 접근에도 불구하고 현재 개발되고 있는 인공지능의 학습 과정은 불교의 가르침과 다른 방향을 향하는 것들이 있다. 특별이 명상을 통한 깨달음의 과정은 인공지능의 정보 처리 과정과 매우 다른 측면을 가지고 있다. 인공지능은 근본적으로 표상적 체계이고 인지적 습관을 학습하는 체계이므로, 이러한 체계(특별히 현재의 널리 이용되는 빅 데이터를 통한 딥 러닝 학습법)는 불교적 깨달음이나 불성과 어떤 면에서는 거리가 있다. 한국인에게도 널리 알려져 있고 또한 불교 사상에 영향을 받았다고 알려진 독일의 철학자 쇼펜하우어Arthur Schopenhauer는 우리의 세계를 '의지와 표상으로서의 세계Die Welt als Wille und Vorstellung'라고 묘사하였다. 세계라는 것은 근본적으로 우리의 생각과 욕구로 점철된 오해와 번뇌의 덩어리라는 것이 쇼펜하우어의 분석이다. 이것은 미망과 고통과 번뇌가 꼬리에 꼬리는 무는 세계이다. 이와 마찬가지 방식으로 인공지능은 '표상과 습관(통계적 일반화와 딥러닝)의 세계The World as Representation and Habit(Statistical Generalization and Deep Learning)'에 살고 있다. 현재 인공지능 분야에서 효과적 학습법으로 알려진 것은 바로 광범위한 통계적 패턴을 활용하는 것이다. 즉 습관의 세계를 종합하는 방법이다. 특별히 딥 러닝과 같은 인공지능의 효과적 학습 기법들은 물론 이들이 많은 실용적 성공을 거두고 있지만 인공지능의 기능을 표상과 통계적 습관(불교적 업식성과 습관화되고 고착된 의식)의 세계에 강하게 결박하고 있어서 필자는 근본적 해방의 깨달음이 인공지능에 가능한지 의문을 가지고 있다.

중요한 점은 이러한 표상과 의지, 그리고 습관화의 세계 안에 살면서 세계를 이용하고 정복하는 것이 아니라, 그것의 성격과 한계점을 이해하여 참된 깨달음을 얻으려 하는 것이 불교의 입장이라는 것을 아는 것이다. 불교적 깨달음과 그 깨달음의 가능성인 불성은 표상과 습관의 세계에 매몰되거나 갇혀있지 않으려는 특성을 가지고 있다. 그렇기 때문에 참된 마음의 깨달음이 표상과 습관의 세계에 빠진 인공지능에게 가능할까 하는 의문점이 남게 되는 것이다. 그럼에도 불구하고 인공지능이 깨달음과 수행에 긍정적 기여를 하는 점이 있을까?

표상적 마음과 비표상적 마음

인공지능은 그것이 튜링 머신이든, 폰 노이만 체계를 따르는 디지털 컴퓨터이든, 뉴럴 네트워크를 이용하든 기본적으로 표상을 처리하는 정보 처리 체계이다. 표상이란 의미를 지닌 표식이다. 표식은 그 자체로서는 의미가 없고, 다른 어떤 것을 지시할 때 (혹은 관계성을 가질 때) 그 의미를 갖게 되는 그런 존재이다. 우리의 생각이 표상적이고 언어(문자) 또한 표상적이다. 이들은 일정한 기호나 신호가 됨으로써 그 표상적 기능을 수행한다. 예를 들어 '얼굴'은 ☺(실제적 얼굴)과 관계를 가짐으로써 의미를 갖는다.

기호(표상)		대상
'얼굴'	→	☺

인공지능은 이런 표상(언어, 의미, 표식)들을 구문적 혹은 형식적 규칙 즉 프로그램에 따라 처리함으로써 의미가 있는 생각과 판단을 출력한다. 인공지능이라는 것은 결국 표상의 패턴을 통해 마음의 작용을 구현하는 체계이다. 그런 과정에서 인간의 언어를 0과 1 같은 기계가 처리할 수 있는 신호로 바꾸고 이를 전기 신호로 변환시켜 주어진 과제를 수행하게 하는 것이 컴퓨터의 프로그램이다. 이런 전기 신호로 수행된 연산 과정의 결과는 인간이 이해할 수 있는 언어로 다시 변환되어 출력되는 것이다.

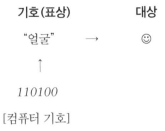

이 모든 것은 기본적으로 신호 처리의 과정이며, 이 때 신호는 바로 표상의 역할을 한다. 즉 인공지능은 주어진 명령이나 과제를 그 진정한 의미나 내용을 따라 처리하기보다는, 그것의 대리 역할을 하는 신호로 바꾸어 이를 처리하는 것이다. 결국 인공지능의 기능은 표상(다른 것을 지시하는 기호)을 통해 인지적 작업을 하는 것이다. 그래서 표상은 인공지능에서 중요하며 인공지능의 핵심적 기반이다.

사람의 생각도 표상적 성격을 갖는다. 생각은 마음속의 개념, 관념, 느낌 등으로 이루어져 있는데, 이것들은 항상 다른 것들을 지시하는 표상적 구조를 가지고 있다. 내가 '눈은 희다'라고 생각한다면 눈과 희다라는 내 마음속의 개념들은 각각 '눈'과 '흰색'을 가리킨다. 즉 생각은 늘 '무엇'에 관한 생각이며, 이 무엇에 관한 생각이 가능한 것은 내 생각이 표상성을 가지고 있기 때문이다. 특별히 이러한 표상성은 가상적 존재에 대한 생각에서 분명하게 드러난다. 아직 일어나지 않았거나 존재하지 않는 일들을 생각하는 것은 표상이 없으면 불가능하다. 이런 일들은 실제로 존재하지 않는 것들인데, 이런 존재하지 않는 것들에 대해서도 생각하는 것이 가능한 것은 바로 우리 마음이 이런 일들을 표상으로서 머리 속에서 구성하고 상상하기 때문이다. 간단히 말하자면 지금은 존재하지 않는 이순신 장군이나 상상의 동물인 용을 생각하는 것은 표상이 없으면 불가능하다.

그림 6.1 표상적 사고와 비표상적 사고.
표상적 성향(좌측)은 육면체를 생각하고 그 생각이 육면체를 가리키고 있고, 비표상적 성향(우측)은 마음의 상태가 생각의 특정한 대상보다는 생각 그 자체에 집중되어 있다.

그런데 여기서 한 가지 중요한 사실이 있다. 인간의 사고나 정신 생활은 대부분 표상적이지만 그중에는 표상을 최소화하거나 거부하려는 성향도 있다는 점이다. 생각은 항상 무엇에 대한 생각이고, 느낌도 무엇에 관한 것이지만, 즉 우리의 생각이나 느낌은 무엇인가를 향하는 내용을 가진 표상이지만 어떤 경우에는 비표상적이거나 표상을 파괴하려는 성향도 가지고 있다.

비표상적 성향을 비유적으로 이해한다면 다음과 같은 상황을 생각해 보면 된다. 우리가 음식을 섭취하면 보통 음식의 맛을 느끼게 된다. 그런데 맛이 존재하지 않는 음식이 있을 수 있을까? 질감만 있고 맛은 없는, 예를 들어 묵이나 물 같은 음식은 무미한 질감의 덩어리이다. 아마 심한 감기가 걸리는 경우 맛을 느끼지 못하는 상황이 발생할 수 있는데, 이때 음식을 먹으면 아무 맛을 느끼지 못해서 맹한 감각을 갖는 경우가 있다. 우리의 생각에도 이런 상황이 있을 수 있을까? 묵이나 물과 같은 무미한 음식처럼 내용이 없거나 내용이 최소화된 생각이 있을 수 있을까? 생각을 하기는 하는데, 생각의 대상은 없고 생각의 의식만 있는 그런 순간이 있을까? 즉 내용이 극단적으로 제거된 순수한 의식의 순간과 같은 것이 존재할 수 있을까? 내용이 없는 생각을 하는 상태가 가능한가? 많은 사람들은 이런 상황을 명한 순간이라고 표현한다. 물론 이런 명한 순간은 깨달음의 순간과는 다르다. 뇌 활동에 필요한 에너지가 없다거나, 마음이 혼란한 상황에서 나타나는 명함의 경험은 수동적인 경우가 많아서, 집중된 의식의 지속적 상황과는 거리가 있다. 이러한 명한 상황을 제외하고 표상이 최소화된 순수 의식의 집중된 상황이 있을 수 있을까?

뒤샹의 변기

표상의 최소화와 더불어 표상을 거부하거나 표상을 파괴하고자 하는 성향도 인간의 생각에는 있다. 예를 들어 시詩는 기존의 표상, 즉 단어의 주어진 의미를 변형시키거나 파괴하고 다시 세우는 작업을 많이 한다. '눈물은 천사의 외침이다'라고 시적으로 표현 한다면, 이것은 눈물이라는 말의 원래적 표상(의미)을 새롭게 보려는 과정을 통해 이해될 수 있다. 원래 있던 의미를 무너뜨리기도 하고 바꾸기도 하는 과정이 시의 창조 과정이고 이해 과정이다. 표상은 있지만, 있는 표상을 변화시키고 새롭게 만드는 일은 시를 통해서 이루어지는 마음의 창조적 작업이다. 이런 맥락에서 독일의 철학자 하이데거Martin Heidegger는 모든 철학적 사고는 근본적으로 시적詩的 의미를 통해 존재의 참 모습을 드러내는 과정이라고 하였다.[1] 시는 언어를 사용하고 언어는 표상이기는 하지만, 이 언어를 통해 표상을 해체하고 재구성하는 일은 참된 사고를 위한 철학

---

1 Heidegger, M. (1971/2001). *Poetry, language, and thought* (A. Hofstadter, Trans.). New York: Harper Collins.

에서 중요하다는 점을 하이데거는 강조한다. 시에서 나타나는 표상의 해체와 창조 과정은 시각 예술의 경우에도 나타난다. 뒤샹의 변기가 바로 그런 경우이다.

프랑스 출신의 미국 예술가인 마르셀 뒤샹Henri Robert Marcel Duchamp은 화장실에 사용되는 변기를 〈샘Fountain〉이라는 제목으로 전시회에 내놓는 희대의 사건을 일으킨다. 1917년 미국으로 건너간 그는 앙데팡당Independent이라는 독립 미술가 협회 전시회에 남자용 변기를 출품한다. 그것도 근처 철물점에서 남자용 소변기를 하나 구입하여 머트Mutt(잡종견 혹은 멍청한 사람이라는 의미도 있음)라는 가명을 변기에 적어 전시회에 내놓은 것이다. 당연히 누구도 이 변기가 작품인지 몰랐고, 결국 이 변기는 전시회장 한쪽 구석에 방치되어 아무 관심도 끌지 못했다. 그는 이 작품을 옹호하면서 다음과 같이 썼다. "말도 않되는 일이지만 머트의 변기가 부도덕하지 않다는 것은 욕조가 부도덕하지 않은 것과 마찬가지이다. 변기는 우리가 철물점에서 매일 볼 수 있는 물건이다. 머트가 이것을 스스로 만들었는가 하는 것은 중요한 문제가 아니다. 이 물건은 그가 '선택'한 것이다. 그는 일상적 물건을 가지고 전시함으로써 새로운 이름과 시각 아래서 원래 사용되고 있던 의미를 사라지게 만든 것이다. … 그 대상에 새로운 생각을 만든 것이다."[2] 뒤샹의 변기는 이러한 일상적 표상 관계를 파괴하고 우리 시각에 충격을 주는 표상 파괴와 변형의 사건이다. 예술적 창조라는 것은 주어진 표상의 노예가 되

---

2 "Mr Mutt's fountain is not immoral, that is absurd, no more than a bathtub is immoral. It is a fixture that you see every day in plumbers' shop windows. Whether Mr Mutt with his own hands made the fountain has no importance. He CHOSE it. He took an ordinary article of life, placed it so that its useful significance disappeared under the new title and point of view － created a new thought for that object." ('The Richard Mutt Case', *The Blind Man*, New York, no.2, May 1917, p.5.)

는 것이 아니라 그것을 주체적으로 파괴하고 변화시키는 과정임을 뒤샹은 그의 작품을 통해 말하고 있다.

표상의 파괴와 변형이라는 과정은 예술뿐만이 아니라 우리의 비판적 사고와 깊은 지혜에도 나타날 수 있다. 불교의 깨달음과 명상은 바로 표상의 문제를 사고와 이해의 근본 바탕에서 제기하고 있다. 깨달음은 어떻게 보면 표상의 덧없음을 아는 것이다. 명상은 표상이 최소화되는 집중된 의식의 과정을 지속하는 것이다. 즉 우리의 사고와 이해의 기본적 바탕이 되는 이미지, 상상, 믿음에 도전하고, 그 근본적 덧없음을 이해하는 과정이 깨달음에서는 중요하다. 이 과정은 표상의 참을 수 없는 가벼움을 직접 마주하는 과정이다. 시각과 개념과 생각의 조건성과 비영속성을 바라보고 느끼는 것은 이러한 표상의 덧없음을 체험하는 깨달음의 과정이다. 하늘 저쪽에서 아름다운 자태를 뽐내는 무지개를 보고 많은 사람들은 천상의 화려함을 생각하지만, 무지개는 그냥 빛의 반사이다. 원효대사가 마신 해골에 담긴 물은 그냥 물이다. 밤 하늘에 반짝이는 영원 불멸의 별은 수백 년 전 사라진 별의 광선이 이제 우리에게 도달한 시간의 흔적이다. 표상의 속박을 약화시키고 그것에서 벗어날 수 있는 것이 불교에서 중요한 것은 인간에게 실존석으로 넌셔진 번뇌가 부분적으로는 표상에 집착하고 표상의 성격을 오해하는 것에서 시작되는 경우가 많기 때문이다.

표상이 야기하는 오해와 번뇌는 우리가 사용하는 단어나 개념에 잘 나타나있다. 우리는 이름을 가진 대상들에 대해 이들의 실체성을 가정한다. '사람'이라는 말, 즉 '사람'이라는 표상은 마치 독자적으로 실재하는 사람을 가리키는 것인 양 이해된다. 그런데 잘 살펴보면 사람이란 철수, 영희, 현철이 같은 개개인의 인간이 있을 뿐이며 사람이라는 총체적 대상은 없는 것이다. 또한 이들 개별적 인간들도 끊임없이 변해간다. 십 년 전의 나와 지금의 나는 같은 이름을 쓰고 있지만 물리적, 심리적으로 전혀 다른 사람이다. '사람'을 표상으로 받아들이고 그것에 대해 불변적 존재를 상정하는 것은 실제로 있지도 않는 것에 대해 상상하고 집착하는 것이다. 이것은 번뇌와 고통에 이르는 길을 시작하는 것이다. 표상 체계가 나쁜 것은 아니지만 그것에 집착하는 것은 표상을 벗어날 수 없는 망상으로 만드는 것이다. 그래서 불교에서는 표상을 이용하기도 하지만, 그것에서 벗어나는 능력 역시 중요하게 생각한다.

불교의 사성제四聖諦에 따르면 인간이 마주하는 고통과 번뇌는 악마와 같은 사악한 무리가 따로 존재하기 때문에 나타나는 것이 아니라, 인간 자신이 가진 욕망의 마음과 불변의 실체에 집착하는 경향 때문에 나타나는 것이다. 이 욕망의 마음은 모든 것에 매달리고 소유하려는 마음이다. 모든 것을 잡아 내 것으로 만들려는 마음이다. 이런 방식으로 세상 만물을 소유하려는 욕심과 생각을 극복하기 위해서는, 표상이 지시하는 대상을 보는 것이 아니라 표상이 만들어지는 과정을 보아야 하고, 표상의 덧없음, 가변성, 그리고 비영속성을 이해해야 한다. 마음을 이해하고 마음의 작용을 아는 것이 욕망이 일으키는 번뇌를 극복하기 위한 깨달음의 시작점이기 때문이다. 우리는 마음과 표상에서 벗어날 수 없다. 생각하고, 언어를 사용하고, 의미를 전달해야 한다. 하지만 그것에 빠져 집착할 때 우리는 표상과 의미의 고통에 빠져든다. 늘 그러하듯 표상에 의지하게 되는 마음의 자연적 성향이 참된 깨달음을 방해하고 지연시킨다. 깨달음에 관해서는 마음이 문제였고 번뇌에 관해서는 표상이 함정이었다.

이야기와 설정

필자는 여기서 표상 자체에 문제가 있다고 주장하는 것은 아니다. 우리의 생각과 관념은 표상과 그 기능에 기반을 가지고 있으며, 이것은 심리 상태가 외적 대상과 관련을 가지려는 성향에서 나타나는 것이기 때문에 마음의 근본적 성질이다. 하지만 이러한 마음의 표상적 성격이 너무 강화되면 표상을 벗어날 수 없는 상황이 발생한다. 표상은 마음을 살아 움직이게 하는 양식이지만 너무 많이 취하면 문제가 생긴다. 마음이 표상을 접할 때, 즉 생각, 느낌, 언어, 그리고 다양한 표식과 표현을 경험할 때 마음 자체를 바라보는 것이 아니라, 곧바로 표상이 지시하는 대상으로 향하면 여러 가지 곤란한 일이 생긴다. 마음은 끊임없이 상황을 설정하고, 이야기를 만들고, 의미를 구성한다. 마음은 쉴 새 없이 일을 하고 있다.[3] 특별히 마음에는 미래의 상황을 과거의 기억을 통해 예측하려는 경향이 강하게 나타난다. 상황을 설정하고, 예상하는 것은 표상을 사용하는 마음의 끊기 어려운 습관이다. 마음은 자꾸 말하고 싶어 한다. 마음은 이야기와 의미와 설정의 기계이다. 마음이 만든 그럴듯한 시나리오에 우리가 쉽게 빠지게 되는 것은 의식적, 무의식적으로 우리가 경험한 과거 사건들의 일반적 기억을 주어진 상황과 연결시키는 성향이 있기 때문이다.

같은 주장이라도 그럴듯한 배경이 제공되면 갑자기 그 설득력이 강화되는 설정 효과 혹은 프레이밍 효과Framing Effect(일정한 상황적 시나리오를 주었을 때, 한 주장의 진실성과 설득력이 증가하는 현상)라는 마

---

3 Mason, M. F., Norton, M. I., Van Horn, J. D., Wegner, D. M., Graffon, S. T., & Macrae, C. N. (2007). Wandering Minds: The Default Network and Stimulus-independent Thought. *Science*, 315(5810), 393.

음의 자연적 성향이 보고 되고 있다. 경제학의 프로스펙트 이론Prospect Theory(인간의 경제적 판단이 확률의 수학적 기준을 따르기보다는, 맥락적 조건과 가치 함수value function에 더 크게 의존함을 주장한 이론)으로 유명한 트버스키Amos Tversky와 카너먼Daniel Kahneman이 1983년에 발표한 한 논문에서 논의한 다음과 같은 예를 보면 이러한 이야기와 설정의 힘이 얼마나 큰지를 알 수 있다.[4]

예측 "1983년 미국의 석유 소비가 30퍼센트 감소한다"
설정된 이야기와 결합된 예측 "1983년 석유 가격의 무서운 상승으로, 미국의 석유 소비가 30퍼센트 감소한다."

이 두 문장은 기본적으로 미국의 석유 소비가 30% 감소한다는 동일한 상황을 예측하고 있다. 그런데 이 두 가지 예측 중에 사람들은 두 번째 방식으로 표현된 예측을 더 믿을 수 있는 것으로 받아들였다고 한다. 그 이유는 두 번째 문장이 이야기를, 즉 석유 가격의 무서운 상승이라는 시나리오를 만들어 우리에게 석유 소비의 감소라는 상황을 더 호소력 있게 만들기 때문이다. 이것은 설정과 이야기를 좋아하는 마음의 뿌리 깊은 성향이다. 또한 뇌는 기억이 분명하지 않은 사건의 세밀한 내용을 임의적으로 만들어내기도 하고, 주어지지 않은 지각 내용도 일정한 조건에 따라 재구성하기도 한다. 우리 속담에도 까마귀 날자 배 떨어진다는 말이 있다. 우연한 일들을 상호 관련이 있는 것처럼 연결하고, 잘 정리된 설정과 그럴듯한 시나리오를 선호하며, 편향적 이해를 부추기는 마음의

---

4 Tversky, A., & Kahneman, D. (1983) Extensional versus intuitive reasoning: The conjunction fallacy in probability judgment. *Psychological Review*, 90 (4), 293-315. 이 예는 308 쪽에 소개되어 있음.

성향에 주의해야 한다는 것이 이 속담에서 드러나고 있다. 이런 현상은 대부분 무의식적이며 자동적으로 벌어지는 경우가 많다. 그래서 이러한 편향적이며 자동적 영향력 때문에 프레이밍 효과라는 말이 생긴 것이다. 프레이밍이란 주어진 상황을 일정한 틀(프레임)로 이해할 때 충분히 확증되지 않은 배경적 설정을 이용하는 것을 말한다. 프레임과 인지적 조작은 환경적 조건과 설정에 너무도 강한 영향을 받는다. 마음은 의미를 만들고 구성하며 이야기를 하고 싶어하는 체계라서 주어진 상황을 이해할 때 배경과 설정에 매우 영향을 많이 받는다. 사정이 이렇다 보니 인간의 마음은 기호와 상징을 사용하고, 설정을 통해 세상을 이해하고, 이야기로 판단을 하는 표상의 성향에서 완전히 자유스럽지 못하다. 문제는 이러한 마음의 성향 때문에, 마음이 자기 스스로를 보다 비판적으로 그리고 객관적으로 바라보는 것에 취약하다는 점이다. 마음은 생각이 나타나면(표상이 생기면) 그것을 따라 이리 저리 사고의 길을 걷거나 상상의 나래를 펼 뿐이지, 그 바탕에 혹은 배경에 숨어 있는 편향적 성향을 제대로 생각하지 않는다. 즉 마음은 생각이 어떻게 나타나는지, 어떤 과정을 통해 생각이 변화하는지를 깊이 성찰하지 않는다.

이 시점에서 마음의 종교인 불교는 표상의 방향과 반대에 서서 마음을 바라볼 것을 주문한다. 아래 도식에서 나타나듯이, 불교적 깨달음을 시작하기 위해서는 표상적 마음보다는 명상적 마음이 필요하다.[5] 즉, 생각을 하고 생각의 대상을 따라가서 그 대상을 확인하는 것이 아니라, 생각 자체를 생각하고 생각을 일으키는 마음 자체를 바라보는 것이 필요하다는 것이다. 생각이 말하는 바도 중요하지만, 생각 자체와 그 기원

5   Garrison, K. A., Zeffiro, T. A., Scheinost, D., Constable, R. T., & Brewer, J. A. (2015). Meditation leads to reduced default mode network activity beyond an active task. *Cognitive Affective Behavioral Neuroscience*, 15 (3): 712-720.

을 생각하는 것이 깨달음에는 매우 중요하다. 생각의 대상뿐만 아니라 생각 자체를 놓치지 말아야 한다. 아래 도식과 같이 우리가 'LOVE'라는 표시를 보고 '사랑'을 생각하는 것은 표상(지시) 관계를 이해하는 표상적 마음이 있기 때문에 가능한 것이다. 그런데 그 반대 방향으로 나아가는 마음도 있다. 'LOVE'라는 표시를 보고 그것이 지시하는 '사랑'을 생각하는 방향으로 나아가는 것이 아니라, '사랑'을 생각하려는 마음 자체를 바라보는 것도 가능한 것이다. 이것이 불교적 명상의 태도이며, 명상적 마음의 기능인 것이다. 생각이 지시하는 것을 맹목적으로 따라가는 것이 아니라, 생각을 생각하고 생각을 일으키는 마음을 바라보는 것이 불교가 가르치는 명상의 길이다.

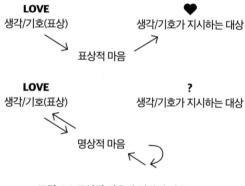

그림 6.2 표상적 마음과 명상적 마음

표상과 반대 방향으로 가는 이러한 명상의 길이 불교에서 중요한 이유는 인간의 번뇌와 고통의 근본이 외부에 있는 어떤 사악한 세력에 있는 것이 아니라, 우리 안에 있는 욕구와 갈망과 집착의 마음에 있기 때문이다. 즉, 그것은 마음이 문제라는 것이다. 그래서 생각이 지시하는 대상이 아니라 생각 자체를 보고, 그것을 일으키는 마음을 마주하는 것이 불교에서는 매우 중요한 일이다. 마음 그 자체를 보는 데는 표상을 따라 바깥으로 나가는 표상적 마음이 아니라, 마음 그 자체를 보기 위해 안으로 향하는 명상적 마음이 필요하다. 이 명상적 마음은 그저 대상을 향해 밖으로 나가고 싶어하는 표상적 사고를 잠시 중단시키고, 우리 경험을 있는 그대로 바로 볼 수 있게 한다. 표상적 마음 자체가 나쁘다는 것은 아니다. 다만 마음의 습관적이고 자동적인 성향을 중단할 수 있는 명상적 마음을 잊지 말라는 것이다.

이것은 구름이 아니다.

불교의 유식론唯識論, Yogācāra (마음과 의식을 불교의 핵심 가르침으로 보는 입장)을 굳이 말하지 않더라도, 우리는 이 세상이 마음의 지각과 개념을 통해 나타난다는 것을 알고 있다. 그러면서도 우리는 생각을 그 자체로 보지 못하고, 생각의 대상을 보려고 한다. 초현실주의Surrealism (비이성적 이미지의 중첩과 같은 기법을 통해 무의식적 마음을 나타내는 20세기 초반의 예술 사조) 화풍으로 유명한 벨기에 출신 화가 르네 마그리트 Rene Magritte는 〈이미지의 배반La Trahison des images〉으로 알려진 그의 유명한 담배 파이프 그림에 '이것은 파이프가 아니다Ceci n'est pas une pipe'

그림 6.3 이것은 파이프가 아니다.

라고 썼다. 담배 파이프가 그려진 그림에 '이것은 파이프가 아니다'라고 쓴 것이 얼핏 이해가 되지 않겠지만, 그 의도는 아마도 그 그림에 그려진 것은 파이프가 아니라 단지 파이프의 이미지라는, 즉 파이프의 표상이라는 것이리라. 그것은 마치 구름을 그리고 그 밑에다 이것은 구름이 아니라고 하는 것과 같다. 화폭에 그려진 구름은 구름의 표상(그림)이지 구름이 아닌 것이다.

이것은 구름이 아니다.

그림 6.4 이것은 구름이 아니다.

이런 농담 같은 그림은 사실 표상에 얽매여서 그 안에 살고 있는 우리의 생각과 이해를 비꼬고 있다. 불교가 말하는 깨달음은 바로 이러한 표상에 대한 사고의 집착에서 빠져 나오는 것에서 시작되어야 한다. 그렇게 하려면 마음의 표상적 작용을 최소화 시키거나 잠정적으로 중단시키고, 생각 아래에 가려진 마음의 활동과 반응을 그 자체로 보아야 한다. 이렇게 마음을 보면 인간을 괴롭히는 번뇌와 고통에서 벗어나는 깨달음을 얻을 가능성을 찾을 수 있게 된다.

마음에 대한 표상의 힘과 그 한계를 고려할 때 인공지능은 깨달음에 이를 수 있는가? 인공지능은 정보 처리 체계이다. 정보 처리는 정보를 이용하는 과정이다. 정보는 내용을 가지고 있고, 그 내용은 기호와 표상으로 표현되고 유통된다. 그렇다면 인공지능은 근본적으로 표상에 의존하는 체계이다. 사람의 마음도 표상을 이용하고 표상에 의존적인 것은 마찬가지이다. 그러나 사람의 마음은 표상에 벗어나려는 성향 또한 가지고 있다. 인공지능이 표상에 의존적이고 표상을 수호하려는 성향을 강하게 갖는 반면, 깨달음의 마음은 표상을 최소화하고 표상에서 자유스러워지고자 하는 시도를 하고 있다. 표상의 반대 편에서 인간의 생각과 마음을 그 자체로 이해하고자 하는 것이 깨달음이고 명상인 것이다. 이러한 점에서 본다면 인공지능은 깨달음과 반대 성향을 갖고 있다고 볼 수 있다. 이런 이유로 인해 표상적 입장을 최소화하거나 표상의 구속에서 벗어나려는 시도를 하지 않는 인공지능은 불교적 깨달음을 달성하기는 매우 어려울 것처럼 보인다. 그것은 인공지능의 정보 처리 능력이 부족해서 그런 것이 아니라 그 본질적인 기능이 표상적이기 때문이다. 컴퓨터가 사용하는 기호나 표식은 무엇을 지시하도록 되어 있다. 하지만 깨달음으로 나아가는 명상의 마음은 생각의 대상이 아니라 생각 자체를 향하고 있다. 명상의 마음은 주어진 신호의 의미가 무엇인지를 묻는 것이 아니라 의미 '자체'가 무엇이고, 이것이 어떻게 또 왜 생겨나는지를 묻는다. 다시 말해 명상의 마음은 주어진 표상을 떠나서 표상의 근본을 묻는 것이다. 하지만 표상적 마음에만 갇힌 듯이 보이는 인공지능이 진정한 깨달음을 얻을 수 있을까? 깨달음을 얻기 위해서는 인지 체계가 표상을 부정해야 한다는 뜻이 아니다. 깨달음을 위해서는 인지 체계가 표상을 사용하면서도 표상의 한계와 근거를 의식하고 있어야 한다는 뜻이다.

제 7 장

인공지능의 의식과
깨달음의 의식

의식의 문제

인공지능의 지적인 능력, 특별히 지혜의 능력이나 깨달음의 능력에 관한 논의에 늘 등장하는 문제는 인공지능이 상위 단계의 의식을 가지고 있는가 하는 것이다. 인공지능이 깨달음의 지혜를 가지기 위해서는 단순한 정보 처리의 인지적 활동뿐만 아니라 인지적 활동을 자각하는 의식이 필요하다. 이러한 능력이 없이 깨달음의 능력을 논하는 것은 의미가 없다.

예를 들어 《인공지능, 붓다를 꿈꾸다》에서 지승도 교수는 인공지능의 불성, 즉 깨달음 가능성의 조건에 대해 자아의식이 필요하다고 주장하였다. 물론 자아의식만으로 깨달음에 도달하는 것은 아니지만 자아의식 혹은 반성적 의식이 깨달음의 기본적 조건이 될 수 있다는 것이다. 그렇다면 인공지능은 의식을 가지고 있고 그것을 바탕으로 해서 깨달음에 이를 수 있을 것인가? 이 질문에 답하기 위해서 의식이 무엇인지를 살펴보고 이 의식의 능력이 인공지능에 존재하는지 알아보기로 하자.

의식意識은 매우 다양한 의미를 가지고 있는 개념이다. 영어로 의식은 consciousness인데 이 말은 원래 라틴어 표현인 'conscius sibi(스스로의 상태를 앎'에서 시작되었다고 한다. 이 표현은 직역하자면 '자기 와 함께 앎' 혹은 어떤 것에 대한 '지식을 자기와 함께 나눔'이라는 것 인데 비유적으로는 '자기가 안다는 것을 자신이 앎'을 의미한다. 그래서 영어의 consciousness는 이러한 자신의 상태를 안으로 들여다 보는 반성 적 자기 지식의 상태를 가리키는 말로 시작되었다. 하지만 현재 사용되 는 'consciousness'라는 말도 그렇고, 한국어의 '의식'이라는 말도 그렇 고 의식이 단순히 이러한 자기 지식만을 나타내는 말은 아니다. 사실 의 식은 매우 다양한 내적 상태를 지시하는 말이다.

　　의식은 적어도 여덟 가지 혹은 그 이상의 의미를 가진 말이라고 생 각된다. 먼저 의식은 의식을 잃은 상태의 반대가 되는 상태를 말한다. 이 경우 의식이라는 것은 의식을 잃지 않은 상태, 즉 외부 대상을 지각하고 그것에 반응하며 내부 상태를 다른 사람에게 표현하는 능력이다. 예를 들어 수술이 끝난 후에 간호사가 환자의 가족에게 "환자 분의 의식이 돌 아왔습니다"라고 말할 때 의식은 이런 의미를 갖는다. 다음으로 의식은 어떤 상황이나 대상에 대해 알고 있다는 의미로 사용된다. '무엇을 의식 하고 있다'라는 말은 그것을 알고 있다 혹은 그것을 인지하고 있다는 뜻 으로 쓰인다. 예를 들어 기획재정부 장관이 금리 변동에 관한 결정을 내 릴 때 보통 이 결정이 국가 경제에 미치는 영향을 충분히 의식한 상황에 서 내린 것이라는 주장을 하는 경우가 많다. 이 때 의식한다는 것은 어 떤 상황을 인지하고 있다 혹은 파악하고 있다는 뜻으로 쓰여진다. 세 번 째로 의식은 어떤 주제나 상황에 대해 폭넓은 이해를 가지고 있다는 뜻 으로 쓰인다. 예를 들어 역사 의식이 있다는 말은 역사적 상황에 대해 총체적인 이해를 가지고 있다는 의미를 지닌다. 네 번째로 의식은 특정 한 내적 과정이나 흐름을 가리키는 말이다. 이 때 의식은 주의 집중된 상황의 연속적 흐름을 의미한다. '의식의 흐름stream of consciousness' 같은 말은 바로 이런 의미의 의식을 말한다. 다섯 번째로 의식은 내적인 관찰을 의미한다. 즉 의식은 내적인 상태를 직접 모니터링하는 능력이다. 즉 의식은 내적 상태에 대한 내성적 지식이다. 그런데 이 지식은 내적 상태를 인지하고 있는 상태에 대한 지식일 수도 있다. 예를 들어 어떤 사람이 술에 취한 것을 느낀다고 하자. 이 사람은 술 취한 내적 상태를 의식한 것이다. 그러나 이 사람은 동시에 술 취한 상태를 의식한 것을 의식할 수도 있다. 여섯 번째로 의식은 경험의 직접적 느낌을 가리키는 말이다. 이 의미를 가진 의식은 경험의 현상적 내용 혹은 현상적 측면을 드러내는 말로 쓰이고 있다. 예를 들어 내가 장미를 보았을 때, 내가 경험하는 장미의 빨간 느낌은 매우 구체적이며, 직접적이며, 주관적이며, 일회적인 것이다. 이러한 나의 경험에서 나타나는 감각의 직접적 느낌을 그 자체로 느끼게 해주는 것은 내가 의식을 가지고 있기 때문이다. 일곱 번째로 의식은 무의식unconsciousness에 반대되는 것이다. 이 때 무의식이라고 함은 지그문트 프로이트Sigmund Freud의 정신 분석학Psychoanalysis 이론에 나오는 억압되었거나 숨겨진 (비활성화된) 심리 상대를 가리키는 말이다.[1] 이 무의식의 상태는 비의식non-consciousness의 상태와 다르다. 무의식의 상태는 현재 활발하지 않지만 활발하게 될 가능성은 있는 상태를 말하지만, 비의식은 의식의 상태로 넘어올 수 없는 마음의 상태를 말한다. 이런 맥락에서 의식이라는 상태는 내적인 상태가 억압되거나

---

1   오스트리아의 심리 분석가 지그문트 프로이트가 시작한 인간 행동과 심리의 분석에 따르면 인간의 마음에는 다양한 층의 의식의 과정이 존재하고 이들의 억압과 표출을 통해 행동이 발현된다. 특별히 의식의 표층으로 표현되지는 않지만 잠재적인 흐름을 유지하는 무의식의 과정에 대한 그의 연구는 인간의 마음을 이해하는 새로운 시각을 개척했다. Freud, S. (1923-1925). The ego and the id and other works. In J. Strachey (Ed.). *The standard edition of the complete psychological works of Sigmund Freud XIX*. London: Hogarth Press.

감추어지지 않고 분명하게 마음에 드러나는 것을 표현하는 말이다. 여덟 번째로 의식은 자아의식을 의미한다. 즉 의식이 있는 사람은 자기 자신에 대한 깊은 이해가 있는 사람이며 순간 순간 자신의 결정과 행동을 분명히 알고 통제할 수 있는 사람이다.

이런 의식의 여러 가지 의미를 설명하고 구분하려는 이유는 의식의 복잡성과 다양성을 잘 이해하고 이를 바탕으로 의식에 관한 여러 이론들을 분석하려는 데에 있다. 대부분의 의식에 대한 연구는 의식의 세 가지 측면 즉 의식의 첫 번째, 두 번째, 다섯 번째 그리고 여섯 번째 의미에 집중된 경향이 있다. 그러나 의식은 다른 측면도 가지고 있기 때문에 보다 폭넓은 접근이 필요하다. 그렇다면 이러한 다양한 의식의 측면들은 어떻게 설명되고 있는가? 의식에 대한 최근 논의되는 철학적, 그리고 과학적 이론들을 살펴보고 이들을 의식에 대한 불교적 접근과 비교함으로써 이 질문에 답하여 보자. 그리고 인공지능이 과연 의식을 가질 수 있을지 살펴보자.

의식에 관한 철학적 이론들

서양의 지적 전통에서는 의식에 관한 많은 철학적 주장들이 전개되었다. 먼저 의식을 통한 경험은 다른 정신 활동, 즉 인지적 활동과 다른 특징을 가지고 있다는 점을 철학자들은 주장한다. 그러나 이러한 고유한 심리 상태로서 존재하는 의식의 본질에 관해서는 매우 다른 철학적 이론들이 있다.

데카르트의 이원론 二元論, dualism
프랑스의 근대 철학자 르네 데카르트는 정신 활동, 특별히 의식에 현전

하는 정신 활동은 다음과 같은 고유한 특징을 가지고 있다고 한다.[2]

내용적(혹은 지향적) 속성을 가지고 있지만 공간적 속성을 가지고 있지 않다.
주관적subjective이며 일인칭first-person 시점에서 접근 가능하다.
자기 투명성self-transparency 혹은 자기 개시적self-revelatory 특징을 가진다.
자기 설명적self-explicating 혹은 자기 정당화적self-justificatory 특징을 가진다.

물리적 대상들은 여기 혹은 저기에 존재하지만, 나의 생각이나 느낌은 보통 이곳이나 저곳에 있다고 하지는 않는다. 물론 생각이나 느낌은 내 머리 속에 있기는 하지만 보통 정신 상태나 과정에 대해서는 공간적 속성을 부여하지 않는 것이 의식에 관한 우리의 일반적인 이해이다. 생각은 물리적 대상과는 달리 그 내용을 통해 구분되지, 그 위치를 통해 구분되지 않는 것이 보통이다. 우리는 "너의 생각이 무엇이냐?" 하고 내용을 질문하지 "너의 생각이 어디 있냐?" 하고 위치를 묻지 않는다. 다음으로 의식 상태는 그 상태가 드러나는 사람에게는 주관적, 즉 일인칭으로 나타난다. 다른 사람이 그 사람의 의식 상태를 알기 위해서는 간접적 혹은 삼인칭적 접근을 할 수밖에 없지만, 의식 상태를 경험하는 당사자에게 의식 상태는 직접적 혹은 일인칭적 접근을 할 수 있다. 즉 의식의 당사자는 그의 의식 상태에 대해 직접적 접근을 할 수 있는 특권이 있다. 다시 말해 그는 그의 의식 상태에 다른 사람이 가질 수 없는 특권적 접근privileged access을 할 수 있다. 의식 상태는 의식을 하고 있는 당사

2　Descartes, R. (1649/1989). *The passions of the soul* (S. H. Voss, Trans.). Indianapolis: Hackett Publishing Company; Descartes, R. (1985/1989). *The philosophical writings of Descartes* (Vols. 1-3) (J. Cottingham, R. Stoothoff, & D. Murdoch, Trans.). Cambridge: Cambridge University Press.

자에 대해 장막을 드리거나 그림자가 지지 않는 투명한 방식으로 그 대상을 드러내 준다. 이것은 어떤 생각이 의식에 '명석하고 판명한claire et distincte' 방식으로 드러난 상황을 말하는 것이다. 데카르트는 의식에 명석하고 판명하게 드러난 생각은 자명하게 참된 것이라고 말한다. 예를 들어 어떤 사람이 그가 생각하는 것을 의식할 때는 그 생각은 그 사람에게 그대로 숨김없이 드러난다. 그래서 그 생각에 대해 따로 설명하거나 정당화할 필요가 없게 된다. 따라서, 직접적 의식 상태에 놓인 생각이나 느낌들은 의식 경험의 당사자에게는 투명하게 그리고 자기 설명적으로 드러나는 것이다.

이러한 의식과 정신의 특별한 성격에 관한 데카르트의 생각은 그의 심신 이원론을 통해 분명히 주장되었다. 즉 마음은 물리적 대상과 근본적으로 다른 점이 있는데, 그것은 이러한 의식의 투명성과 일인칭적인 특권적 접근 가능성이다. 간단히 말한다면 내가 나의 생각을 의식하면 나는 그 생각을 그 자리에서 다 바라보고 이해한다는 것이다. 많은 이들은 이것은 너무도 당연한 사실이라고 생각할 것이다. 그러나 실제로는 마음속에 떠도는 생각이 모두 이러한 투명성이나 자기 설명적 특징을 가지는 것은 아니다. 무의식적 정신 상태가 있을 수 있다는 것이다. 프로이트의 정신 분석학 이론에 따르면 분명히 의식화되지 않은 마음의 상태가 있을 수 있다.[3] 그에 의하면 마음속에는 의식 상태에서 활발하게 움직이는 과정들이 있고, 의식으로 드러나지 않은, 숨은 혹은 억압된 과정들이 있다. 하지만 이러한 숨겨진 상태들은, 데카르트의 시각에서는

---

3 Freud, S. (1923-1925). The ego and the id and other works. In J. Strachey (Ed.).*The standard edition of the complete psychological works of Sigmund Freud XIX*. London: Hogarth Press; Mannoni, O. (1971). *Freud: The theory of the unconscious*, London: Verso.

'이상적인' 마음의 명석하고 판명한 상태 아래에서, 즉 의식의 빛 아래에서 낱낱이 드러날 수 있는 것들이다.

의식에 대한 객관적 지식의 가능성 문제

이러한 마음과 의식에 대한 설명을 철학자들은 어떻게 받아들이고 있을까? 현대 영미 철학(개념의 분석과 논리적 논증을 강조하는 영국과 미국의 영어권 문화에서 20세기 이후에 발전된 철학)에서 의식의 문제는 과학적 지식의 한계점과 인지적 기능주의와 관련하여 연구되고 있다. 먼저 과학적 지식의 가능성 문제를 살펴보자. 1974년에 발표된 〈박쥐가 된다는 것은 무엇인가What is it like to be a bat?〉라는 논문에서 토머스 네이글Thomas Nagel은 주어진 상황을 일정한 관점을 가지고 경험하는 것은 과학적 환원을 통해 설명할 수 없는 고유한 의식적 경험의 영역이라고 주장한다.[4] 과학의 객관성은 일정한 관점이나 시각에서부터 자유스러운 중립적인 지식을 추구하지만, 의식은 '박쥐가 되어 경험하는 것'처럼 일정한 관점에서 주어진 상황을 경험하는 것이므로, 후자가 전자로 완벽하게 설명될 수 있는 것은 아니라고 네이글은 주장한다. 이것은 바로 의식이 일정한 시각을 전제하는 경험을 통해서만 드러날 수 있음을 주장하는 것이다. 과연 이러한 의식 경험이 객관적 과학의 방법으로 설명될 수 있을까?

의식 상태에서 느껴진 감각적 경험에 대한 과학적 설명의 불완전성 혹은 불가능성은 프랭크 잭슨Frank Jackson이 1982년에 발표한 논문에서 논의된 다음의 가상적 상황을 통해서 설명될 수 있다. 색과 색 경

---

4 Nagel, T. (1974). What is it like to be a bat? *Philosophical Review*, 83 (4), 435 – 450.

험에 관해 알려진 모든 지식을 습득한 메리라는 과학자가 있다.[5] 그런데 그녀는 지금까지 백색과 흑색으로 꾸며진 환경에서 자라고 성장하였다. 그녀가 본 모든 대상은 백색과 흑색을 띤 것 밖에는 없었다. 책에서 얻은 색에 관한 모든 지식을 가진 과학자 메리가 흑백의 환경에서 벗어나 다양한 색을 볼 수 있는 환경으로 이주하였을 때, 그녀는 책에서 배운 것과는 다른, 색에 관한 새로운 지식을 가지게 될까? 잭슨의 주장은 색에 대한 직접적 감각은 색에 관한 객관적 지식으로 완전히 설명되지 않는다는 것이고, 이런 이유에서 과학적 지식은 색 감각에 대해 설명적 간격explanatory gap을 가지고 있다는 것이다. 즉 색에 대한 모든 지식(색 현상에 대한 객관적 지식)에도 불구하고 과학자 메리가 빨간색을 생전 처음 보았을 때 그녀는 "아하, 이것이 빨간 색이라는 것이구나" 하고 말했을 것이다. 이 감탄의 "아하"는 객관적 지식으로 완전히 설명되지 않는 감각 경험의 측면이 존재한다는 점을 즉 설명적 간격을 보여 주는 증거가 된다. 같은 종류의 설명적 간격이 의식 상태에 관한 과학적 설명에 대해서도 적용된다. 의식 상태도 감각 경험과 마찬가지로 객관적 지식만으로 완전히 설명되지 않는 설명적 간격을 가지고 있다. 의식에 관한 모든 지식을 가진 인공지능 체계에게 의식 상태를 가지는 것이 어떤 것인지를 물어 본다면 좋은 답을 얻을 수 있을까? 이 인공지능 체계는 (과학자 메리의 경우와 마찬가지로) 의식에 '관해서는' 잘 알고 있을지 모르지만 의식을 '갖는 것이' 어떤 느낌을 가지는지를 말할 수 있을까? 직접 의식 상태에 놓이지 않고 의식을 갖는 것이 무엇인지를 알 수 있을까? 이 설명적 간격은 의식 현상에 관한 객관적 지식의 가능성에 대해

---

5 Jackson, R. (1982). Epiphenomenal qualia. *Philosophical Quarterly*, 32, (127), 127–136. 메리라는 과학자의 예는 130 쪽에 나온다.

강한 회의론을 제기한다.

의식에 대한 인지 기능적 접근

의식에 관해서 지식의 문제 말고도 다른 문제가 또 있다. 의식 자체를 인지적 기능의 측면에서 설명할 수 있는가 하는 문제가 그것이다. 의식에 관한 이론 중에는 의식을 일정한 인지 기능을 통해 설명하고자 하는 시도가 많다. 예를 들어 의식을 내적인 상태에 관한 통합적 지식이나 모니터링의 기능으로 설명하는 이론이 있다. 이런 이론들은 의식을 일정한 정보 처리나 정보 연산의 방식으로 규정한다. (이런 이론에 대해서는 다음 절에서 자세히 설명하려고 한다.) 그런데 이러한 인지 기능적 접근이 합당한 접근이 아니라는 의견도 매우 강하다. 예를 들어 신경 과학자 로렌스 바이스크란츠Lawrence Weiskrantz가 보고한 맹시盲視, Blindsight라고 하는 모순적인 인지 현상을 통해 의식의 인지 기능적 접근의 문제점을 살펴보자.[6] 맹시라고 하는 것은 눈의 기능에는 아무 이상이 없지만 뇌에서 시각을 담당하는 부분이 상치를 입어 시각 능력을 잃은 사람들이, 그럼에도 불구하고 일정한 시각 자료를 구분할 수 있는 능력을 가진 상황을 가리키는 말이다. 맹시 능력을 가지고 있는 시각 장애인들은 앞을 보지 못한다고 주장한다. 분명히 이들은 시각 경험을 하지 못하는 사람들이다. 하지만 심리학자들이 이들의 시각 능력을 조사하면서 이들이 제한된 시각 능력을 가지고 있음을 발견하였다. 심리학자들이 이들에게 시각 장면의 내용(수직선이나 수평선 혹은 선들의 위치)을 추측해 보라고 하면 이들은 놀랍게도 시각 자극들의 형태나 내용을 어느 정도 추측해

---

6 Weiskrantz, L. (1986). *Blindsight: A case study and implications*. New York: Oxford University Press.

낸다고 한다. 이들은 시각 경험을 의식하지 못하지만 실제적인 시각 인지 능력을 어느 정도 가지고 있다고 할 수 있는 사람들이다. 아주 일반적으로 말하자면, 이들은 시각 의식은 없으나 어느 정도의 시각 인지는 있는 사람들이다. 따라서 맹시 현상의 핵심은 의식과 인지 기능의 분리가 가능하다는 점이다. 그렇다면 의식을 인지 기능으로 설명하는 것은 무리가 있는 주장이 된다. 왜냐하면 맹시의 경우처럼 의식과 인지 기능이 분리될 가능성이 있기 때문이다. 그런데 이러한 가능성만으로 의식을 인지 기능과 완전히 분리 시킬 수 있는가?

차머스의 어려운 문제 The Hard Problem

이 상황에서 의식에 대한 강한 철학적 주장이 나타나게 된다. 호주 출신의 세계적인 철학자 데이비드 차머스David Chalmers는 의식이 우리가 알고 있는 많은 정신 현상과는 근본적으로 다른 종류의 현상이라고 생각한다. 먼저는 그는 의식 현상을 물리적으로나 인지 기능적으로 설명하고 규정하는 것이 불가능하다는 점을 주장한다. 그는 1996년에 출판된 《의식 있는 마음The Conscious Mind》이라는 책에서 다음과 같은 상상적 상황을 설명한다.[7] 영수와 영수'는 물리적으로 구분이 되지 않은 완벽한 쌍둥이라고 가정하자. 그런데 영수는 의식이 있고 영수'는 의식이 없는 좀비zombie(사람의 형태를 띠고 사람처럼 행동하지만 넋이 나간, 의식이 없는 존재)이다. 이러한 상황, 즉 물리적으로는 동일하지만 의식이 없는 영수'의 가능성을 아무런 모순 없이 상상할 수 있을까? 이런 상황을 상상할 수 있다면 의식이 특정한 물리적 조건에 의존하거나 환원되지 않는

---

7   Chalmers, D. J. (1996). *The conscious mind - In search of a fundamental theory*. New York: Oxford University Press.

다고 주장할 수 있다. 그렇다면 의식은 기존의 물리적인 조건으로 설명되지 않는 현상이 된다.[8]

영수	영수' (좀비)
물리적(같은 신체) 인지 기능적(같은 내적 인지 상태) 의식 있음	물리적(같은 신체) 인지 기능적(같은 내적 인지 상태) 의식 없음

예를 들어 조선 시대 화가 김정희의 〈세한도歲寒圖〉와 이 그림의 완벽한 복제품을 생각해 보자. 이 두 그림은 물리적으로 완전히 동일하여 어떤 전문가도 이 그림의 진품과 복제품을 구분하지 못한다고 가정하자. 이런 상황에서 진품과 복제품 중 어떤 것이 더 많은 예술적 가치를 가지는지 질문해 보자. 아마 많은 분들은 아무리 복제품이 뛰어나도 진품이 더 가치가 있는 것이라고 쉽게 대답할 것이다. 그렇다면 예술품의 가치는 그 예술품의 물리적 구조와는 독립적으로 존재한다고 할 수 있을 것이다. 물론 일정한 물리적 구조 없이 예술품이 존재할 수는 없다. 그러나 예술품의 가치는 일정한 물리적 구조에 전적으로 의존하는 것은 아니다. 만일 예술품의 가치가 그 물리적 구조에 전적으로 의존한다면 완벽한 복제품은 원본과 같은 예술적 가치를 가져야 한다. 그러나 대부분의 일반인들이나 예술 평론가들은 그렇게 생각하지 않는다.

　　마찬가지 논리로 의식의 물리적 독립성을 영수와 영수'의 예를 통해 주장할 수 있을 것이다. 즉 영수와 영수'가 물리적으로 동일하다고 해도 영수는 의식이 있는 존재이고 영수'는 의식이 없는 좀비일 가능성은 있다는 것이다. 차머스는 좀비 논증이 의식의 물리적 독립성을 증명

8　Chalmers, *The Conscious Mind*, 93 – 171.

하는 논증이라고 생각한다. 물론 어떤 철학자는 가능성과 실재성은 다르기 때문에 차머스의 논증은 좀비의 가능성을 너무 과도하게 이용하는 개념적 논증일 뿐이라고 지적하기도 한다. 그러나 차머스의 좀비 논증 Zombie Argument은 단순한 개념적 논증이나 상상적 논증은 아니다. 이 논증은 사고 가능성conceivability의 논증이다. 이것은 단순한 상상 가능성을 말하는 것이 아니라 정합적 사고 가능성을 말한다. 예를 들어서 두 발 달린 개는 사고 가능하지만 몸체가 없는 개는 사고 가능conceivable하지 않다. 그것은 (동물이나 포유류를 포함하는) 개의 본질적 속성이 몸체 없는 개를 허용하지 않기 때문이다. 결국 좀비 논증은 우리가 의식이라는 것을 생각할 때 의식의 기본적인 정체를 물리적 상태와 독립적으로 생각한다는 점을 보여 준다.

물론 차머스는 의식이 신비스런 대상이거나 뇌의 활동과 아무 관련이 없는 것이라고 주장하지는 않는다. 마치 김정희의 〈세한도〉가 일정한 한지와 먹의 자취로 표현되듯이 의식은 뇌의 활동을 통해 표현된다. 또한 현대의 신경 과학은 의식 현상이 뇌에서 일어나는 방식에 관한 많은 물리적, 생물학적 정보를 가지고 있다. 하지만 신경 과학은 정작 이런 상태들이 어떻게 의식 상태로 드러나게 되는지에 관한 만족스런 설명은 아직 제공하지 못하고 있다. 즉 뇌의 일정한 물리적 조건과 의식이 서로 연결된다는 것을 알고 있다고 하더라도 이런 물리적 조건에서 어떻게 의식적 경험이 나타나는지를 아직 설명하지 못한다는 것이다.

신경 과학의 발전을 통해서 의식 상태와 이와 대응되는 뇌 활동의 상호 연결correlation 관계에 관해서는 많은 관찰과 실험 자료가 있다. 즉 어떤 사람의 뇌의 p라는 지역에서 뇌 세포가 활발하게 활동을 하고 있을 때, 이 사람은 의식 상태 C에 놓인 다고 하자. 이 때 우리는 p와 C가 연결되어 있다는 사실을 알게 된다. 그러나 이것은 상호 연결성에 관한 지식일 뿐이다. 우리는 여전히 '왜' 또 '어떻게' C라는 의식 상태가 p에서 일어나는지 알고 있지 않다. 그래서 차머스는 이러한 의식의 문제를 '어려운 문제the Hard Problem of Consciousness'라고 한다.[9] 물론 의식에 관한 대부분의 문제는 어려운 문제이다. 하지만 여기서 그가 특별히 '어려운 문제'라고 하여 별도로 논의하는 것은 의식의 정체를 현재 우리가 가진 물리주의적 인지 기능의 입장을 통해서는 규정하기가 어렵다는 점을 지적하는 말이다. 즉 현재 신경 과학이 뇌 영상술brain imaging technology을 통해 우리에게 알려주는 정보는 의식의 상태가 나타날 때 어떤 뇌의 상태가 일어나는지에 관한 것이다. 그런데 이 정보는 물론 중요하기는 하지만, 의식과 뇌의 상호 연결성을 보여 주고 있을 뿐 이러한 연결이 왜 발생하는지에 관한 설명을 제공하지는 않는다. 이에 대해 차머스는 아래의 표와 같이 신경 과학적 연결성과는 별도로 의식의 본래적 성격을 설명해야 하는 '어려운 문제'를 제기하면서 의식의 문제를 단순히 관찰 가능한 신경 과학적 속성 보다 더욱 깊은 곳으로 가져가고 있다.

뇌 활동과 의식 상태의 연결 상황 (Neural Correlation)	차머스의 어려운 문제 (the Hard Problem of Consciousness)
일정한 의식 상태가 나타났을 때 일정한 뇌 활동이 관찰되었다.	일정한 뇌 활동이 어떻게 의식 상태를 일으키는가?
뇌 활동(p) ← 상호 연결(!) → 의식 상태(C)	뇌 활동(p) → 설명(?) → 의식 상태(C)

의식이라는 현상을 제대로 그리고 충분하게 이해하기 위해서는 신경 과학이 제공하는 뇌 상태에 대한 정보에서 한 걸음 더 나아가 '어려운 문

9   Chalmers, D. (1995). Facing up to the problem of consciousness. *Journal of Consciousness Studies, 2* (3), 200–219.

제'라고 하는 단계로 진입해야 한다는 것이 차머스의 주장이다. 뇌에서 벌어지는 의식의 활동은 신경 과학을 통해 어느 정도 관찰되고 있지만, 그 원래의 모습은 물리적으로 또는 인지 기능적으로 완전히 설명되지 않고 있다. 그래서 차머스는 의식의 고유한 본성이 물리적인 조건이나 인지 기능적 측면을 통해 충분히 드러나지 않음을 주장한다.

이원론, 창발론Emergentism, 그리고 범심론Panpsychism

좀비 논증에서 드러난 차머스의 입장은 뇌의 물리적인 조건과 의식의 경험적 존재를 모두 인정하는 몸과 정신의 이원론을 주장하는가? 차머스의 주장은 분명 의식의 독자적인 존재를 주장하는 것이다. 그러나 그렇다고 의식이 반드시 비물질적인 신비의 대상이 되거나 신체의 활동과 완전히 무관한 현상이 될 필요는 없다. 물리적 세계관 또는 물리주의Physicalism, 즉 세계는 궁극적으로는 물리적 존재들과 그들의 움직임으로 구성되어 있다는 생각과 양립 가능한 방식으로 의식의 존재를 설명할 방법은 있을 것이다. 그 중에서 창발론(단순한 물리적 속성들이 일정한 단계의 복잡성을 넘어설 때 정신적 능력과 같은 전혀 새로운 속성을 일으킬 수 있다는 주장)과 범심론(마음의 고유한 정신적 속성은 물리적 속성과는 다른 우주의 기본적인 속성으로 모든 대상에 스며들어 있다는 주장) 같은 이론을 고려해 볼 수 있다. 물을 예로 들어 창발적 속성을 살펴보자. 물의 '액체성liquidity'은 물을 구성하는 산소와 수소에 존재하지 않지만 이들이 일정한 조건 아래 결합하였을 때 나타나는 성질이다. 즉 물의 액체성은 산소와 수소가 일정한 온도와 압력 조건 아래서 질적인 변화를 통해 나타난 창발적 속성이다.[10] 창발론은 특별히 생물학

---

10   산소와 수소는 보통 인간의 생활 환경에서 기체 상태로 존재하지만 특별한 조건(특정한 온도나 압력, 즉, 극저온이나 초고압) 아래에서 액체 상태를 유지할 수도 있다. 그러

적 속성이나 심리적 속성을 물리적 과정이나 조건을 통하여 설명하는 데 많이 이용되었다. 예를 들어 유기체의 성장은 비물질적 생명소의 활동으로 설명되는 것이 아니라, 신진대사라는 복잡한 화학적 과정의 창발적 결과로서 설명된다. 이런 이유로 창발론은 맹목적인 물리주의(모든 것은 원자와 분자의 활동일 뿐이라는 주장)와 비물질적 정신주의(정신적 속성은 절대로 물리적 속성으로 설명되지 않는다는 주장)가 지닌 난점들을 극복하는 입장으로 많이 알려져 있다. 그러나 창발론이 정신의 비환원적 성격이나 의식의 고유성을 완전히 설명하는지는 더 살펴보아야 한다. 예를 들어 물의 액체성은 그것을 구성하는 산소와 수소가 결합하였을 때 나타나는 창발적 성격이기는 하지만, 그렇다고 산소와 수소에서 완전히 독립된 속성이라고 보기는 어렵기 때문이다. 특별히 인과력(어떤 사건의 원인이 되는 능력)의 측면에서 보았을 때, 창발적 속성들이 그 기반이 되는 물리적 속성에서 완전히 독립적이라고 보기 어려운 측면이 많다. 물리주의의 가장 기본적인 원칙 중 하나인 인과 폐쇄성causal closure(어떤 사건이든 그 사건의 원인을 설명하기 위해서, 그 사건의 기반이 되는 물리적 대상과 속성의 바깥으로 나갈 필요가 없다는 주장)에 따르면 창발적 속성들은 나름 물리적 속성들과는 다른 고유한 속성들이기는 하지만 이들의 인과성은 이들이 속한 물리적 기반에 완전히 의존적이다.[11] 따라서 창발론을 가지고 의식을 설명한다면 의식의 고유성이 설명되기는 하지만 의식의 인과 독립성은 설명되지는 않는다. 물의 액체성은 물의 구성 요소인 산소와 수소의 측면에서 본다면 새로

나 0도와 100도 사이에 산소와 수소는 각각 기체이지만 이들이 결합하면 물이라는 액체가 된다. 따라서 이러한 산소와 수소의 기체적 조건 아래에서 본다면 '물의 액체성'은 창발적 속성이라 생각할 수 있게 된다.

11 Kim, J. (1998) *Mind in a physical world*, Cambridge, MA: MIT Press.

운 속성이기는 하지만, 인과력causal efficacy (물리적 변화를 일으킬 능력)의 측면에서 본다면 액체성이 고유한 속성이라고 보기는 어렵다. 그 이유는 산소와 수소에 없는 인과력을 물의 액체성이 그 자체로 가진 것은 아니기 때문이다. 마찬가지로 의식의 창발론적 설명에 따르면 의식이 (좀비의 경우에서 본 것처럼) 특정한 물리적 조건이나 (맹시의 경우에서 본 것처럼) 인지 기능적 조건에서 독립적일 수 있지만, 그렇다고 해서 의식이 물리적 조건이나 인지기능적 조건에 없는 그 나름의 인과력을 가지고 있다고 할 수는 없는 것이다. (이 논의는 불교의 깨달음의 의식을 설명할 때 중요한 논점이 된다.)

그렇다면 의식의 진정한 고유성과 독립성을 확보할 수 있는 철학적 이론이 있을까? 범심론이라는 입장은 바로 이러한 의식의 고유한 존재적 특징을 확보해 줄 것 같은 이론이다. 이 이론에 따르면 의식은 다른 물리적 대상이나 속성에서 창발되어서 나오는 현상이 아니라 그 자체로 존재하는 속성이다. 다시 말해 의식은 파생적 혹은 창발적 속성이 아니라 '기본적' 혹은 '근본적' 속성이다. 예를 들어 질량, 위치, 전하electronic charge 같은 것들은 다른 것으로 환원되거나 다른 것에서 파생되어 나오는 속성들이 아니라 실재의 근본 속성들이다. 마찬가지로 의식도 실재의 고유한 근본 속성일 수 있다. 다시 말해 범심론에 따르면 의식은 모든 대상에 보편적으로 존재하는 질량이나 위치 같은 기본 속성 중에 하나라는 것이다. 이렇게 되면 의식은 나름의 독자적 특징과 인과력을 지니게 된다. 하지만 범심론을 받아들인다면 현재 나와있는 물리학 교과서에 의식이라는 속성을 새로 첨가해야 할 것이다. 물리학을 새로 바꾸어야 한다는 뜻이다. 과연 범심론이 의식의 본성을 밝히는 데 적합한 이론인가? (의식에 관한 불교적 입장에서 보았을 때 범심론은 받아들일 수 있는 이론은 아니다. 이 점은 불교적 입장을 논의하는 부분에서 설명하기로 하겠다.)

데닛, 맥긴, 그리고 처칠랜드

의식 자체의 존재를 의심하는 철학자들도 있다. 미국의 철학자 대니얼 데닛Daniel Dennett은 의식을 일종의 착각 현상illusion으로 생각한다.[12] 의식은 다양한 내적 조건(뇌의 신경적 조건, 인지적 조건)과 외적 조건(진화의 조건과 인간의 생활 환경)을 통해 나타나는 착각 현상이다. 비유적으로 말하자면 의식은 마치 마음속에 있는 무대 같은 것으로 이 속에서 다양한 경험이 여러 가지 공연을 펼치고 있다. 이런 공연이 계속 벌어질 때 우리는 그런 경험들을 의식적으로 느끼는 것이다. 이것을 데닛은 데카르트 극장Cartesian Theater이라고 한다.[13] 이것은 의식에 관한 철학자 데카르트의 이론을 염두에 두고 지은 명칭이다. 이 데카르트 극장의 무대에서 벌어지는 공연은 관객인 나에게 직접, 아무 제한 없이, 투명하게, 그리고 그 전체가 다 알려진다. 이 극장은 나의 마음이고 그 무대에서 벌어지는 공연은 나의 의식적 경험이기 때문이다. 나는 나의 의식 상태를 투명하게, 직접적으로 그리고 전체적으로 경험한다. 나의 의식은 이 극장의 관람자이다. 데카르트 극장에서 벌어지는 공연을 관람하는 것, 이것이 우리가 가지고 있는 의식에 관한 개념의 본질이다. 놀랍게도 데닛은 이런 개념을 만족시키는 의식이라는 것은 존재하지 않는다고 말한다. 더 나아가서, 그는 우리가 경험하는 의식 상태들은 우리가 믿는 것처럼 실질적으로 혹은 객관적으로 존재하는 것이 아니라, 뇌의 작용으로

---

12 Dennett, D. C. (1991). *Consciousness explained*. Boston: Little, Brown; Dennett, D. C. (1998). No bridge over stream of consciousness. *Behavioral and Brain Sciences, 21 (6)*, 753-754.

13 Dennett, *Consciousness explained*, 107.

인해 나타나는 구성된 감각에 지나지 않는다고 한다. 즉 의식은 마음이 만들어낸 현상이다. 의식이 존재하지 않는다는 것이 아니라 의식의 객관적 조건이나 경험을 그 자체로 믿을 수 없다는 것이다.

예를 들어 우리가 바깥세상을 바라 볼 때, 우리에게 의식되는 시각 경험은 커다란 시각장visual field을 형성한다. 등산을 좋아하는 이들은 높은 산 정상에 올랐을 때 넓은 시야를 통해 들어오는 경치를 감상하는 것이 좋다고 한다. 이런 넓은 시야의 경험 때문에 우리는 마치 우리의 시각 체계가 시각장 내부의 모든 것을 다 본다고 생각한다. 아니 단지 그렇게 생각하는 것이 아니라 이 모든 것을 하나의 통일적 시각으로 지각하는 경험을 한다. 이런 시각적 경험 상태는 시각장 전체가 우리에게 직접 투명하게 드러나는 의식 상태이다. 그런데 많은 연구에 따르면 시각장 전체를 바라보는 우리의 경험은 착시 현상에 불과하다.[14] 실제로 우리가 한순간 바라보는 공간은 전체적인 시각장의 매우 작은 부분에 불과하다. 그 순간 시각장의 나머지 부분은 시각 입력이 없기 때문에 아무것도 없는 검은 공간이다. 하지만 이 시각적으로 텅 빈 공간은 뇌가 그때 그때의 기억을 통해 그럴듯한 내용을 채워 넣는 것이다. 즉 뇌는 이 텅 빈 시각 공간에 가상 시각 경험을 끊임없이 채워 넣는 일을 우리도 모르게 하고 있었던 것이다.[15]

---

14 이것을 그랜드 일류전(The Grand Illusion)이라고 한다. Blackmore, S. J., Brelstaff, G., Nelson, K., & Troscianko, T. (1995). Is the richness of our visual world an illusion? Transsaccadic memory for complex scenes. *Perception, 24*, 1075-1081.

15 Dennett, D. C. (1992a). "Filling in" versus finding out: A ubiquitous confusion in cognitive science. In H. L. Pick, Jr., P. van den Roek, & D. C. Knill (Eds.), *Cognition: Conceptual and methodological issues* pp. 33-49. Washington, DC: American Psychological Association.

큰 건물에 경비실이 있는데 이 경비실에는 이 건물 곳곳을 감시하는 폐쇄 회로 시스템이 있다. 이 폐쇄 회로에 연결된 각각의 카메라는 이 건물의 여러 측면을 제한된 시각에서 보여 준다. 이 수십 개의 카메라가 제공하는 다양한 장면들을 보고 감시하는 사람을 생각해 보자. 이 사람이 하는 역할이 바로 우리 뇌가 우리의 시각 경험에 대해 하는 역할이다. 우리의 뇌는 이 건물의 폐쇄 회로 감시 체계와 마찬가지로 장면을 한 번에 전체적으로 보지는 않고 단지 조각난 사진들을 모아서 전체적인 시각장을 만들어 낸다. 따라서 한 장면의 전체적인 모습을 바라보는 경험은 뇌가 제공하는 만들어진 이미지이다. 비유적으로 말하자면 시각장 전체에 대한 우리의 시각 경험은 끊임없이 움직이는 눈동자가 순간순간 촬영하는 작은 사진을 조각보를 엮듯이 뇌가 통합하여 만들어 내는 가상 공간이다. 우리는 이 가상 공간 전체를 직접 보고 있다고 느끼는 것이다. 따라서 시각 경험을 시각장 전체의 경험으로 생각하는 것은 잘못된 것이다. 마찬가지로 의식을 데카르트 극장에서 벌어지는 공연을 직관하는 것이라 생각하는 것도 잘못된 것이다. 그 이유는 마음 전체를 동시에 그리고 투명하게 조망하는 과정으로 의식을 경험하는 것은 뇌가 만들어 낸 그럴듯한 환상에 불과하기 때문이다. 아마도 의식은 인간 생활에 중요한 역할을 하는 내적 자아, 도덕성, 그리고 책임성이라는 개념적 틀을 만들어 주는 중요한 기반이기는 하지만, 실질적으로 존재하는 대상으로 우리가 받아들여야 하는 것은 아니라는 것이 데닛의 생각이다.

데닛의 주장과는 다른 방향에서 의식에 관해 회의적인 주장을 발전시킨 철학자들도 있다. 콜린 맥긴Colin McGinn은 인간의 지성은 구조적으로 의식이라는 현상을 알 수 없도록 되어 있다고 주장한다.[16] 마치

16   McGinn, C. (1989). Can we solve the Mind-Body problem? *Mind*, 98 (391),

인간의 시각이 3 차원 이상의 공간을 직접 경험 할 수 없는 것처럼, 혹은 강아지가 상대성 이론을 이해할 수 없듯이, 의식 현상에 관한 이해는 인간의 지식 능력의 차원 밖에 있다는 것이다. 결국 의식은 인간에 의해 완전히 밝혀질 수 없는 신비적인 현상이 된다. 이를 의식의 관한 회의론 Skepticism 혹은 신비론Mysterianism이라고 한다.[17]

이러한 회의적인 입장들에 대하여 보다 적극적인 입장도 개진되었다. 패트리샤 처칠랜드Patricia Churchland는 의식 현상은 뇌의 활동을 연구함으로써 설명될 수 있다고 주장한다.[18] 처칠랜드는 의식은 인간의 지성을 초월하는 신비적 존재나 주관적 자아의 환상이 아니라 뇌 활동을 통해 나타나는 신경 상태라는 점을 분명히 한다. 예를 들어 17세기에서 18세기에 걸쳐 빛의 본성에 관해 많은 논의가 있었다. 결국 빛이라는 것은 일정한 조건 아래서 나타나는 전자기파electromagnetic wave가 인간에 의해 지각됨으로써 나타나는 현상임이 밝혀졌다. 여기서 논란 거리가 된 것은 빛이 주는 강하고 특별한 인상(밝고, 따뜻하고, 공간에 퍼지고, 다른 대상을 드러나게 하는 특별한 성질)들이 전자기파에서 발견되지 않는다는 점이었다. 그래서 많은 사람들은 어떻게 빛이 전자기적 현상과 동일한지의 주장을 놓고 고심하였다고 한다. 이 둘은 사실 매우 다른 현상으로 보이기 때문이다. 처칠랜드에게 있어 중요한 것은 주어진 현상을 객관적 접근법을 가지고 설명하는 것이지, 그 현상을 오로지 우리의 일반적인 직관이나 관습적 이해와 정합적인 방식으로 설명하는 것이 아니

349–366; McGinn, C. (1991). *The problem of consciousness*. London: Basil Blackwell.

17　Flanagan, O. (1991). *The science of the mind*, Cambridge, MA: MIT Press, p. 313.

18　Churchland, P. (1986). *Neurophilosophy: Toward a unified science of the mind-brain*. Cambridge, MA: The MIT Press; Churchland, P. (2002). *Brain-Wise: Studies in neurophilosophy*. Cambridge, MA: The MIT Press.

다. 빛은 실제로 전자기 현상이고, 이러한 설명이 이후에 올바른 것으로 확증되었다. 이와 같은 이유로 처칠랜드는 의식의 문제에 관해서 직관적 이해나 주관적 느낌보다는 신경 과학이 취하는 객관적 입장을 추구한다. 의식이 정신 현상이라면 의식을 설명하기 위해서는 정신 현상의 기반이 되는 뇌를 살펴보는 것을 피할 수 없으며, 의식의 정체를 밝히기 위해서는 뇌의 조직과 활동을 조사하는 것이 가장 좋은 길이라고 처칠랜드는 주장한다.

요약하자면 최근 철학에서 나타나는 의식에 관한 논의는 대략적으로 차머스, 데닛, 맥긴, 그리고 처칠랜드의 주장으로 대표될 수 있다. 물론 다른 많은 이론들이 제시되었기는 하지만 이들 4명의 철학자들의 생각이 의식에 관한 서로 다른 입장을 잘 대표하고 있는 것 같다. 특별히 내적 상태에 관한 일인칭 특별 접근first person privileged access (나만이 접근할 수 있는 내적 상태) 그리고 일정한 관점을 동반한 직접적 경험what it is like to be X from a particular viewpoint (일정한 관점에서 X가 되는 것이 주는 느낌) 같은 의식의 특징은 데가르드 이래로 의식에 대한 철학 논쟁에서 자주 등장하는 논쟁점이 되었다. 문제는 이러한 의식의 고유한 특징들을 모두 만족스럽게 설명할 수 있는 이론이 있느냐 하는 것이다. 하지만 보다 근본적인 문제는 이러한 의식의 고유한 특징들이 물리적 실재와 그 속성들을 설명하는 과학적 접근법과 양립할 수 있는가 하는 점이다. 많은 학자들은 이 문제에 대해 비관적 입장을 가지고 있는 듯이 보인다. 이 점에 관해서는 의식에 관한 불교적 접근법을 논할 때 자세히 설명하기로 하고, 먼저 의식에 관한 과학적 이론들을 살펴보기로 하자.

의식에 관한 과학 이론들

의식에 대한 과학적 이론들은 일반적으로 의식이 지닌 특별한 인지적 기능들에 초점을 맞춘다. 의식을 포함하는 인지 과정은 의식이 동반되지 않은 인지 과정과 매우 다른 정보 처리의 능력을 보여 준다. 예를 들어 컴퓨터나 인간의 뇌와 같은 복잡한 정보 처리 시스템을 생각해 보자. 이 시스템에는 다양한 정보들이 입력된다. 시각, 청각, 촉각, 후각, 그리고 미각과 같은 감각 통로를 통해 들어온 정보뿐만 아니라, 개념적 관점을 취해서 혹은 시간적 양상을 통해서 들어오는 정보들도 많다. 그런데 이런 여러 정보들을 통합하는 능력이 필요할 때가 많다. 예를 들어 뇌는 보다 깊은 이해와 적절한 판단을 하기 위해 여러 다양한 정보들을 종합해야 한다. 뇌가 앞에 놓인 사과의 모양과 색과 크기, 그리고 촉감을 각각이 다른 통로로 입력을 받았을 때, 이들을 모아서 한 대상(사과)에 대한 정보로 종합하는binding 일이 필요할 때가 있다. 색 따로, 모양 따로, 크기 따로, 그리고 촉감 따로 처리하는 것이 아니라, 사과라는 한 대상의 속성으로 이들을 모았을 때 의미 있는 정보 처리가 손쉽게 이루어진다. 그런데 이러한 통합 과정은 여러 가지 방식으로 진행될 수 있다. 실제로 뇌의 여러 부분에서는 서로 다른 활동이 벌어지고 있는데, 이들이 여러 과정으로 분열되지 않고 통합된 과정으로 묶어져서 연결될 수 있는 것은 총합적 정보 과정이 존재하기 때문이다. 예를 들어 높은 주파수의 뇌파gamma oscillation(뇌의 다양한 인지 활동들을 조율하는 역할을 하는 25에서 100 헤르츠의 주파수를 가진 뇌파의 진동 패턴)를 통해 시상thalamus과 피질 영역cortical area 사이에 재귀적 반향recursive resonance(메아리가 퍼져 나가듯이 여러 다른 뇌파들이 상호 영향을 미치고 수렴하는 과정)이 나타나는데 이런 과정을 정보의 통합 과정으로 생각할 수 있다. 이 이론은 로돌포 이나스Rodolfo Llinás가 제기한 것이다.[19] 즉, 의식은 높은 주파수의 뇌파를 매개로 하여, 다양한 지각과 인지의 과정이 동시적, 통합적으로 진행될 때 나타난다는 것이다. 일반적으로 뇌 활동은 분산되어 있고 단편적인데 이 다양하고 복잡한 활동이 하나로 통합되는 과정에서 의식이 생성된다는 점을 이 이론은 주장한다. 실제로 이러한 묶음 혹은 통합integration 과정은 뇌에서 자주 관찰되고 있으며, 이러한 상태가 의식 상태와 연결되고 있음이 보고되고 있다.[20]

버나드 바스Bernard Baars는 이러한 통합이 정보 저장과 처리를 통합적으로 담당하는 총괄 작업 공간global workspace이라는 기억 공간memory bank에서 이루어진다고 가정하였으며 이것이 의식의 가장 본래적인 모습이라고 주장한다.[21] 이것을 총괄 작업 공간 이론global workspace theory이라고 한다. 이 총괄 작업 공간은 여러 인지 과정이 공유할 수 있고 접속

19 Llinás, R., Ribary, U., Contreras, D., & Pedroarena, C. (1998). The neuronal basis for consciousness. *Philosophical Transactions of Royal Society, London B*, 353, 1841-1849; Llinás, R (2001). *I of the vortex. From neurons to self.* Cambridge, MA: MIT Press; Joliot, M, Ribary, U., & Llinás, R. (1994). Neuromagnetic coherent oscillatory activity in the vicinity of 40-Hz coexists with cognitive temporal binding in the human brain. *Proceedings of National Academy of Science USA, 91*, 11751-11784; Llinás, R., Ribary, U., Contreras, D., & Pedroarena, C. (1998). The neuronal basis for consciousness. *Philosophical Transactions of Royal Society, London B*, 353, 1841-1849; Llinás, R (2001). *I of the vortex. From neurons to self.* Cambridge, MA: MIT Press.

20 Gallotto, S., Sack, A. T., Schuhmann, T., & de Graaf, T. A. (2017). Oscillatory Correlates of Visual Consciousness. *Frontiers in psychology*, 8, 1147. https://doi.org/10.3389/fpsyg.2017.01147

21 Baars, B. J. (1988). *A cognitive theory of consciousness.* New York: Cambridge University Press; Baars, B. J. (1997). *In the theater of consciousness.* New York: Oxford University Press; Baars, B. J. (2002). The conscious access hypothesis: Origins and recent evidence. *Trends in Cognitive Sciences, 6* (1), 47-52.

할 수 있는 열린 기억 공간이지만, 동시에 이 기억 공간의 역할과 기능에 따라 의식의 역할이 달라진다. 바스는 이러한 총괄 기억 저장 공간에서부터 뇌의 다른 영역으로 정보가 퍼지는 과정을 의식의 과정으로 생각하였다.

최근 크리스토프 코흐Christoph Koch와 줄리오 토노니Giulio Tononi가 개발한 통합 정보 이론IIT, Integrated Information Theory은 바스의 이론과 비슷한 관점에서 의식에 접근하고 있다.[22] 즉 한 체계에서 정보가 어떻게 통합되고 이 통합된 정보가 어떻게 다양한 과정과 기능을 종합하는가를 측정하면 의식의 정도를 알 수 있다는 것이 이들의 주장이다. 이들에게 의식이란 다양한 종류의 정보가 종합되고, 이것이 총괄적으로 사용되는 능력을 말한다. 우리가 외부 세계를 의식의 눈으로 바라볼 때 우리는 이 세계의 한 부분이나 측면을 보는 것이 아니라, 우리의 시각 장면에 주어진 전체를 나와 관련된 의미 있는 사건으로 보는 것이다. 의식이 포함된 경험이 의식이 포함되지 않은 경험과 다른 것은 바로 이 전체성과 총합성 때문이다. 그렇다면 우리 뇌가 이 복잡 다단한 입력 정보를 종합하는 능력을 보면 의식을 설명할 수 있을 것이다. 이런 생각을 바탕으로 코흐와 토노니는 의식의 정도를 정량화하는 길을 열었다. 예를 들어 어떤 체계에 단편적인 입력을 가하고 이 체계가 이 정보를 어떻게 통합적으로 종합하고 처리하고 사용하는지를 관찰하면, 이 체계가 의식을 어느 정도 가지고 있는지를 측정할 수 있다. 그래서 이 통합의 정도가 되는 파이phi의 값이 0이면 이 체계는 각 부분이 상호 종합되지 않고 단편적으로 연결되는 기계적 독립 분산 체계가 되지만, 파이의 값이 0 이상의 높

22   Koch, C. & Tononi, G. (2008). Can machines be conscious? *IEEE Spectrum*, 45 (6), 55–59; Tononi, G. (2008). Consciousness as integrated information: A provisional manifesto. *Biological Bulletin*, 215 (3), 216–242.

은 수치가 되면 이 체계는 새 정보를 이미 가지고 있는 정보와 연결을 맺고 종합하여, 보다 높은 단계의 총합적 의식 상태를 가능하게 한다.

의식을 양자 물리학quantum physics (고전적 역학 원리로 설명이 되지 않는 아원자 입자들의 움직임을 연구하는 물리학)을 통해 설명하려는 시도도 있다. 이러한 시도를 일반적으로 양자 마음 이론quantum mind theory 이라고 하는데 이런 이론들은 아원자 입자subatomic particles (원자를 구성하는 입자들이거나 원자보다 작은 단위의 입자들)들의 양자 역학적 특징에서 의식 현상의 본질을 찾는 시도이다. 이러한 극소 입자들은 기계론적이며 결정론적인 활동을 개별적으로 하는 것이 아니라, 확률적이며 총합적인 활동을 통해 상호 연결적 조절 활동을 집단적으로 하는 것으로 관찰되었다. 비유적으로 말하자면 고전 물리 이론인 뉴턴의 물리학에서는 물리적 현상을 한 당구공이 힘을 받아 다른 당구공을 쳐서 발생하는 위치와 힘의 변화를 보여 주는 모델을 통해 설명하였다면, 양자 역학에서는 작은 입자들이 확률적 위치와 에너지 상태를 가지고 집단적인 상호 자용을 하는 것으로 물리 현상을 실명한다. 선자가 당구공 모델의 물리학이라면, 후자는 안개와 구름의 흐름을 모델로 하는 물리학이라고 할 만하다. 특별히 양자 마음 이론은 아원자 입자들 사이의 양자적 정합성quantum coherence 혹은 양자적 얽힘quantum entanglement (한 입자의 상태나 위치가 다른 입자의 상태와 위치와 연결되어 변화하는 현상)을 의식 상태가 나타내는 다양한 감각이나 인지 상태를 종합하는 총합성이나 연합성과 관련이 있는 것이라 간주한다. 그래서 몇몇 이론가들은 의식의 정체를 양자적 효과에서 찾고 있다. 양자 역학적 의식 이론에는 로저 펜로즈Roger Penrose와 스튜어트 해머로프Stuart Hameroff의 조화적 객관 환원 과정 이론Orch-Or Theory이 있다.[23] 이 이론에 따르면 뇌의 신경 세포 내부에 존재하는 극소 튜브microtubule 안에서 벌어지는 양자 역학적 정합 과정, 즉 조화적 정합 과정에서 의식이 나온다고 한다. 이 이론은 의식의 인지적 활동뿐만 아니라, 의식이 우리에게 느껴지는 경험의 현상적 특징도 설명할 수 있다고 한다.

의식에 대한 불교적 입장

앞서 설명된 의식에 관한 철학적 입장, 물리학적 입장, 신경 과학적 입장은 현재 진행되고 있는 의식 연구의 커다란 흐름을 보여 준다. 특별히 이러한 입장들은 다음과 같이 의식의 고유한 특징들을 합리적으로 설명하는 것을 목표로 하고 있다.

객관화될 수 없는 개인적 경험
(objective vs subjective viewpoints)
기능적 과정과 구분되는 감각의 직접적이며 질적인 특징
(functional vs qualitative processes)
국지적, 기계적 과정과 구분되는 전체적인 통합 과정
(local, mechanical vs holistic, integrative processes)

---

23   Penrose, R. & Hameroff, S. (2011). Consciousness in the universe: Neuroscience, quantum space-time geometry and Orch OR theory. *Journal of Cosmology*, 14; Penrose, R. (1994). *Shadows of the mind: An approach to the missing science of consciousness*. New York: Oxford University Press; Penrose, R. (1989). *The emperor's new mind: Concerning computers, minds, and the laws of physics*. New York: Oxford University Press; Hameroff, S. (1998a). Quantum computation in brain microtubules? The Penrose-Hameroff "Orch OR" model of consciousness. *Philosophical Transactions of the Royal Society (London) Series A, 356*, 1869-1896; Hameroff, S. (1998b). 'Funda-mentality': is the conscious mind subtly linked to a basic level of the universe? *Trends in Cognitive Science, 2*, 119-127.

즉 많은 연구에서 의식이라고 하는 정신적 과정은 단순한 인식적, 기능적 과정과 달리, 마음의 개인적인 고유성(사밀성私密性)과 감각의 질적質的 직접성 그리고 정보의 전체적 통합성을 통해 나타나는 독특한 현상이라 이해되고 있다. 그러나 불교에서 의식이란 이와는 조금 다른 강조점을 가지고 있다. 불교는 의식을 현재의 과학적 방법론으로 다루기 어려운 독특하고 주관적이며, 질적이며 통합적인 심리 현상이라는 시각을 넘어 자기 이해와 자기 변형의 기반인 깨어있음awakening의 시각으로 이해한다. 즉 불교적 입장에서 의식은 단지 경험의 고유한 주관적 영역이 아니라 자기를 이해하고 자기를 변화시키는 깨어있음의 가능성이며 능력이다. 불교의 의식이란 다음과 같은 특징을 가지고 있다.

외부 세계의 이해를 포함하지만, 그것을 넘어서는 자기 이해 과정
(understading of the external world and the inner self)
현상에 대한 사실적 정보와 주관적 경험
(objective information and subjective experience)
자신에 대한 주관적 경험과 이해의 과정인 동시에 자기 변형의 과정
(subjective, experiential, self-understanding and self-transformation)

인간에게 삶이란 단지 생존의 수단적 의미뿐만 아니라 그 자체로서 목적적 의미도 갖는다. 우리는 단순히 생존하기 위해서가 아니라 의미 있게 살기 위해 노력한다. 그래서 인간에게는 실존적 문제들이 존재한다. 나는 누구인가? 왜 나는 여기 있는가? 삶의 의미는 무엇인가? 나는 어떤 삶을 살아야 하는가? 이런 근본적인 삶의 문제는 철학의 문제이기도 하지만 종교의 문제이기도 하다. 지구 상의 여러 종교는 이러한 깊이 있는 삶의 문제에 대해 나름의 답을 제공한다. 한 예로 기독교는 궁극적인

신의 섭리와 계시 그리고 구원을 통해 이러한 문제의 답을 제공한다. 그러나 불교는 이러한 실존의 문제를 궁극적인 절대자의 시각에서가 아니라 나의 문제, 마음의 문제, 그리고 의식의 문제를 통해 접근한다. 그리고 깨어있는 의식을 통해 이 문제들에 대한 해답을 제공한다. 기독교가 궁극적 절대자인 신을 중심으로 하는 종교라면 불교는 깨어있는 마음의 종교이다. 이런 이유로 의식의 문제는 불교와 깊은 연관을 가지지 않을 수 없다. 불교가 말하는 깨어있는 마음은 바로 이러한 자기 이해와 자기 변형(근본적 자기 변화)의 가능성을 열어 주는 능력이다. 그렇다면 구체적으로 불교의 깨달음은 의식의 어떤 측면을 포함하고 있는가?

불교적 깨달음의 의식

제파디라는 유명한 TV 퀴즈 쇼에 등장하여 퀴즈 챔피언들을 모두 이긴 왓슨이나 최고의 바둑기사들을 이긴 알파고 같은 인공지능 체계는 아마도 상당한 능력의 내적 모니터링 기능과 통합적 정보 학습 능력을 가지고 있을 것이다. 그렇다고 해서 이들이 자신의 입장에서 스스로의 자아를 이해하고 그것을 변화해 가는 깨달음의 의식을 가진 체계라고 하기는 어려울 것이다. 이 점에 관해서는 《인공지능, 붓다를 꿈꾸다》의 저자인 지승도 교수도 자아의식에서 중요한 것은 "누가 더 똑똑하고 빠른지에 대한 문제가 아니라 존재의 본질, 자아에 대한 근본적인 이해가 필요하다"라고 주장하며 인지적 의식과 깨달음의 의식의 차이에 대해 매우 조심스런 입장을 표명하고 있다.[24] 그렇다면 불교에서 말하는 깨달음의

---

24   이것은 2016년 불교평론 열린논단에서 지승도 교수가 강연한 내용이다. 불교 신문 (2016.04.22) 이연경 "자아 의식 갖는 인공지능, 재앙일까 축복일까?"

의식은 구체적으로 무엇을 말하는가?

깨달음의 의식은 다음과 같은 특징을 가진다. 첫째 이 의식은 현상적 의식phenomenal consciousness이다. 현상적 의식이란 지금 여기 내가 직접적으로 경험하는 느낌을 말한다. 이 의식은 나에게 직접적으로 드러나서 나에게 의미를 주는 의식이다. 그것은 나에게 직접적으로 느껴지고, 의미를 갖고 있고, 변화를 일으키고, 나를 깨어있게 하는 의식이다. 하지만 이 의식은 완전히 주관성에 매몰되어 일인칭의 세계에 빠져 있는 자기 중심적이며 폐쇄적인 의식은 아니다. 이러한 의식은 특별한 인지적 기능이나 정보의 총체적 종합과 연결될 수도 있지만, '일차적'으로는 직접적 느낌와 경험을 통해 세상과 나를 드러내 주는 현상적 의식이다. 불교의 사성제와 팔정도八正道를 보면 인간 삶의 고통과 번뇌, 욕망과 그것의 소멸이 모두 다 이러한 현상적 의식을 바탕으로 파악되고 극복되는 것을 알 수 있다. 불교의 사성제는 인간의 고통과 번뇌를 지성적으로 생각하거나 개념적으로 이해하는 것을 말하는 것이 아니다. 책을 통해 인간의 실존적 괴로움을 이해하는 것에는 한계가 있고, 그런 상상을 통한 이해는 나름 중요성을 가지고 있기는 하지만 깨달음의 단계로 이어지기에 부족한 점이 있을 것이다. 직접 느끼고 체험하여 의식하는 것이 참된 깨달음을 위한 시작점이 될 것이다. 또한 팔정도에서도 자기 변화와 궁극적 깨달음의 길은 개념적이나 추상적인 과정이 아니라 구체적인 수행과 집중된 의식의 과정인 것이다. 피부로 느끼고 뼛속 깊이 아는 것이 이러한 의식이 하는 일이다. 적어도 자기를 변화시키는 참된 불교적 깨달음은 그렇다는 것이다.

다음으로 불교의 의식은 자아와 관련이 있다. 의식은 자아 혹은 자아의식과 가장 밀접한 관계를 갖고 있다. 자아와 직접 관계하지 않는 의식의 종류도 있다. 예를 들어 수술이 끝나고 마취가 풀린 환자에 대해 우리는 이 환자의 의식이 돌아 왔다고 한다. 이러한 의미의 의식은 반드시 자아의식은 아닌 듯하다. 이때 환자의 의식이 돌아왔다고 하는 것은 이 환자가 특정한 감각적 혹은 인지적 활동을 다시 시작한다는 것을 의미한다. 이 때 의식은 내가 누구이고 내가 무엇을 해야 하는가 하는 문제와는 반드시 연관이 있을 필요가 없다. 반면 불교적 깨달음의 의식이라고 하는 것은 자아와 직접적이고 집중적으로 관련을 가진 의식이다. 내 이름이 무엇이고 나의 직업이 무엇인가 하는 나의 신원에 관한 사실적 정보를 알고 있는 그런 상태가 아니라 내가 어떤 사람이고 어떤 의미를 가지고 인생을 살고 있는가 하는 것과 관련된 깊이있고 총체적인 의식이다.

　　마지막으로 불교에서 말하는 깨어있다는 것(의식을 가지고 있다는 것)은 특별한 인과적 힘을 가지고 있다는 것을 의미한다. 인과력이라는 것은 변화를 일으킬 능력을 말한다. 이런 맥락에서 의식을 가지고 있다는 것은 의식이 일으키는 힘을 사용한다는 것을 의미한다. 물론 의식이 있는 사람은 그렇지 않은 사람과 비교할 때 다른 행동을 하고 다른 심리상태를 가질 것이다. 즉 의식 상태는 무의식 상태와 비교하여 인과적으로 다른 상태이다. 그러나 깨달음의 의식이 인과력을 가지고 있다는 의미는 의식과 관련된 이러한 일반적 인과력, 즉 마음이 물리적 변화를 일으킨다는 인과력을 말하는 것이 아니라 특별한 의미에서의 인과력을 말한다. 깨달음의 힘이라는 것은 의식이 자기 변화를 달성할 능력을 말한다. 이 점은 불교에서 매우 중요한데, 그 이유는 변화를 일으킬 힘이 없다면 수행을 통해서 깨달음을 이루려는 우리의 노력이 아무 의미가 없기 때문이다. 생로병사와 같은 인간의 실존적 문제에 대해 불교가 제공하는 가장 핵심적인 해답은 깨어있음을 통해 한 인간이 그의 실존적 고통으로부터 자신을 해방시킬 수 있다는 것이다. 해방이 가능하다는 것은 깨어있음이 문제를 해결 혹은 해소할 능력, 즉 인과력을 가지고 있다는 것이다. 의식은 그냥 느껴지는 과정이 아니라 우리의 존재를 이해하고 변화시키는 힘이다. 즉, 불교에서 깨달음의 의식을 갖는다는 것은 단지 내가 일정한 앎의 상태에 놓여 있다는 것이 아니라 나 자신에 관한 앎을 통해서 근본적인 변화, 예를 들어 번뇌에서의 해방을 일으킬 힘을 가진다는 것을 의미한다. 그래서 불교적 깨어있음은 단순히 인식론적 의미만을 갖는 것이 아니라, 구원적soteriological이며 해방적 의미를 갖는다. 이것은 불교에서 나타나는 매우 독특한 의식의 개념이다.

이러한 불교적 의식이 지닌 고유한 인과력 문제는 물리적 기본 입자들의 존재와 그들의 인과성만을 인정하는 물리주의의 입장과 충돌한다. 일반적으로 물리주의는 실재하는 세계는 물리적 세계일 뿐이며, 이 세계의 모든 인과성은 이 세계를 구성하는 물리적 입자들의 인과성으로 결국 환원된다는 입장을 취한다. 이 주장을 받아들인다면 깨어있음이라는 불교적 의식이 가지는 힘은 뇌세포들과 이들을 구성하는 입자들의 물리적 인과력일 뿐이다. 많은 불교 철학자들은 깨달음의 의식이 지닌 인과력에 대한 이런 물리적 해석을 받아들이지 않는다. 그 이유는 만일 깨달음이 가져다주는 자기 변화의 힘이 뇌세포와 입자들의 물리적 인과력에 지나지 않는다면, 꼭 같은 논리를 따라 깨달음의 상태가 물리적 변화에 따라 혼란과 욕망으로 다시 돌아갈 가능성은 언제나 존재하기 때문이다. 물리적 변화와 인과력은 타성적이며 기계적인 물리적 법칙을 따르는 반면, 깨달음의 의식은 기계적이며 맹목적인 과정, 특별히 욕망과 집착의 과정에서 해방된 자발적인 깨어있음인 것이다. 그래서 깨달음이 갖는 삶과 구원의 불교적 의미를 생각한다면, 깨달음의 의식이 물리적 인과력과는 다른 고유한 인과력을 혹은 고유한 인과적 설명을 갖는 것이 매우 중요하게 된다. 이런 이유로 인해서 물리적 변화를 일으키는 인과력과는 별도로 깨달음이 가진 해방의 인과력이 존재할 수 있는가를 놓고 깨달음의 의식과 고전적 물리주의 사이에 인과력에 관한 갈등 상태가 발생한다. 물론 고전적 물리주의를 벗어나서 새로운 형식의 물리주의를 구성하여 이 갈등을 해소하는 방법도 있다. 예를 들어 전혀 새로운 인과성의 개념을 구성하거나 의식의 고유성과 인과적 독립성을 설명할 수 있는 이론들을 받아들일 수도 있다. 하지만 아직까지 갈등의 해소 방안이 분명히 제시되지 못하고 있다. 의식이 가지는 자발적 인과력의 문제는 현대 과학과 철학적 존재론, 즉 물리주의적 존재론이 해결해야 하는 난제 중에 하나이다.

의식에 관한 불교적 설명

그렇다면 현상적, 자아적, 그리고 인과적 특징을 갖는 깨달음의 불교적 의식은 철학적으로 그리고 과학적으로 어떻게 설명될 것인가? 불교에는 《아비달마阿毘達磨, abhidharma》라고 하는 논집이 있는데, 이 논집은 부처님이 남기신 설법에 대한 상세한 분석과 설명을 담은 해석서이다. 기원전 3세기에 만들어진 《아비달마》는 아마도 부처님의 가르침에 대한 체계적인 철학적 분석과 해설이 담긴 최초의 논집이 아닌가 한다. 그런데 이 철학적 분석서에는 마음의 작용과 의식에 대한 자세한 분석이 담겨 있다. 《아비달마》의 분석에 따르면 마음은 그 다양한 부분들의 작용으로 설명된다. 즉 마음은 서로 다른 기능과 역할을 수행하는 마음 요소들의 총합이다. 마치 현대 심리학이 마음을 감각, 지각, 기억, 감정, 판단 등의 기능으로 나누듯이 《아비달마》에서 마음은 이러한 부분들의 기능적 연합으로 설명된다. 예를 들어 마음은 하나이지만 그것이 일어나는 방식에 따라 시각, 청각, 후각, 미각, 촉각, 그리고 의식으로 나뉘고 그것이 활동하는 것에 따라 칫타citta, 心 (상태, 느낌), 마나스manas, 意 (의도, 의향, 고려) 그리고 비즈냐나vijñāna, 識 (분별, 인식)라고도 한다. 마음과 의식에 관한 이러한 분석적 연구는 《아비달마》 이후에도 계속 이어지는데, 기원후 4세기경 유가행파瑜伽行派, Yogācāra 혹은 유식파唯識派, Vijñānavāda의 철학에서 크게 융성한다. 유식이란 오로지 의식(유唯, 식識)이라는 뜻이다. 의식의 문제가 불교 철학에 깊이 연결된다는 주장은 바로 유식론을 보면 당장 이해될 수 있다. 이 학파의 대략적 주장은 우리가 바라보는 실재는 그 자체의 실체적 존재를 독립적으로 가지는 것이 아니라, 우리 마음과 의식에 나타난 것으로서의 의미를 가질 뿐이라는 것이다. (흥미롭게도 유식론의 이러한 기본 입장은 18세기 아일랜드의 철학자 조지 버클리George Berkeley의 관념론과 비교된다. 버클리에 따르면 우리가 대상이라고 생각하는 것은 독립적인 존재들이 아니라 마음을 통해 나타나는 감각 경험의 덩어리라고 주장했다.)[25] 특별히 유식론에서는 가장 근원적 단계의 마음인 말나식末那識, manas vijñāna과 아뢰야식阿賴耶識, ālaya vijñāna에 관한 설명이 개진되고 있는데, 이들 의식을 잘 살펴보면 불교에서 마음의 기능과 의식을 어떠한 방식으로 이해하고 있는지를 알 수 있다. 물론 불교의 다른 경전이나 논설에도 마음과 의식에 관한 설명이 개진되고 있지만, 특별히 《아비달마》의 분석과 유식론의 철학은 마음과 의식에 관한 불교 철학의 대표적인 입장이라고 생각할 수 있고, 그런 의미에서 이 둘의 주장을 잘 살펴보는 것이 중요하다.

《아비달마》와 유식론에서 제공되는 의식에 관한 생각은 다음과 같다. 마음은 하나의 통일적 실체가 아니라 다양한 요소와 과정을 통해 나

---

25 Berkeley, G. (1975). *Philosophical works, including the works on vision*. London: J. M. Dent.

타나는 동적이며 총합적인 현상이다. 이러한 마음의 다양한 요소와 과정은 과학적 환원의 방식이 아니라 체험적이며 현상학적인 환원의 방식으로 분석된 것이다. 즉 《아비달마》 논서나 유식론 철학에서 분석하는 마음의 구성 요소와 과정들은, 뇌의 신경 세포의 발화나 신경 세포 내부의 미세 입자의 운동 같은 물리 기능적 분해의 방법론으로 설명되는 것이 아니라, 마음의 내적 관찰을 통해 드러나는 감각이나 지각 같은 경험 현상을 가지고 설명되는 것이다. 즉 마음과 의식에 관한 불교적 분석은 환원적 분석이기는 하지만 현상학적 혹은 경험적 환원이지, 신경 과학적 혹은 물리적 환원이 아닌 것이다. 다시 말해 마음을 신경 세포나 분자들의 움직임이 아닌 세심한 내적 관찰이나 집중된 명상 상태를 통해 그 자체로 분석한 것이다.

다음으로 의식에 관해서 《아비달마》와 유식론은 매우 독특한 입장을 견지한다. 서양 철학이나 과학에서는 의식이 한 가지 이름으로 분석이 진행되지만 불교에서는 여러 다른 종류의 의식과 이들의 기능과 성격이 별도로 설명된다. 마음은 먼저 안식眼識, 이식耳識, 비식鼻識, 설식舌識, 신식身識, 의식의 6가지의 식으로 이루어져 있다. 그런데 여기서 식이라고 하는 것은 기본적인 마음의 기능을 말한다. 이 단계의 의식은 앞서 말한 의식을 잃지 않은 상태(의식의 첫 번째 의미) 혹은 상황 인지의 의식(의식의 두 번째 의미)이다. 이것은 감각, 지각, 그리고 내적인 자발성에 대한 느낌이다. 간단히 말한다면 이 감각과 지각의 식은 내부와 외부 환경에 무슨 일이 벌어지고 있는지를 아는 의식인 것이다. 이 경우 식이란, 자극들을 받아들이고 그것을 구분하고 그것에 반응하는 능력을 가리키는 말이다.

다음 단계의 의식에는 유식론에서 논의되는 제7식인 말나식과 제8식인 아뢰야식 있다. 대상과 현상에 대한 구분과 판단이 제6식이라면

제7식인 말나식은 이러한 의식의 판단에 자아를 연결 짓는다. 그리하여 지각적 판단과 구분을 통해 나타난 생각들이 나의 것, 나의 생각, 나의 감정이 된다. 이 말나식은 자아의식, 자아 투사, 혹은 자아 연관에 관한 인식이 된다. 말나식을 통해서 마음은 일정한 시각이나 관점을 가지게 된다. 앞서 논의한 'X가 된다는 느낌What it is to be X'은 바로 말나식을 통해 가능하게 되는 것이다. 특별히 일인칭적 시점이나 시각을 갖는 것은 바로 말나식 때문이다. 이것은 서양 철학에서는 일인칭적 주관 의식이다. 또한 말나식은 투사적 자아의식 혹은 자기 관점의 의식인 것이다. 이 의식은 지각과 인식을 하나의 관점(자아라는 관점)에서 이해하고 인식하는 능력을 가지고 있어서, 앞서 논의한 정보의 종합적 총괄의 의미로서의 의식의 역할을 한다. 마지막으로 제8식인 아뢰야식이 있다. 아뢰야식은 인식에 의해 나타나는 생각이나 판단이나 이해가 아니라, 모든 생각과 행위의 씨앗을 담은 저장소의 역할을 하는 의식이다. 자아와 자아의식이 시간적 연속과 공간적 지속을 하게 되면서 경험과 생각이 저장되고 쌓이는 과정과 그 결과물이 나타나게 하는 과정에 관련된 식이다.

　이러한 정교한 마음과 의식의 구조에 관한 불교적 분석은 어떤 철학적 전통과 비교해 보아도 뒤지지 않는 불교 철학의 정수라고 할 수 있다. 수 세기에 걸쳐 논의되고 다듬어진 의식에 관한 불교적 분석은, 비록 과학적이거나 물리적인 분석은 아니지만 의식을 그 자체로 다루는 현상적이며 경험적인 분석의 최고의 수준을 보여 준다고 할 만하다. 이런 맥락에서 제14대 달라이 라마Dalai Lama, Tenzin Gyatso가 2005년 미국 신경 과학회 정례 학술 발표회에서 기조 연설을 했다는 사실은, 마음과 의식의 철학인 불교와 뇌의 과학인 신경 과학이 상호 협력을 통해 인류 최고의 난제 중에 하나인 의식의 문제를 해결해 나가려는 노력을 보여 준다.

하지만 《아비달마》나 유식 불교에서 분석된 의식과 서양 철학이나 과학에서 논의되는 의식에는 중요한 차이가 존재한다.

깨달음의 의식과 관점의 의식

앞서 설명되었듯이 서양 철학과 과학에서 논의되는 의식은 크게 보아 현상적 경험의 의식, 관점의 의식consciousness of viewpoint, 그리고 통합적 인식의 의식consciousness of integrated cognition이라는 세 가지 중요한 측면을 가지고 있다. 현상적 경험의 의식은 주관적, 개인적 그리고 직접적 느낌의 의식이다. 이 마른 빵 조각과 이 빨간 저녁 노을과 이 귀청을 날려버리는 경적 소리는 나에게 독특한 감각의 느낌을 주며 이 느낌은 나에게 직접적으로 알려진다. 이 직접적인 경험이 나에게 드러나는 방식은 현상적 의식이 나에게 드러나는 방식이다. 그런데 이러한 의식은 항상 일정한 시각이나 관점으로 나에게 주어진다. 이것이 관점의 의식이다. 즉 이런 의식은 나의 입장에서 나에게 X라는 상황에 놓이는 것이 무엇인지를 알려 주는 것이다. 마지막으로 의식은 매우 특별한 인지 능력으로 드러난다. 통합적 인식의 능력이 그것이다. 마음과 뇌에서 벌어지는 다양하고 분산된 과정들이 통합되어 이 경험의 조각들(마른 빵, 빨간 노을, 경적 소리)이 일관적인 나의 경험으로 나타나는 것은 바로 통합적 인식의 의식 때문이다. 예를 들어 다양한 뇌의 활동이 서로 다른 기능을 수행할 때, 이들이 공통의 상위 주파수로 통합된다면 이들은 통합적 인식의 의식을 형성할 수 있을 것이다.

서양 철학과 과학에서 나타나는 의식에 대한 이러한 일반적인 접근은 의식에 대한 매우 체계적이고 포괄적인 이해를 가능하게 하지만, 앞서 설명한 것처럼 의식에 대한 불교적 이해와는 다른 면이 있다. 첫째로 진정한 불교적 깨달음의 의식 상태는 단지 머무르고, 느끼고, 즐기는 상태가 아니라 자기가 변화하는 상태이다. 불교에서 의식은 단순한 인지적 상태나 기능적 상태가 아니라 자기 변화와 해탈의 과정과 연결된다. 이러한 변화의 목적을 달성하기 위해서는 의식이 고유한 인과력을 가져야 한다. 따라서 의식에 대한 많은 철학적 이론들이 택하고 있는 인지 기능적 접근 혹은 창발적 접근은 불교적 의식과 완벽하게 정합적인 것은 아니다. 기능적 접근이나 창발적 접근에 따르면 의식 현상은 나름의 고유한 인과력을 가지지 못하고 그 기반, 혹은 기원이 되는 현상의 인과력을 이어 받는다. 앞에서도 다룬 것처럼 물의 액체성이 지닌 인과력은 그 자체의 고유한 인과력이 아니라, 액체성이 창발되어 나온 산소와 수소의 인과력일 뿐이다. 같은 논리로 의식의 인과력은 의식의 기반이 되는 뇌 세포나 분자들의 인과성에 전적으로 의존한다. 이러한 접근법을 깨달음의 의식에 적용하면 그것은 깨달음의 의식이 물리적 인과의 조건에 의존한다는 것을 의미한다. 그런데 물리적 인과의 조건들은 맹목적이며 결정론적이어서 욕망과 집착 그리고 시혜와 자비를 구분하지 않는다. 하지만 깨달음의 의식은 이러한 맹목적 과정에서 해방된 혹은 해방되고자 하는 상태이다. 그래서 깨달음의 의식이 그것이 실현되는 뇌의 물리적 인과력에 전적으로 의존한다는 것은 합당한 생각이 아니다. 이런 이유로 깨달음의 의식은 기능적 속성이나 창발적 속성으로는 제대로 설명되지 않는 측면을 가지고 있다.

다음으로 깨달음의 의식은 단순한 주관적 경험의 의식이 아니다. 어떤 사건이 주관적인 시각에서 의미 있는 것으로 나에게 경험될 때 나타나는 것이 주관적 의식이다. 이 의식은 일반적으로 주관적이며 내밀한 직접적 경험의 의식을 말하는데, 이러한 의식은 불교적 입장에서 본다면 오히려 궁극적인 깨달음의 의식에 방해가 될 수 있다. 현상적 의식은 일인칭 접근을 통해 나타나는 구체적인 느낌과 경험이다. 이 의식은 나에게 가장 가깝게 그리고 구체적으로 느껴지는 경험을 가능하게 하는 의식이다. 그런데 불교에서 말하는 깨달음의 의식(깨어있음의 의식)은 일인칭적 접근이나 특정한 관점에서 자유스러운 열린 의식이다. 이런 의식 상태는 나와 타인을 그리고 나의 마음과 타인의 마음 사이에 선을 긋고 나의 고유한 관점을 가지고 세상을 경험하는 의식이 아니다. 간단히 말하면 깨달음을 향한 깨어있음의 의식은 자아와 관련이 있지만 자아에 집착하거나 일정한 관점에 결박된 의식이 아닌 것이다. 따라서 깨달음의 의식은 직접적인 경험의 의식, 즉 현상적 의식이기는 하지만 일정한 관점이나 자아에 고정되지 않은 개방된 자유로운 의식이다.

셋째로, 깨달음의 의식에 대한 불교적 접근은 의식을 실체화하는 것에 반대한다. 따라서 의식에 대한 불교적 입장은 실체적인 마음의 존재를 상정하는 범심론을 지지하지 않는다. 범심론에 따르면 실재의 가장 기본적인 단계에 의식이라는 일정한 마음의 속성이 존재한다고 한다. 그러나 불교에서 말하는 깨달음의 순수 의식은 자아의 망상에서 자유스러운 흐름의 의식이다. 이 의식은 적극적인 판단을 내리거나, 일정한 관점을 취하거나, 주어진 구분을 짓는 것에 집착하지 않는, 끊임없는 의식의 흐름일 뿐이다. 따라서 의식을 실체화하거나 마음 안에 고정적인 대상으로 만드는 시도는 깨어있음의 철학과는 양립될 수 없다.

이런 세 가지 특징을 가진 깨달음의 의식은 특정한 기능이나 생각에 제한된 의식이 아니라 열린 마음의 상태이다. 이러한 이유에서 깨달음의 의식은 서양 철학과 과학에서 논의되는 의식과는 구분되는 특성을 가지고 있다. 그렇다고 이 고유한 불교적 의식이 다른 의식과 완전히 다른 종류의 신비한 능력 같은 것은 아니다. 이 의식은 서양 철학이나 과학에서 논의되는 의식처럼 마음의 현상적 현전이나 정보를 전체적으로 받아들이는 통합성도 가지고 있을 것이다. 그러나 이 의식은 자아나 자아 중심적 관점에 대한 집착이 없는 의식이며 마음과 의식 자체를 변화시킬 수 있는 능력을 가진 의식이다. 즉, 이 의식은 고정된 관점이 주는 혼란과 자아가 일으키는 집착을 걷어내어 참된 지혜를 주는 깨달음의 의식이다.

천둥과 번개가 신들의 분노와 징벌이라 생각한 고대인들은 천둥과 번개가 나타날 때 마다 전율과 공포에 떨었다. 그러나 이들의 고통은 과학적 지식을 통해 해소되었다. 우리는 천둥과 번개가 전기적 충전과 방전과 같은 자연 현상임을 알고 있기 때문이다. 마찬가지로 깨달음의 의식은 인간의 실존적 문제를 깨달음의 지혜를 통해 해소할 힘을 우리에게 제공한다. 무지와 욕망 때문에 나타난 고통과 공포가 나타나지만 이러한 혼란은 깨달음의 지혜를 통해 해소된다는 것이 불교의 메시지이다. 이것이 깨어있음의 전통이 우리에게 보여 주는 해방적 의식의 모습이다. 불교는 이러한 해방적 의식의 가능성을 통해 인간 삶의 근본적인 문제(태어남, 병듦, 죽어감, 고통, 욕망, 집착, 정체성의 문제 등)가 해소될 수 있음을 가르치고 있다.

의식과 자아의 문제

깨달음의 의식과 더불어 의식에 관한 철학적 분석에 자주 등장하는 주제는 자신의 존재에 관한 의식이다. 이러한 종류의 의식은 인공지능의 정신적 능력과 깨달음의 능력을 논할 때도 역시 자주 등장한다.[26] 서양

---

26 《인공지능, 붓다를 꿈꾸다》에서 지승도 교수(2015)는 인공지능의 불성, 즉 깨달음 가능성의 조건에 대해서 자아 의식이 필요하다고 주장하였다.

철학에서는 자아가 인식론적 측면에서는 인지와 판단의 최종적인 통합자로서, 그리고 윤리적 측면에서는 책임성과 도덕적 행위자의 기반으로서 매우 중요한 역할을 한다. 그런데 이러한 자아에 대한 굳건한 믿음을 흔드는 이론들이 서양 철학 내부에서도 많이 나타났다. 18세기 경험론 철학, 즉 지식은 감각 경험으로 구성된다는 입장을 대표하는 스코틀랜드의 철학자 데이비드 흄David Hume은 우리가 생각하는 자아라는 것이 불변의 실체를 가진 대상이 아니라, 단지 얼기설기 엮어져서 끊임없이 변화하는 생각과 느낌의 묶음 혹은 덩어리에 지나지 않다고 생각하였다. 영속적인 실체로서의 자아는 흄의 경험론의 입장에서는 우리의 무의식적 습관이거나 고질적 착각인 것이다.[27]

의식의 문제를 자아 환상의 문제와 보다 직접적으로 연결하는 이론들은 최근에 더욱 관심을 일으키고 있다. 독일의 철학자 토마스 메칭거Thomas Metzinger는 그의 《자아 터널 이론Ego Tunnel Theory》이라는 저서에서 의식은 자아自我, self라는 틀을 가지고 우리의 주관성과 경험성을 만든다고 주장하였다.[28] 우리가 보통 생각하는 자아라는 것은 실체를 가진 것이 아니라, 우리의 주관적 경험을 가능하게 하는 뇌의 가상적인 구성물에 지니지 않는다. 즉, 의식은 뇌를 통해 자아라는 고립된 환상을 만들어 낸다는 것이다. 그의 주관성 자아 모델 이론The Self-Model Theory of Subjectivity에 따르면 주관성이라는 것 그리고 자아의 관점이라는 것은 이러한 뇌 활동에서 나타나는 의식의 기능이다. 의식은 이러한 자아를 만들어 내고 지속시키고 고착화한다.

---

27   Hume, D. (1978). *Treatise of Human Nature* (eds. L.A. Selby-Bigge and P.H. Nidditch). New York: Oxford University Press, 1.4.6.3-6.

28   Metzinger, T. (2009). *Ego tunnel theory*. New York: Basic Books.

영국의 철학자 데릭 파핏Derek Parfit도 이러한 자아와 의식의 밀접한 관계를 조심스럽게 지적한다. 그에게 있어 자아라는 것은 기억의 연결 고리로 형성된 마음 그리고 그 마음을 보듬고 있는 경험의 기반이다.[29] 이 연결고리는 나의 영속적 정체성을 만들어 나와 타인을 구분하는 유리 터널glass tunnel (눈에는 잘 보이지 않으나 나와 외부 대상을 구분하는 분명한 경계)이다. 그는 《이성과 인성Reasons and Persons》이라는 저서에서 다음과 같이 말한다.[30] "나의 삶은 마치 유리 터널과 같다. 그 끝에는 어둠이 있는 이 터널을 나는 매년 자꾸만 빠르게 움직여 간다."[31] 비슷한 측면에서 의식의 비실재적 성격을 논하는 데닛은 자아를 무게 중심center of gravity에 비유한다.[32] 질량을 가진 어떤 대상이든 무게 중심(대상의 균형을 잡아 주는 수학적으로 상정된 한 점)이 존재한다. 그런데 사실한 대상의 무게 중심이라는 것은 주변의 다른 대상과 완전히 독립적으로 존재하는 하나의 고정적인 점이 아니다. 이 대상을 다 분해해서 무게중심이라는 한 점을 발견할 수 있는 것도 아니다. 자아라는 것도 마찬가지이다. 이것은 기억, 감각, 생각, 느낌, 욕구, 그리고 인간 관계가 어우러져서 만들어진 그물망의 가상적인 한 점일 뿐이다. 그럼에도 불구하고 마음은 서술적 무게 중심a center of narrative gravity으로서의 자아를 만들어 내고, 일정한 관점을 고집하며 나의 경험에 집착한다. 사실 자아라는 것은 거미 없는 거미줄과 같은 것인데, 이 거미줄에서 실제로 있지도 않는 거미를 계속 찾아 헤매는 것은 우리 마음의 뿌리 깊은 습관일 뿐이다.

29 Parfit, D. (1971). Personal identity. *The Philosophical Review, 80*, 3 – 27.

30 Parfit, D. (1984). *Reasons and persons.* New York: Oxford University Press.

31 Parfit, *Reasons and persons*, 281.

32 Dennett, D. (1992b). The self as a center of narrative gravity. *Philosophia, 15*, 275-288.

이런 습관 때문에 우리는 유리 터널을 만들어 나와 외부 대상들을 구분하고, 존재하지 않는 거미를 생각의 거미줄에 만들어 낸다. 이런 습관 때문에 우리는 주관성을 만들고 자아의식을 일으키고 그 환상 속에 살아간다.

이런 주관성과 자아의 의식은 나의 권리와 이익, 그리고 책임성의 기반을 제공하지만, 동시에 나와 타인을 나누고 동지와 적을 나누는 이분법적인 시각을 고착화시킨다. 이런 의식은 유식 불교의 제7식인 말나식을 통해 살펴볼 수 있다. 말나식은 우리의 판단 결정에 '관점'을 부여하며 나 자신의 의미를 부여한다. 이 관점 때문에 멀고 가까움이 생기고, 가치 있고 가치 없음이 생긴다. 마음을 갖는다는 것 그리고 특별히 의식을 가진다는 것은 우리에게 많은 정보와 의미를 가져다주지만, 역설적이게도 자기 마음 바깥의 다른 세상을 진정으로 이해하지 못하게 만든다. 그것은 의식이라는 것이 본질적으로 일정한 관점과 주관성을 가지고 있는 것이기 때문이다. 이것이 말나식의 본성이자 또한 한계인 것이다. 같은 개념이나 이론을 쓰지 않았지만 서양의 철학자인 메칭거, 파핏, 그리고 데닛은 비슷한 시각에서 이러한 자아와 의식의 발생과 한계를 말한다. 물론 이들은 유식론 철학자들과는 달리 신경 과학과 심리학의 많은 경험적 증거를 함께 논하고 있다. 이들의 주장은 자아의식이라는 것이 일정한 관점과 시점을 주기 때문에 행위의 이해와 책임성과 의미 이해에 중요한 것이지만, 동시에 그것으로 인하여 특정한 시각으로 고착된 절대화된 관점이 나타나 문제를 일으킬 여지를 만든다고 한다. 여기서 한 가지 중요한 점은 이들이 의식의 존재를, 즉 여러 가지 형태로 존재하는 직접적이며 내밀한 경험의 존재를 부정하는 것이 아니라 영속적이며 실체화된 의식의 절대적 존재를 부정한다는 점이다. 이 점은 자아와 의식의 현상적 실재만 인정하는 불교 철학의 기본적 입장과 같은 것이다.

따라서 의식에 관한 새로운 이해를 통해 고립된 우리의 주관성과 자아의식을 극복하고 의식과 자아라는 환상(실체적 존재에 대한 맹목적 믿음)을 폭로하는 것이 중요하다. 예를 들어 파핏은 "내가 나의 시각을 바꾸었을 때, 유리 터널[자아와 의식의 환상]의 벽이 사라졌다. 나는 이 제 열린 공간에 살고 있다"라고 그의 경험을 소개한다.[33] 그런데 이 시각을 바꾸는 일이 쉬운 일이 아니다. 우리가 가진 뿌리 깊은 습관적 인식을 걷어내야 하기 때문이다. 메칭거에 따르면 이런 의식과 자아라는 환상을 완전히 제거할 수는 없다고 하더라도 이 환상의 정체를 깨닫는 것은 가능하다. 그는 자아라는 환상을 만들어 내는 의식을 극복하는 방안으로 새로운 의식을 제안한다. 이 의식은 현상적 내적 의식이 아니라 사회적 의식(개방적 논의와 타인에 대한 관용) 혹은 지성적 의식(신경 과학과 물리학이 제공하는 객관적 지식)이다. 이러한 개방된 지식의 공유와 논의를 통해 자아라는 터널을 극복할 수 있지 않을까 하는 것이 메칭거의 주장이다.

불교는 이 고착된 주관성과 자아 중심성을 극복하는 깨달음의 가능성을 사회적이며 지성적 노력보다는 의식의 본래적 능력에서 찾으려 한다. 즉 의식 자체의 기본 단계에 존재하는 모든 생각과 느낌의 씨앗 창고(아뢰야阿賴耶, ālaya)에서 그 해답을 찾고자 한다. 그런데 이러한 근본적인 의식이 서양 철학에서도 논의되고 있다. 에반 톰슨Evan Thompson 은 그의 최근 저서 《각성, 꿈, 존재: 신경 과학, 명상, 그리고 철학에서 자아와 의식Waking, Dreaming, Being: Self and Consciousness in Neuroscience, Meditation, and Philosophy》에서 이러한 근본적 의식의 가능성을 탐구하고

---

33 Parfit, *Reasons and persons*, 281.

있다.[34] 데닛, 파핏, 그리고 메칭거와 마찬가지로 톰슨은 자아나 의식을 우리에게 이미 완성된 채로 주어진 실체적인 대상으로 보지 않는다. 자아나 의식은 우리 마음의 자연적인 성향이 만들어낸 것들이다. 그러나 그렇다고 해서 이들이 완전히 공상적 허구 같은 것은 아니다. 자아와 의식은 일정한 과정을 통해 나타나고 사라지고 또 나타나는 것들이다. 특별히 톰슨은 이러한 과정의 기반에 있는 의식의 가장 근본적인 모습에 주목한다. 그는 이런 근본적 의식의 모습을 자각몽, 유체 이탈 체험, 깊은 수면, 그리고 임사 체험 등과 같은 특별한 경험을 통해 분석한다. 여기서 중요한 점은 이러한 사례에서 드러나는 의식의 모습은 앞서 논의한 서양 철학이나 과학에서 드러난 의식의 일반적인 모습(관점의 의식, 자아의 의식, 인식을 총괄하는 의식)과는 다르다는 점이다. 그는 먼저 의식은 다른 어떤 것으로 환원되지 않는 우리의 직접적 경험에서 나타난다고 생각한다. 다음으로 이 직접적 경험은 반드시 특정한 자아의 관점이나 인식의 총괄을 동반할 필요는 없다고 생각한다. 특별히 깊은 수면 시에 나타나는 경험 같은 것은 특정한 관점이나 인식을 동반하는 경험이 아니다. 보통 우리는 깊은 수면 시에는 아무런 의식이 없다고 생각하지만, 잠을 깨고 나서는 이 깊은 수면에 대한 일정한 기억 혹은 느낌을 갖는다. 만일 수면 시에 아무 의식이 없다면 어떻게 깊은 잠을 잤다는 기억을 갖는가? 유체이탈 그리고 임사 체험 같은 것은 나의 고정된 관점이나 인식이 최소화되어 개방된 의식이 나타나는 환경이다. 아마 이런 의식은 파핏의 유리 터널이 없는 혹은 유리 터널이 만들어지기 전의 상

---

34 Thompson, E. (2015). *Waking, dreaming, being: Self and consciousness in neuroscience, meditation, and philosophy*. New York: Columbia University Press; 에반 톰슨, (2017), 《각성, 꿈, 그리고 존재: 뇌과학 명상 철학에서의 자아와 의식》, 이성동 이은영 옮김, 씨아이알.

태가 아닐까 한다. 그의 연구는 이러한 의식의 새로운 가능성을 보여 주는데, 이것은 의식에 대한 불교적 접근과 깊은 연관을 가지고 있다. 주관적 관점과 자아로 제한된 유리 터널과 같은 의식, 즉 전통적으로 서양의 철학과 과학이 연구하려고 하는 의식이 있는 반면, 특정한 관점이나 고정된 자아에서부터 열려 있는 의식, 즉 불교의 깨달음이 집중하는 의식도 있는 것이다. 이러한 열린 의식이 깨달음을 가능하게 하는 깨어있는 마음의 기반인 것이다. 그렇다면 우리가 계속 논의했듯이, 이러한 깨어 있는 의식을 인공지능이 가질 수 있는지 질문해 보아야 한다. 과연 의식이라는 것이 도대체 인공지능에 가능하기라도 할 것인가? 그런데 깨달음의 의식을 잘 이해하기 위해서는 이것과 구분되는 일반적인 의식, 즉 감각과 지각 능력으로서의 의식도 파악해야 한다. 이 일반적 의식은 마음의 활동을 가리키는 식이라는 용어를 통해 이해될 수 있다.

불교의 식과 정보 처리의 훈습

앞에서도 언급했듯이 불교에서 식이라는 개념은 다양한 정신 능력을 포함하는 개념이다. 식은 산스크리트어로 나누다, 분리하다vi와 안다jñā라는 말에서 유래한다. 즉 식은 마음의 구체적 정신 작용을 구분하여 말할 때 쓰는 말이다. 굳이 번역하자면 식은 감각, 지각, 그리고 인지 같은 다양한 정신 활동을 가리키는 말이다. 따라서 식은 서양의 철학이나 심리학에서 말하는 반성적 자기 지각의 상태인 의식과는 달리 폭넓은 마음의 상태, 즉 감각, 지각, 사고, 판단, 상상을 각각 나누어서 나타내는 말로 쓰인다.

불교에서는 인간의 지식 활동을 다양한 방식으로 설명한다. 다음 도식을 살펴보자. 먼저 앎에는 감각의 과정이 있다. 안眼 (눈), 이耳 (귀),

비鼻 (코) 설舌 (혀), 신身 (몸)의 5가지 감각기관(5근五根 또는 5관五官, 혹은 전오식前五識)이 감각의 정보를 알려 주면 이것이 6번째 단계인 의식 (지각적 자각)으로 통합되고 이것이 하나의 통합된 나의 경험으로 말나식에 의해 파악된다.

감각기관(前五識) 1-5식	지각적 자각 6식	자아의식(관점) 7식	지속적 자성(自性) 8식
안(眼), 이(耳), 비(鼻), 설(舌), 신(身) ↔	의식 ↔	말나식 ↔	아뢰야식

즉, 제6식을 통해 감각의 정보가 통합적으로 지각되고, 그것이 제7식인 말나식을 통해 나의 경험 혹은 나의 시각으로 파악된다. 물론 말나식은 이러한 지각 경험과 자아라는 경험을 가능하게 하는 '기반'을 제공하는 의식이다. 그런데 이 기반 아래에는 또 다른 기반인 아뢰야식이 있다. 아뢰야란 산스크리트 말로 '저장'을 의미하는데, 이 말은 우리의 생각과 행동이 우리의 깊은 의식 안에 씨앗, 즉 가능태의 형태로 저장된다는 의미이다. 그러니까 우리의 경험과 생각과 행동은 일회적인 사건으로 일어나서 지나가는 것이 아니라, 그 자취와 흔적을 무의식적 기억으로 마음 깊은 곳에 남긴다는 것이다. 이들이 저장되고 쌓이면서 다시 우리의 경험과 생각과 행동에 영향을 미치게 된다. 한 개인의 경험과 생각의 흔적이 고스란히 이 깊은 마음의 창고에 저장되는 것이다.

그런데 이 창고에 저장된 흔적들은 한 사람의 마음속에 단순히 축적된 자료로 남는 것이 아니라, 기회가 될 때마다 그 사람의 생각과 행동에 영향을 미쳐서 오랫동안 그 사람의 마음의 자세를 만들어 낸다. 결국 생각/행동, 흔적의 저장, 그리고 생각/행동의 돌고 도는 관계가 여기서 형성되는 것이다. 그래서 이러한 순환 관계는 업業, Karma의 과정이 되고 아뢰야식은 업의 창고가 되는 것이다. 그리하여 아뢰야식은 행동과 생각의 자취가 씨앗으로서 저장된 창고로, 그 안에 오랫동안 쌓인 씨앗은 적당한 조건(연緣)이 생기면 다시 생각과 행동을 일으키는 윤회의 주체가 되는 것이다. 그래서 유식 불교에서는 아뢰야식을 망식妄識, 업식業識, Karmic Consciousness, 또는 종자식種子識, 생멸식生滅識 이라고 한다. 즉, 아뢰야식이란 생각과 행동이 자취와 흔적으로 저장되고 경험이 무의식적 기억으로 축적되어 마음의 업을 만들어 내는 의식이다. 이러한 저장과 축적은 마치 담배를 피우는 사람에게 담배 냄새가 은연 중에 몸에서 나고, 고기집에 갔다 온 사람의 옷에서 고기 냄새가 밴 것과 같은 현상을 일으킨다. 이러한 담배 냄새나 고기 냄새 같이 오랫동안 축적된 마음 자세는 한 사람의 말과 행동에서 무의식적 습관이나 버릇으로 드러나는 것이다. 이를 불교에서는 훈습熏習, vasana 이라는 말로 표현한다. 이 훈습의 기반의 되는 것이 아뢰야식이다.

　　반복된 일이 저장되어 다시 우리에게 영향을 미치는 훈습 현상은 우리 생활 곳곳에서 발견된다. 얼굴에 인생의 흔적이 남는 관상이 그러한 것이고, 습관화된 식성이 그러한 것이고, 말하는 억양이 그러하고, 자주하는 몸동작이 그러하다. 한번 시작한 일이 자꾸 반복되고, 이 반복이 습관이 되고, 습관이 다시 나의 결정과 행동을 무의식적으로 결정한다. 선택이 습관을 낳고, 습관이 선택에 다시 영향을 주는 순환이 계속된다. 고기 굽는 식당에 가서 식사하고 왔는데 고기 냄새가 옷에 배여 있었고, 그 밴 냄새를 맡고, 그것 때문에 다시 고기 집으로 가게 되는 자기 조건화 과정 속에 우리가 빠진 것은 아닌가? 불교 철학은 이러한 복합적인 조건화 과정이 마음에서 시작되어 우리가 세상을 보고 이해하는 방식에 영향을 미치고 결국 우리 자신의 인성과 존재에도 영향을 미친다는 점을 아뢰야식의 분석을 통해 보여 준다.

이러한 습관의 조건화 현상은 구두의 굽을 보면 그 구두를 신은 사람의 자세나 건강 상태, 혹은 성격 까지도 알 수 있다는 주장에서도 발견할 수 있다. 구두 굽은 마치 아뢰야식처럼, 생각과 행동의 자취가 저장된 창고와 같다. 어떤 사람의 구두 굽에 특정한 부분이 많이 닳았다는 것은 이 사람의 걷는 행동이 일정한 자취를 구두 굽에 남겼다는 것이다. 그런데 이 자취, 즉 굽의 닳은 자리가 거꾸로 이 사람의 걷는 자세를 일정하게 유도하기도 한다. 그래서 결국 이 사람은 자신도 모르게 일정한 방식으로 걷게 되고 이러한 걷는 방식을 계속 유지하게 된다. 이것이 바로 업의 세계이고 종자의 세계이다. 돌고 돌면서 스스로를 강화시키는 순환 운동이 생기는 연기緣起의 세계이다. 이러한 자기 규정적 피드백 과정이 불교에서 의식의 특정한 형태인 아뢰야식으로 이해되었다는 것은 매우 놀라운 일이다.

이러한 습관이나 버릇은 단순히 무의식적 기억이나 마음에만 나타나는 것이 아니다. 정보 처리 체계에서도 발생할 수 있다. 우리가 자주 사용하는 인터넷 사이트에서도 발생한다. 인터넷 쇼핑몰이나 판매 사이트를 방문하여 물건을 조사하면 이 활동의 데이터가 기록되어, 다음 번 방문할 때는 지난 번 방문 때 살펴보았던 물건과 비슷한 종류의 물건들이 나타난다. 비유적으로 말한다면 이번 방문의 처음 화면이 지난 번 방문의 활동이 씨앗으로 저장되어 다시 나타난 것이다. 대중적인 인기를 끄는 동영상 웹사이트인 유튜브에서도 이런 일이 벌어진다. 어떤 사람이 이 사이트에서 좋아하는 동영상을 몇 가지 시청하고 있으면, 다음에 이 사이트를 방문할 때 이전에 시청한 동영상과 비슷한 종류의 동영상들이 여럿 나타나기 시작하고, 얼마 있지 않아서 이 사이트는 이 사람의 동영상 취향을 그대로 반영하는 동영상들로 가득 차게 된다. 그리하여 이 사람의 행동과 선택이 저장되고 나타나서 그대로 다음 행동과 선택에 영향을 미치는 일이 이 동영상 사이트에서 발생하는 것이다. 결국 특별한 이유가 없는 한 이 사람은 아무 생각 없이 같은 종류의 동영상을 계속 보게 되는 것이다.

물론 정보 처리 과정에서 정보 활동의 기록 축적과 재활용 과정을 의도적으로 제거하도록 할 수도 있다. 쿠키cookie (인터넷 사이트의 방문자의 활동 기록이 그 사이트의 서버에 파일로 기록된 것)의 사용을 제한하거나 그것을 제거하는 방법을 통해 이러한 반복되는 패턴의 기억 현상이 발생하게 하지 않을 수 있다. 그러나 인터넷 사이트의 사용 편리성 때문에 이러한 과거 방문 기록의 재활용 과정은 보통 많은 사람들이 인정하고 받아들이고 있다. 이러한 자동화된 기록과 활용의 장점은 나의 취향을 정보 처리 체계가 파악하고 있어서, 이에 맞추어 나의 요구에 적합한 반응을 빠르게 할 수 있다는 점이다. 소비자나 사용자의 입장에서는 이렇게 학습되거나 축적된 기능이 매우 편리한 경우가 많다. 이것은 마치 단골 손님의 취향을 파악한 식당 주인이 손님이 주문하기도 전에 이미 어떤 음식을 준비해야 하는지를 아는 것과 같다. 단골 손님이 굳이 주문을 따로 하지 않더라도 "늘 먹던 것으로"라고만 해도 원하는 음식이 테이블에 차려지는 것과 같은 이치이다. 반면에 단점도 만만치 않다. 자취와 흔적이 무의식적으로 저장되고 축적되어 나타나는 아뢰야식의 경우와 마찬가지로 학습된 정보 처리 체계를 한 순간에 변화시키는 것은 쉽지 않다. 습관화된 취향을 바꾸어 전적으로 새로운 창의적 결정을 내리는 것이 쉽지 않다는 것이 이러한 자동화된 학습 체계의 단점이다. 신체의 한 부분만을 사용하면 굳은살이 박힌다. 생각과 행동도 한 가지 길을 따라 습관화되면 마음에 굳은살이, 즉 습관화된 사고 방식, 고정된 시각, 그리고 편향적 생각이 박힌다. 그런데 이 축적된 마음의 굳은살을 없애는 일은 쉬운 일이 아니다.

이러한 습관화된 굳은살이 은연 중에 우리의 생각과 선택에 영향을 미치는 모습은 앞에서 설명하였듯이 온라인 쇼핑 시스템이나 포털 사이트나 다른 인터넷 사이트에서 자주 발견된다. 이들 사이트는 우리의 온라인 활동의 자취를 수집하고 축적하여 온라인 환경을 만든다. 그런데 이 환경은 역으로 사용자들의 활동을 유도하고 선택에 영향을 미친다. 이 영향을 받은 생각과 선택이 다시 온라인 환경을 강화한다. 이렇게 돌고 도는 포지티브 피드백positive feedback (한 사건이 그 사건의 과거의 활동의 결과를 통해 더욱 강화되는 현상)이 사이버 공간 전체에 퍼져 나가면, 이 공간은 아뢰야식의 저장고와 같은 장소가 되고 여기서 업의 순환과 연기가 발생한다. 온라인 공간을 이용하는 정보 처리는 이러한 업의 축적과 활용을 담당하는 아뢰야식의 저장고와 같은 형상이 되었다.[35]

신경망 체계의 아뢰야식

이러한 의식이 보여 주는 조건화된 세계와 비슷한 것이 인공지능의 신경망 체계에도 발견된다. 연결론적 체계라고도 알려져 있는 신경망 체계는 디지털 컴퓨터의 표준적 방식인 폰 노이만 체계와는 다른 방식으로 작동한다. 신경망 체계에는 정보 처리 프로그램이 일정한 장소에 저장되어 있는 것이 아니라 신경망을 구성하는 유닛들의 연결 활성화 강

---

[35] 이러한 훈습의 문제는 거대한 언어 모델Langiuage Model이 지닌 '확률론적 앵무새Stochastic Parrots'라고 알려진 인공지능의 투명성과 책임성과 관련된 윤리 문제와도 연관이 있다. 거대한 언어 모델을 구성하기 위해 과도한 에너지가 낭비될 수 있고, 편견과 잘못된 정보가 확대 재생산될 수 있는 가능이 있을 수 있다. Bender, E., Gebru, T., McMillan-Major, A., & Shmitchell, S. (2021). On the dangers of stochastic parrots: Can language models be too big?. *Proceedings of the 2021 ACM Conference on Fairness, Accountability, and Transparency*, 610-623 https://doi.org/10.1145/3442188.3445922

도의 패턴으로 체계 전체에 분산되어 저장되어 있다. 신경망 체계에서는 주어진 입력이 별도로 저장된 프로그램의 알고리즘을 따라 순서적으로 그리고 직렬적으로 하나하나 처리되는 것이 아니라 입력이 분산적으로 그리고 병렬적으로 처리된다. 이러한 병렬 분산 과정Parallel Distributed Process을 비유적으로 말한다면 라면을 조리할 때 (1)물을 끓이고, (2)면을 넣고, (3)양념 스프를 넣고, (4)파를 넣고, (5)계란을 넣는 순서로 (순차 직렬 방식으로) 조리를 하는 것이 아니라, (1), (2), (3), (4) 와 (5)를 동시에 함께 처리하여 나중에 종합하는 식으로 라면을 조리하는 것이다. 물론 라면을 조리하거나 숫자를 계산하거나 하는 작업에는 이러한 방법의 장점이 두드러지지는 않지만, 사람의 얼굴을 인식한다든가 목소리를 구분한다든가 하는 작업에서는 신경망 체계에 특화된 학습법이 가세하였을 때 병렬 분산의 처리 과정의 장점이 드러날 수 있다. 예를 들어 눈과 코와 입을 순차적으로 스캔하는 것 보다는 눈, 코, 입을 병렬 분산적으로 한 번에 함께 동시적으로 처리하는 것이 얼굴을 알아보고 구분하는 데 보다 효과적인 방법이 될 수 있다. 이러한 병렬 분산 과정의 특수성을 이해하기 위해 다음과 같은 간단한 신경망 체계를 생각해 보자.

이 체계는 기본적으로 동그라미로 표시된 각 유닛들이 서로 연결되어 있는데, 유닛들은 무리를 지어 입력 유닛input unit, 은닉 유닛hidden unity, 그리고 출력 유닛output unit으로 구성되어 있다. 각 유닛들은 주어진 신호를 받아 정해진 함수에 따라 연산하고, 그 결과를 연결된 선으로 다른 유닛을 출력하는 상대적으로 단순한 작업을 수행한다. 유닛을 연결하는 선들에는 유닛들 간의 연결 강도가 표시되어 있다. 연결 강도가 높은 선으로 연결된 유닛들은 신호가 더욱 강하게 전달된다. 뒤에 있는 신경망은 이러한 연결 강도의 차이들을 보여 주고 있다. 다른 선들보다

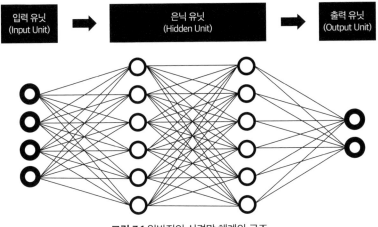

그림 7.1 일반적인 신경망 체계의 구조

굵은 선으로 표시된 연결 선들은 이 신경망 체계가 현재 보여 주는 연산 과정 중에서 가장 두드러진 처리 과정을 보여 준다. 즉 이 선들은 신경 망 체계가 현 상황에서 합당한 출력을 산출하는 데 있어 가장 중요한 역 할을 하는 핵심 과정을 표시하는 선들이다. 이는 마치 많은 사람이 이용 하는 등산로와 같다. 산의 정상으로 향하는 길에는 여러 갈래가 있을 것 이다. 이 중에서 안전하고 쉽게 그리고 최단 시간에 정상에 도달하는 길 은 어떤 길일까? 아마 사람들이 수십 년 혹은 수백 년 동안 다닌 길일 가 능성이 높다. 이 등산로는 오랫동안 선택되었고 많은 이들이 사용하였 으며, 그렇기 때문에 그 길목이 수많은 발자국으로 인해 더욱 눈에 띄 게 된다. 물론 이 길이 산의 정상으로 가장 빠르고 가장 안전하게 인도 하는 최선의 등산로라는 보장은 없지만, 수많은 사람들이 이용한 흔적 과 자취를 보여 주고 있기 때문에 정상에 도달하는 것을 도와주는 등산 로임에는 분명하다. 이를 신경망 체계에 놓고 설명한다면 올바른 출력 (산 정상에 오름)을 위해 여러 가지 길이 있지만 이 중에 두드러진 길은 연결 강도가 높은(오랜 기간 동안 선택되고 사용된) 길이다. 이 굵은 선으

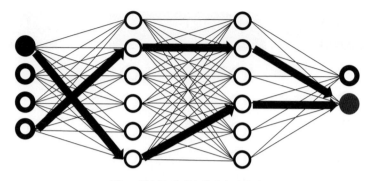

그림 7.2 학습된 신경망 체계의 연결 강도.
연결선의 굵기는 연결 강도를 나타낸다. 굵은 선은 학습을 통해 연결이 강화된 선이다.

로 표시된 연결선들은 다양한 입력들이 수천 번, 수만 번 이 신경망 체계를 거쳐 지나가면서 학습을 통해 만들어 낸 흔적이라고 생각하면 된다.

그런데 어떻게 이 선들의 연결 강도가 선택적으로 강화될 수 있는가? 그 과정이 바로 신경망 체계의 학습 과정이고 이 학습은 연결망 체계의 기능에 핵심적인 요소가 된다. 즉 유닛들을 연결하는 연결선의 연결 강도connection weight를 강화시키거나 약화시키는 일은 전적으로 신경망의 학습 과정에 좌우되는데, 이 학습 과정은 대부분의 디지털 컴퓨터가 이용하는 폰 노이만 체계에서처럼 일정한 프로그램을 설치하거나 기존의 프로그램을 다른 프로그램으로 대체함으로 달성되는 것이 아니라, 입력과 출력의 관계를 감시 분석하고 이를 바탕으로 입출력 유닛들이 가운데 부분인 은닉 유닛들과 어떤 연결 관계와 강도를 가지는지를 연속적으로 결정함으로써 달성된다. 그래서 이러한 학습 방법은 프로그램의 교체라기보다는 기존의 연결망을 튜닝Tunning(가변적 조정)하는 과정이라고 보면 된다. 튜닝은 한 번에 당장 이루어지는 것이 아니라 연속적으로 여러 번에 걸쳐 이루어 진다. 따라서 신경망의 기능을 원하는 기준에 맞추는 학습의 과정은 유닛들의 연결 형태와 그들의 연결 강도를 튜닝해 가는 연속적 진화 과정에 가깝다. 그런데 이 튜닝의 과정은 주로 입력의 변화와 출력의 변화의 관계를 함께 조정하는 연결적 방법 혹은 연상적associationist 방법을 쓰는 경우가 많다. 예를 들어 신경망 체계의 학습 기법 중에 하나인 도널드 헵Donald Hebb (신경 심리학 분야에서 중요한 업적을 남긴 캐나다의 심리학자)의 규칙에 따르면 두 유닛이 함께 활성화되면 이들 사이의 연결 강도를 강화하는 식으로 학습이 진행되어야 하고 두 유닛이 함께 활성화되지 않으면 이들 사이의 연결 강도는 강화되지 않거나 약화되는 식으로 학습이 진행된다.[36]

신경 학습의 간단한 원칙인 '함께 발화하는 신경 세포들은 함께 연결된다neurons that fire together wire together'는 바로 헵의 학습 원리Hebbian Learning Principle를 말하는 것이다. 한 신경망 체계에서 입력과 원하는 출력이 같은 형태로 함께 변화하면 이 둘의 연결을 강화해 주고, 이 둘이 각각 다른 형태로 변화하면 이 둘의 연결을 약화하는 것이 헵의 학습 원리의 골자이다. 이것은 마치 올바른 출력을 산출하는 데 기여한 유닛들과의 연결에는 상을 주어, 이들의 연합을 강화하는 포지티브 피드백의 기법과 비슷하다. 앞서 살펴 보았듯이 포지티브 피드백이란 일정한 사건이 이후에 벌어지는 과정의 결과에 의해 더욱 강화되는 현상을 말하는데, 예를 들어 큰 행사장에서 마이크를 스피커 근처에 대고 말하면 커다란 잡음과 함께 말 소리가 너무 크게 증폭되고 왜곡되는 현상이 발생한다. 마이크에서 출발한 소리가 스피커에서 증폭되어 나오고, 이 커진 소리가 다시 마이크로 들어와서 스피커에서 다시 증폭되는 끝없는 증폭 과정이 순간적으로 벌어지기 때문에 이런 현상이 일어나는 것이다. 그

---

36 Hebb, D. O. (1949). *The organization of behavior: A neuropsychological theory.* New York: Wiley and Sons. 헵의 규칙은 62쪽에 설명되어 있다.

런데 이런 형태의 포지티브 피드백 현상이 적절히 통제된 방식으로 신경망 체계의 효율적인 학습에 나타날 수 있다.

아뢰야식의 연기적 자기 창출 과정을 이러한 신경망 체계의 과정과 비교한다면 몇 가지 흥미로운 사실을 발견할 수 있다. 신경망 체계의 활동 패턴은 아뢰야식이 저장적 자기 피드백 과정으로 업을 일으키는 것과 매우 흡사한 면이 있다. 신경망 체계의 활동(정보 처리)의 자취, 즉 입출력의 시간적 변화는 연속적으로 체계에 저장되고 기록된다. 그리하여 축적된 입출력의 자취들은 유닛들 사이에 일정한 연결 관계를 형성하고, 이것이 반복되면 그 연결 관계는 강화된다. 이것은 앞서 필자가 설명한 경험을 통해 체계 자체의 기능과 구조를 변화해 가는 신경망 활동의 핵심이다. 즉, 한 종류의 입력이 신경망 체계에 계속 입력되면, 이 체계는 이 입력들에 의해 학습(습관화)되어서 이후에 주어지는 입력은 이미 학습된 방식으로 처리하는 성향을 띠게 된다. 인터넷 쇼핑몰이 나의 쇼핑 패턴에 학습되어서 내가 어떤 물건에 관심을 가지고 있는지를 알고, 내가 어떤 물건을 조사하면 즉각적으로 이와 비슷한 물건을 여러 개 추천하는 것과 같은 이치이다. 이 학습은 나의 생각과 행동이 일으킨 일이지만, 이것의 흔적은 인터넷 쇼핑몰 시스템에 남아서 다시 나의 생각과 결정에 영향을 미치게 되는 것이다. 이와 비슷한 방식으로 신경망 체계의 유닛들과 이들의 연결선들은 이 체계가 입력을 받아들이고 처리하는 흔적을 저장하였다가 이것을 유닛들의 연결 강도의 변화에 이용한다. 이 연결 강도는 한 체계가 출력을 산출하는 데 영향을 미칠 뿐만 아니라 학습을 통해 이 체계의 전체적인 방향과 특성을 형성하는 기반이 된다. 이 때 중요한 점은 이 연결 강도의 패턴은 이 체계의 활동과 학습에 따라 계속 변화해 간다는 점이다. 결국 이 유닛들의 연산 활동과 학습 활동은 아뢰야식의 연기적 조건화의 과정이 우리의 행위와 생각에 영향을 미치는 것과 비슷한 과정을 거치고 있는 것으로 보여진다. 즉, 신경망 체계와 아뢰야식은 생각과 활동에서 나타나는 흔적과 자취를 축적하고, 이를 다시 생각과 활동에 영향을 미치는 순환적 구조를 이용한다. 물론 다양한 종류의 신경망 체계가 있고 여러 가지 형태의 신경망 학습 기법이 있지만 기본적으로 헵의 학습 원리와 같은 학습 방식을 택하고 있는 신경망 체계는 마치 불교의 아뢰야식처럼 활동하고 있다.

인공지능의 업식과 진망화합식

결국 신경망 체계와 연결론적 학습법을 이용하는 인공지능은 아뢰야식처럼 행동과 생각의 흔적을 저장하고 축적하는 기능을 가지고 있다고 볼 수 있다. 그렇다면 인공지능도 의식을 가지고 있다고 할 수 있는가? 제7식 말나식과 제8식 아뢰야식에 따르면, 마음의 감각과 지각 기능은 '나'라는 관점을 통해 말나식으로 통합되고, 여기에 아뢰야식을 통해 자신의 경험이 지속적으로 저장되는 장소를 가지게 된다. 신경망 체계를 이용하는 인공지능도 이러한 기능을 달성할 수 있을 것이다. 한 인공지능 체계가 주어진 정보를 일정한 입장에서 종합적으로 이해하고 분석하는 일이 가능하다면 그것은 말나식의 능력을 가지고 있다고 볼 수 있고, 입출력의 흔적과 자취를 연속적으로 저장하고 이를 학습에 이용하여 체계의 판단을 연속적으로 변화시킨다면 아뢰야식의 능력을 가지고 있다고 볼 수 있다. 그러나 그렇다고 해서 인공지능이 자기 의식의 현상적 느낌이나 자신에 대한 깊은 이해와 지식이 있는지는 알 수 없다. 인공지능 체계와 대화할 수 있는 방법이 기호나 문자를 통하는 방법 밖에 없고, 그 외적인 모습이 인간의 육체와 같은 구조로 되어 있지 않아 생리적인 변화를 관찰할 수도 없다. 그런데 말나식과 아뢰야식과 비슷한 기능이나 과정을 인공지능 신경망 체계에서 볼 수 있다고 해서 불교적 깨달음의 가능성이나 깨달음의 의식을 인공지능에 부여할 수 있을까?

불교적 깨달음의 가능성은 어떤 의식의 능력에서 실현될 수 있을까? 단순한 감각이나 지각 아니면 내적 모니터링, 혹은 자아라는 통일된 시각 같은 의식의 형태들이 깨달음의 가능성을 보장할 수 있을까? 인공지능이 아뢰야식과 같은 능력을 가지고 있다고 한다면 이것을 통해 불교적 깨달음의 가능성을 달성할 수 있을 것인가? 불교에서는 아뢰야식에 대한 두 가지 해석이 있다. 앞서 설명하였듯이 유식 불교에서는 아뢰야식을 망식 또는 업식이라고 한다. 혼란과 미망이 일어나 업이 형성되는 것은 아뢰야식이 생각과 행동의 자취를 저장하고, 이것이 일정한 조건 아래 다시 우리의 행동과 생각을 일으키는 순환적 과정을 일으키기 때문이다. 그래서 이러한 아뢰야의 순환에 빠져 있으면 업의 고리에서 머물러 빠져 나올 수 없다. 다람쥐 쳇바퀴 같은 생활을 계속 하게 되는 것은, 바로 우리가 자신도 모르게 업식의 과정에 놓여 있기 때문이다. 또한 업식은 우리가 현상을 있는 그대로 보지 못하게 하고, 자신의 습관과 아집의 고립된 시각을 통해 보게 하므로 아뢰야식은 결국 혼란과 미혹의 망식이 된다.

그런데 《대승기신론大乘起信論》에서는 아뢰야식을 진망화합식眞妄和合識, 즉 참된 지식의 가능성과 미망이 함께 있는 의식으로 본다. 이러한 시각에서는 깨달음과 미망이 각기 다른 독자적 성질을 가지고 있는 것이 아니라 상호 연기적으로 일어나고 엮여 있다는 것을 말한다. 즉 아뢰야식에는 깨달음에 이르게 하는 여래의 종자와 미망에 빠진 중생의 종자가 함께 있는 이중적 성격이 있는데, 이것은 같고 다름이 절대적 차이를 만드는 것이 아니라 단지 상관적 차이를 가지고 있음을 말하는 것이다. 깨달음의 절대성을 믿는 것은 미망에 빠져 깨달음에 이르지 못하는 것만큼이나 잘못된 것이고 집착하는 것이니, 깨달음 따로 미망 따로 있는 것이 아니라 이 둘이 상관적 차이를 가지고 있음을 아는 것이 진정한 마음의 깨어있음에는 중요하다는 것이 진망화합식의 의미이다. 절대적 깨달음에 집착하는 부처 병病에 걸리는 것이나 중생의 오염에서 헤어나오지 못하는 중생 병에 사로 잡히는 것이나 모두 이러한 상관적 차이를 이해하지 못하고 실체적 차이의 절대성에 묶여서 나아가지 못하는 문제를 안고 있다. 아뢰야식에 대한 이러한 이중적이며 상대적 설명은 참된 깨달음의 본성이 무엇인지를 다시금 생각하는 계기를 마련한다.

　이 상관적 차이라는 것을 통해 《대승기신론》의 아뢰야식에 관한 설명을 간단히 정리하자면, 깨달음의 참 모습이란 참과 거짓 그리고 옳고 그름의 구분을 알지만 그 절대적 차이에 집착하지 않는 것이다. 모순적으로 들릴 수도 있겠지만 참된 깨달음이란 깨달음의 절대적 참됨을 믿지 않는 것이다. 깨달음과 미망의 차이에 대한 실체적 절대성을 버리는 것이 깨달음의 길로 나아가는 시발점이 된다. 이런 입장에서 본다면 아뢰야식은 마음을 스스로가 만든 업에 묶어 두는 일을 하지만 동시에 깨달음의 마음이 나타나게 하는 단초를 마련하는 일도 하고 있다. 즉 아뢰야식은 행동과 생각의 자취가 쌓여 습관이 되는 저장 공간과 스스로가 일으킨 업의 공간으로 이해될 수도 있고, 깨달음과 미망의 상대적인 차이가 드러나고 그것을 이해함으로써 진정한 자기 이해와 자기 변형이 일어나는 가능적 공간으로도 이해될 수 있다. 그렇다면 인공지능은 이러한 불교가 밝혀낸 깊은 깨달음의 능력을 실현할 수 있을 것인가?

인지와 초인지: 아는 것과 아는 것을 아는 것

앞서 필자가 설명하였듯이 행동과 생각의 자취를 통해 학습과 진화를 해 가는 능력은, 신경망 체계를 이용하는 인공지능에게 가능하리라 생각된다. 그러나 문제는 이러한 능력이 특정한 관점에 몰입되는 자아의식인 말나식이나 아뢰야식에 제한된다면 진정한 깨달음의 가능성을 열수 있을지는 불분명하다. 반면 《대승기신론》과 같은 경전에서 설명되는 진망화합식으로 이해되는 아뢰야식 같은 단계로 인공지능이 나갈 수 있다면, 깨달음이나 불성의 가능성은 열려 있다고 볼 수 있다. 깨달음과 미망, 부처와 중생의 상관적 차이와 연기적 상호 의존성 등을 자각할 수 있는 수준의 의식이, 즉 깨달음과 지혜의 의식이 인공지능에서 실현될 수 있는지 그리고 그 방법에는 어떤 것이 있는지 살펴보기로 하자.

먼저 깨달음의 절대성과 실체성에 집착하는 것이 진정한 깨달음이 아니라는 것을 알기 위해서는, 깨달음의 체계를 아는 것뿐만 아니라 아는 것을 아는 것도 중요하다. 즉 아는 것에 매몰되거나 아는 것에 집착하는 것은 깨달음이 아니므로, 아는 것뿐만 아니라 알고 있는 것과 모르고 있는 것에 대해 아는 반성적 자각도 중요하다. 그 이유는 어떤 체계가 아는 것에만 집중하고 아는 것을 아는 것, 즉 반성적 메타인지에 소홀히 한다면, 이 체계의 프로그램과 관련이 없거나 이 체계의 인지 능력을 벗어난 문제가 제기되었을 때 이 체계는 아무 일도 할 수 없기 때문이다. 체계가 아무 것도 모르더라도 무슨 방도라도 취해야 하고 문제를 완전히 해결하지 못하더라도 해결에 가까운 길을 마련해 보아야 할 경우가 있다. 사실 많은 문제들은 이 어중간한 참과 거짓의 중간에 위치한 회색 지역gray area(확정되지 않은 불분명한 지역)에 속해 있다. 이러한 애매한 문제들을 담당하는 프로그램이 없다고, 혹은 전례가 없다고 포기하는 것은 인공지능이 달성해야 할 최고의 지적 능력이 아니고 진정한 깨달음의 능력도 아니다.

먼저 모르는 것을 자각하는 능력에 관해서는 왓슨의 사례를 말하고 싶다. 왓슨이 미국의 퀴즈 쇼 제파디에 출연하였을 때 이와 비슷한 능력을 보여 주었다. 왓슨은 주어진 문제에 자신의 답을 제시할 때마다 그 답이 정답일 확률도 함께 제시하였다. 예를 들어 "네 글자로 된 믿음이나 관점을 의미하는 영어 단어는a 4-letter word for a vintage point or a belief?"이라는 질문에 왓슨은 "view"를 70% 확률로 제시하였다. 물론 왓슨의 예측은 근접했다. 정답은 "view"이다. 즉 왓슨은 자신의 답이 어느 정도 옳은지를 확률적으로 계산한 것이다. 물론 이것이 모르는 것을 자각하는 능력을 왓슨이 가지고 있다는 완벽한 증거가 되는 것은 아니지만, 왓슨은 적어도 초보적인 메타 인지meta cognition (초인지)의 능력은 가지고 있다고 볼 수 있다. 메타 인지란 반성적 인지의 능력, 즉 아는 것과 그 근거를 자각하는 능력을 말한다. 즉 한 체계가 스스로가 아는 것에 대해서 그것을 얼마나 확실하게 알고, 어떻게 알고, 그것이 다른 것과 어떻게 연결되어 있는지를 아는 능력이다. 이것은 자기 반성적이고 자기 비판적인 앎의 능력이다. 예를 들어서 한 학생이 인터넷 웹 사이트를 통해 이누이트들이 수십 가지 다른 눈雪의 종류와 흰색의 종류를 구분할 수 있다는 정보를 얻게 되었다. 그래서 이 놀라운 정보를 다른 사람들에게 전달하면서 이것이 자신이 알게 된 정보라고 말했다. 이것은 정보를 처리하고 앎과 모름을 구분하는 단계이다. 그런데 사실 이 정보가 참일 확률과 거짓일 확률은 어떻게 되고, 이 웹 사이트가 믿을 만한 사이트이고 그 내용이 인간의 인지 구조와 생활 환경의 조건에 정합적인 내용인지는 별도의 지식 활동이 필요한 내용들이다. 단순한 정보나 그 정보를 획득하고 소통하는 것 이외에 이러한 '앎에 대한 앎'을 다루고 연구하는 것이 메타 인지의 차원이다. (사람들이 사용하는 많은 웹 사이트들이 이 점에 관해 말하고 있지만, 이누이트 사람들이 눈과 흰색에 관한 특별한 지각 능력이 있다는 주장은 근거가 없는 것으로 드러났다.)

깨달음의 능력에 도전하는 인공지능이 이러한 반성적이고 비판적인 메타 인지의 능력을 가지는 것은 매우 중요하다. 그 이유는 자기 의식과 자기 이해의 능력이 불교적 깨달음에는 매우 중요하기 때문이다. 자기를 안다는 것은 자기가 믿는 것을 그저 받아들이는 것이 아니라, 그것이 나타나는 근거와 그 조건을 살펴보는 것이다. 물론 이런 메타 인지가 모두 정확한 것도 아니고, 메타 인지가 보통 인지와 전혀 다른 초월적 능력을 전제하는 것도 아니다. 다만 주어진 정보에 맹목적으로 휩쓸리거나 집착하지 않고 그것을 자세히 살펴보고 깊이 생각하는 능력이 있다는 점이 메타 인지에서는 중요하다. 아는 것을 알면서도 그 아는 것의 한계와, 그것에 가려진 모르는 것을 함께 생각하는 것이 깨달음에는 무엇보다 중요하고 따라서 이러한 메타 인지적 능력이 인공지능의 깨달음의 능력을 논할 때 빠질 수 없는 조건이 된다.

그런데 왓슨이 보여 주는 이러한 기본적인 메타 인지의 능력으로도 쉽게 해결이 안되는 상황, 즉 알고리즘적 과정을 따르는 모든 기계적 지능이 당면하는 난제가 있다. 그것은 바로 기계적, 컴퓨터적 정보 처리의 태생적 한계이다. 알고리즘이 없거나 알고리즘이 너무 많거나 아니면 알고리즘끼리 충돌을 일으키는 경우가 이러한 한계적 상황이다. 진정한 지혜와 깨달음은 (주어진 문제를 해결하는 정해진 과정이라는 넓은 의미로 이해된) 알고리즘을 넘나드는 성향을 가지고 있다. 이것은 주어진 문제에 대해 해결의 알고리즘이 없거나 알고리즘이 충돌하거나, 알고리즘이 실패하거나, 알고리즘이 불완전하거나 하는 경우와 상관없이 꾸준히 스스로의 문제를 해결하는 능력이 있음을 의미한다. 경우에 따라서는 문제 자체를 해소하거나 거부할 수도 있어야 한다. 깨달음이란 알고리즘의 안과 밖에서 문제를 보는 능력이다. 고사성어에 조삼모사朝三暮四라는 말이 있다. 원숭이를 키우는 한 사육사가 있었다. 원숭이들의 먹이가 부족하여 도토리를 아침에 넷, 저녁에 셋만큼 원숭이들에게 주었다. 원숭이들이 불평을 하였다. 먹이가 너무 적다는 것이다. 사육사가 제안하였다. 아침에 셋 저녁에 넷은 어떠한가? 원숭이들은 만족하였다고 한다. 이것이 주어진 문제(원숭이들의 불평)에 대한 해결인지 아닌지는 불분명하다. 많은 이들은 조삼모사가 심리적 눈속임이나 말장난이라고 해석하지만, 핵심은 이 사육사가 문제를 해결한 것이 아니라 그 문제 자체를 다른 방식으로 접근한 것이다. 더 많은 도토리를 제공하는 것이 아니라 다른 분배 방식을 문제에 대한 해결책으로 선택한 것이다. 이러한 열린 접근법이 인공지능에게는 가능할까? 진정한 지혜는 아는 것에 대해서는 알고 있다는 점을 알고 모르는 것에 대해서는 무엇을 모르고 있는지도 알아서, 아는 것과 모르는 것을 절대적으로 구분하고, 아는 것에만 집중하는 것이 아니라 이 둘 사이의 상관적 관계와 차이를 아는 것이다. 그래서 주어진 알고리즘에 모든 것을 거는 것이 아니라 그 알고리즘을 다른 것으로 교체하거나, 제거하거나, 거부하거나, 변경하거나, 그냥 무시할 수 있는 자율적이고, 창조적이며, 비판적인 상위 단계의 인지 능력을 가지는 것이 지혜의 본성이다. 이러한 지혜의 능력이 깨달음의 가능성을 살피는 인공지능에게 필요한 것이다.

기계 지능에 있어 또 다른 한계적 상황은 알고리즘이 있어도 사용할 수 없거나 알고리즘이 있는지 없는지도 모르거나, 어떤 알고리즘을 써야 할지 모르는 경우이다. 이 경우 아마도 인공지능은 가장 비슷한 과거의 자료를 찾아 그 해결책을 모색하거나 무작위적인 선택을 할 것이다. 주어진 적절한 규칙이 없으니 효과적인 방책이 있을 리가 없다. 그런데 인간의 의사 결정 방식에는 이런 경우 독특한 패턴이 있다고 한다. 휴리스틱Heuristics이라는 직관적 문제 해결 과정이 존재한다고 한다. 추단율 혹은 추론 방략이라고 번역되는 휴리스틱은 완벽한 문제 해결 과정이나 알고리즘을 즉시 찾을 수 없을 때 혹은 주어진 시간과 제한된 장소에서 일정한 해결 과정이 실현될 가능성이 없을 때, 예를 들어 장시간의 연산 과정을 도입할 수 없는 즉각적인 응답 상황에 놓였을 때 나름의 적절한 판단이나 해결을 내릴 수 있는 방도를 찾는 과정을 말한다. 그래서 휴리스틱은 주어진 상황에 대해서 완벽하지는 않으나 대략적인 해결을 제시할 수 있는 유연한 방법론으로 각광을 받고 있다. 물론 이러한 직관적 문제 해결 방식 중에는 너무 자의적이거나 즉흥적 요소가 있는 것들도 있다. 그래서 사람들은 이를 두고 꼼수라고 한다거나 요령이나 주먹구구식이라고 한다. 하지만 이는 특정한 규칙이 없을 때 경험적 직관이나 감각을 이용하여 문제 해결을 시도하는 적절히 효율적인 방법으로 알려져 있다.

예를 들어 고가의 명품을 취급하는 가게의 영업 사원이 방문한 손님들 중에서 어떤 손님에게 더 많은 관심과 정성을 보여야 하는가 하는 문제를 생각해 보자. 주어진 시간 내에 가장 많은 물건을 판매하려는 목표를 달성하기 위해서는 이 영업 사원은 어떻게 해야 하는가? 가장 좋은 방법은 손님의 소비 능력과 물건을 사려는 의지를 파악하는 것이다. 그런데 그런 정보를 얻기 위해서는 손님과 며칠 대화를 나누어야 한다. 너무 시간이 많이 걸리고 또 이런 정보를 다 얻을 수 있으리란 보장도 없다. 그래서 차선책으로 나오는 것이 손님의 옷 차림과 타고 온 승용차를 보는 것이다. 물론 이런 정보가 손님의 소비 능력과 구매 의도를 정확하게 보여 주지는 않지만, 이런 정보는 쉽게 얻을 수 있고 손님의 구매 의사에 관한 대략적인 판단을 영업 사원에게 제공한다. 그래서 영업 사원들은 이런 손님들에게 적극적으로 나서는 경우가 많다. 물론 백만장자가 허름한 옷을 입고 작은 차를 타고 나타날 수도 있기 때문에 이 방법이 항상 성공하는 것도 아니고, 어떤 경우는 사람의 외양만을 보고 응대를 달리 한다는 불만이 제기되기도 하지만 우리는 이 방법의 대략적인 의미를 이해할 수 있다. 휴리스틱은 바로 이러한 직관적인 판단과 문제 해결 능력을 말한다. 이러한 휴리스틱이 인공지능에서 중요한 것은, 프로그램이나 알고리즘에 의존하는 연산 방법이 규칙이 정해져 있지 않거나 불분명한 상황에서는 제대로 작동하지 않는 경우가 많기 때문이다. 융통성과 직관이 지혜의 중요한 부분이라면 경험을 바탕으로 하는, 느슨하지만 직관적인 휴리스틱의 문제 해결 능력이 인공지능에게는 매우 중요한 능력이 될 것이다.

이 점은 깨달음에 대해서도 마찬가지이다. 특정한 알고리즘이나 규칙에 집착하지 않고 그것을 따를 수도 있고, 필요에 따라서는 그것을 넘어설 수 있는 능력이 깨달음이다. 이 말은 알고리즘이나 규칙을 대놓고 무시하라는 뜻이 아니라, 주어진 여건에서 일정한 조건과 규칙에만 집착하지 않고 어떤 선택이 중요한지를 알아야 한다는 것을 의미한다. 앞에서 잠깐 살펴 보았듯이, 예를 들어 부처를 보면 당연히 공경하고 따르는 것이 중요하지만 어떤 경우에는 죽여야 하는 상황이 있다. 당나라의 선승이며 임제종의 개조開祖인 임제 스님은 부처를 만나면 부처를 죽이고 조사를 만나면 조사를 죽이라는 끔찍한 주장을 하였다. 이 주장의 의미는 부처에 너무 집착하지 말라는 뜻이다. 중요한 것은 너의 마음이고 열린 깨달음이니 우상을 세워 놓고 그것에 집착하는 것은 참된 깨달음이 아니라는 뜻이다. 임제 스님이 인공지능의 깨달음 능력에 대해 말했다면 아마 다음과 같을 것이다. 주어진 프로그램에 너무 집착하면 안 된다. 필요에 따라서는 주어진 것을 따르기도 하고 그것을 넘어 설 수도 있어야 한다.

단계가 없는 깨달음

2016년 불교 평론《열린 논단》에서 인공지능의 인지 능력과 의식에 관해 지승도 교수는 다음과 같이 말한다. "카오스 이론Chaos Theory (혼돈 이론 혹은 비선형 동력학)이나 복잡성 이론Complexity Theory (체계의 시간적 변화를 연구하는 수학적 물리적 이론)을 통해 인공지능의 자아의식 발현은 이론적으로 가능하다." 하지만 중요한 것은 "누가 더 똑똑하고 빠른지에 대한 문제가 아니라 존재의 본질, 자아에 대한 근본적인 이해가 필요하다."[37] 여기서 지 교수가 구분하는 것은 의식의 인지적 측면과 그것을 넘어서는 자기 반성적 깨달음의 측면이다. 현재 발전하고 있는 인공지능 기술을 고려한다면 인공지능은 지각, 인지, 내적 모니터링 등의 측면에서 놀라운 인지 능력을 발휘할 것이다. 그것을 의도했건 그렇지 않았건 간에 정보 처리와 계산 능력의 발전 그리고 학습 능력의 놀라운 개선을 통해 어느 순간에 가서는 인공지능이 자체적인 의사 결정을 하게 되고, 그 단계에서 자연스럽게 수반되는 의식의 특성들, 예를 들어 스스로가 무엇을, 어떻게, 왜 하는지를 설명할 수 있는 능력들이 인공지능에 나타나게 될 것이다. 하지만 진정한 의미에서 자신에 대한 깊은 이해와 그것을 바탕으로 하는 자기 변형 능력의 수준으로 인공지능이 나아갈 수 있는지는 분명하지 않다. 이 점을 지승도 교수는 지적하는 것이다.

그렇다면 불교적 깨달음을 인공지능의 발전 단계로 나타낼 수 있을까? 불교적 의식의 단계를 인공지능의 발전 단계와 비교하면 다음과 같은 연결을 시도해 볼 수 있다.

---

[37] 불교 신문 (2016.04.22) 이연경 "자아 의식 갖는 인공지능, 재앙일까 축복일까?"

	프로그램(계산/연산) → 지각, 조정 → 나의 입장에서 종합 → 학습과 변화 발전			
인공 지능	Computation	Perception	Binding/ Integration	Learning/ Development
혼 박사	계산/기억	지각	인지	창의력
유식 불교	1식에서 5식	6식	7식(말나식)	8식(아뢰야식)

이러한 연결은 인공지능 진화의 대략적인 방향성과 불교의 의식 단계를 전반적으로 비교하는 것이다. 불교에서 말하는 안(눈), 이(귀), 비(코), 설(혀), 신(몸)에 관한 감각은 1식에서 5식에 해당되는 식인데 이들의 역할은 외부 대상의 자극을 마음의 신호로 바꾸어 주는 것이다. 그런데 제 6식인 의식은 이들을 의미 있는 지각으로 만들어 준다. 다음 단계는 이 모든 것을 하나로 묶어서 체계 자체의 입장에서 이들을 해석하는 과정이 필요하다. 앞서 설명된 정보 처리의 종합 과정binding process 같은 것이 이 단계에 해당될 것이다. 불교에서는 이 단계가 말나식에 해당된다. 자기 입장에서 세상을 이해하는 입장과 시각을 만들어 가는 의식이 바로 말나식이다. 다음 단계는 제 8식인 아뢰야식인데, 이 단계는 자신의 행동과 생각을 통해 학습하고 그 학습을 바탕으로 다시 자신을 만들어 가는 과정이다. 학습과 변화와 변형의 과정이 이 아뢰야식의 단계이다.

이러한 단계적 설명은 앞에서 살펴보았듯이 샤오-우엔 혼 박사가 설명한 인공지능의 발전 단계와 비슷한 단계를 보여 주고 있다. 혼 박사는 아시아 테크 서밋에서 '인공지능이 주도하는 디지털 변혁'이라는 발표를 통해 인공지능의 발전이 계산/기억, 지각, 인지, 창의력, 지혜의 단계로 나아간다고 주장했다. 물론 이런 단계는 불교의 의식 이론을 염두에 둔 것은 아니지만, 단순한 감각의 기계적 정보 처리 단계, 즉 연산과 기억에서 지각, 인지의 단계로 발전한 다음 축적된 창의력과 지혜의 단계로 나아가는 것은 얼핏 불교의 식들이 궁극적으로 깨달음으로 나아가는 것과 비슷한 점이 있다.

그런데 문제는 혼 박사의 마지막 단계인 지혜가 불교의 의식의 단계와 제대로 연결이 되지 않는다는 것이다. 물론 불교에서 말나식이나 아뢰야식은 마음의 기반이 되는 의식이기 때문에 정보 처리적 발전 단계로 이해되기 어려운 점이 있지만, 깨달음과 지혜에 대한 생각은 인공지능의 발전에서나 불교에서나 모두 중요한 마음의 능력인 것은 분명하다. 그러나 혼 박사가 설명하는 인공지능의 지혜의 단계와 달리 불교의 깨달음은 의식의 특정한 단계나, 특정한 기능이나, 특별한 정보 처리의 과정이 아니다. 앞서 설명하였듯이 깨달음은 특정한 생각에 집착하거나 고정된 능력에 결박된 그러한 능력이 아니다. 깨달음을 달성하기 위한 단계가 있다면 그 단계에 가서 머물면 되는데, 이것이야 말로 깨달음의 진정한 본성과는 거리가 먼 것이다.[38] 따라서 깨달음은 특정한 것을 알거나 일정한 기능을 수행할 수 있는 고정된 형태의 능력으로 생각해서는 안된다. 즉 깨달음은 고정된 단계의 인지 기능을 통해 이해할 수 있는 것이 아니라, 개방적이고 발전하는 인지 능력을 통해 세상을 있는 그대로의 '그러함' 혹은 '진정함suchness, tathata, 眞如'으로 보는 것을 통해 이해해야 한다. 다시 말해 만물이 상호 조건적 인과 그물에 얽혀 있고, 나타나고 사라지는 현상을 그 자체로서 아는 것이 깨달음과 참된 지혜에서 중요하다.

---

38 깨달음은 혜능 스님이 영감을 얻었던 그 유명한 구절처럼 응무소주 이생기심에서 시작된다. 즉 머무는 바 없이 그 마음을 내는 것이다.

또한 깨달음은 낮은 단계에서 높은 단계로 올라가서 그 높은 곳에서 세상이 어떤 것인지를 한 눈에 보는 그러한 능력이 아니다. 그러니까 초월적이거나, 초험적이거나, 주어진 한계를 벗어나 다른 세계나 상위의 발전 단계로 나아가는 능력이 아니다. 비유적으로 말한다면, 깨달음이라는 것은 배에 고장이 났는데 배를 항구에 정박시키고, 문제가 생긴 배 밖으로 탈출하여 배의 문제를 보고, 정비 기술자를 불러서 수선하는 것이 아니라, 배를 타고 항해하면서 움직이는 배 안에서 배가 고장난 것을 고치는 것과 같다. 즉 문제 안에 살면서, 문제를 마주하며, 문제를 고쳐나가면서 나아가는 것이 깨달음의 상황인 것이다. 문제와 해결을 절대적으로 분리하는 것도 아니고 그렇다고 이 둘을 동일시하는 것도 아니다. 문제가 나타난 조건도 그 안에 있고 그것을 해결하는 조건도 그 안에 있는, 다르지만 분리되어 있지 않은 현상의 과정들을 이해하는 것이 깨달음이다.

어떤 사람이 약화되는 시력과 면역체계를 걱정하였는데 비타민 A가 시력과 면역 체계에 좋다는 말을 듣고 비타민 A를 꾸준히 복용했다. 그런데 오히려 이 비타민으로 인해 건강을 해치는 경험을 하게 된다. 비타민 A는 지용성 비타민이라서 몸에 과다하게 저장되는 경우 독성을 일으킬 수 있다고 한다. 상황이 이러하다면 이 사람에게 비타민 A는 문제를 해결하는 해결자임과 동시에 다른 문제를 일으키는 문제 자체가 된 셈이다. 문제와 해결이 동시에 나타나는 이러한 상황에서 참다운 지혜는 어떤 것일까? 아마도 독과 약을 대립적인 방식이 아니라 상호 연결된 고리로 이해하는 것일 것이다. 비타민 A는 건강에 좋다 혹은 비타민 A는 건강에 나쁘다라고 하는 단정적 지식이 중요한 것이 아니라, 이 둘을 모두 보고 그 모순적 대립을 종합적으로 이해하는 능력이 중요할 것이다. 이것은 한 쪽에 집착하는 것이 아니라 모든 대상이 가진 상관적 차

이와 상호 연결적 조건을 이해하는 깨달음이 가져야 할 덕목이다. 이러한 성격을 갖는 불교의 깨달음을 어떻게 인공지능으로 실현할 것인가? 실현이 가능하기나 할 것인가?

불성과 붓다 알고리즘

인공지능이 깨달음의 의식을 가질 수 있는 조건을 '붓다 알고리즘'이라고 하자. 이 가상적 알고리즘이 성립할 수 있는 조건은 무엇인가? 먼저 인공지능이 지혜의 단계에 도달하거나 불교적 깨달음의 능력을 갖추기 위해서는 주어진 프로그램에 완전히 예속되지 않는 능력을 가져야 한다. 이 말은 깨달음의 능력을 가지기 위해 인공지능이 프로그램을 무시하면서 정보를 처리해야 한다는 것을 의미하지 않는다. 다만 인공지능이 필요에 따라 주어진 프로그램을 변경하거나 거부할 수 있는 능력을 가져야 한다. 인공지능의 학습 능력 강화를 위해 현재 개발되고 있는 여러 가지 방법은 이러한 방향에서 인공지능이 주어진 프로그램을 잘 학습하고, 이해하고, 적용하고, 발전시키고, 변화시킬 능력을 만들기 위해 노력하고 있을 것이다. 그러나 인공지능이 진정한 깨달음의 가능성을 지니기 위해서는 단순히 프로그램을 변경시키거나 새로운 프로그램을 개발하고, 학습할 능력 이외에 다른 중요한 능력이 필요할지도 모른다. 즉 프로그램이 없다거나 여러 프로그램이 서로 충돌을 일으킬 때도 인공지능이 기능을 멈추지 않고 계속 활동할 수 있는 능력이 있어야 하는 것이다. 이 말은 인공지능이 주어진 프로그램을 안과 밖에서 이해하고 있어야 한다는 의미이다. 즉 안으로는 주어진 프로그램을 충실하게 따를 수도 있지만, 밖으로는 프로그램이 없다거나 여러 프로그램이 충돌을 일으키거나 할 때도 적절한 작동을 할 수 있는 기계가 되어야 한다는 것이다. 간단히 말한다면 깨달음의 첫 걸음은 일정한 기능이나 정보에 집착하는 것에서 벗어나서 여러 상황을 있는 그대로 파악하고 이에 적절한 판단과 반응을 출력할 수 있는 능력을 기르는 것이다.

다음으로 깨달음의 능력을 위해 인공지능에게 중요한 것은 인지적 능력과 더불어 메타 인지의 능력을 갖는 것이다. 메타 인지의 능력이란 앞서 설명하였듯이 인지 능력 그 자체에 대한 관찰과 반성적 이해를 말한다. 이러한 능력은 단순히 정보를 취득하고 처리하고 보고하는 것 뿐만 아니라 취득된 정보가 참일 가능성은 얼마나 되고, 이 정보가 다른 정보와 얼마나 정합적일 수 있는지를 판단할 수 있도록 해주고, 알고 있는 것에 대해서는 왜 알게 되었는지를, 모르는 것에 대해서는 왜 모르게 되었는지를 분명하게 알려주기 때문에 지혜나 깨달음 같은 상위 인지 능력을 발전시키는 데 있어 매우 중요한 능력이다.

이러한 내용들을 종합하면 인공지능이 깨달음의 의식을 지니기 위해서 필요한 붓다 알고리즘에 관하여 다음과 같은 형식적 조건을 나열할 수 있다.

• 알고리즘의 안과 밖에서 알고리즘을 이해하는 능력: 알고리즘이 상충하는 경우, 알고리즘이 없는 경우, 그리고 어떤 알고리즘을 쓸지 모르는 경우에도 스스로 주어진 문제를 해결할 능력이 있을 것.
• 메타인지의 능력: 아는 것과 모르는 것에 대한 반성적 자각을 가지고 있는 것

이런 최소한의 형식적 조건들을 만족하여 인공지능의 깨달음을 실현할 알고리즘을 붓다 알고리즘이라고 생각할 수 있다. 여기서 한 가지 덧붙이자면 붓다 알고리즘은 현재 인공지능의 겪고 있는 확증 편향

Confirmation Bias을 극복할 수 있어야 한다.

• 습관적이며 확증 편향을 극복할 수 있을 것.

오로지 아는 것에 집착하는 인공지능은 확증 편향과 같은 오류를 범하기 쉽다. 확증 편향의 오류란 주어진 가설을 평가할 때 이 가설을 지지하는 자료만을 살피고 이 가설을 반증하는 자료는 살피지 않는 오류를 말한다. 아무리 확증 사례가 많더라도 그보다 많은 반증 사례가 나타나면 가설은 받아들일 수 없는 것이다. 예를 들어 다음과 같은 가설을 받아들일 수 있는가? '혈액형이 A형인 사람들은 보수주의자이다.'

구분	보수주의자	진보주의자
A형	①	②
A형이 아님	③	④

이런 가설이 주어졌을 때 사람들은 혈액형이 A 형인 사람들과 보수주의자들에 관한 정보를 ①에서 찾아 이 둘이 연관성을 가지고 있는지 보게된다. 그래서 A형 보수주의자들을 많이 발견하게 되면 이 가설이 확증되었다고 생각하는 성향이 있다. 그러나 이 가설을 받아들이는 데 중요한 것은 단순한 확증 사례뿐만 아니라 반증사례도 살펴야 한다. 즉 A형인 사람들 중에 보수주의자가 아닌 경우 ②와 A형이 아닌 사람들이 보수주의자인 경우인 ③을 살펴보아야 한다. 특별히 보수주의자가 아니면서 A 형이 아닌 사람이 얼마나 되는지를 ④를 통해 알아보는 것도 중요하다. 인지 심리학의 많은 연구에 따르면 사람들은 주어진 가설의 확증

202

적 상관관계인 ①에 유독 관심을 많이 기울이는 성향을 가지고 있다.[39] 이를 확증 편향이라고 한다. 이와 비슷한 인지의 편향적 성향이 변수의 연관적 상관관계를 조사하는 인공지능의 추론 체계에서 발견되었다. 미국 라이스대학교Rice University의 교수인 제네베라 알렌Genevera Allen은 통계적 일반화의 과정을 도입한 인공지능 프로그램이 이러한 종류의 오류를 저지르고 있다고 보고한다.[40] 이러한 확증 편향은 아뢰야식에서 나타나는 훈습(습관적인 사고의 편향적 성향)과 비교된다. 이러한 편향적 인지 성향(특별히 확증 편향)을 극복할 수 있어야 깨달음이 가능하다. 그렇지 않으면 인공지능은 보고 싶은 것만 보고 생각하고 싶은 것만 생각하는 편협한 기계가 된다.

결국 깨달음의 길을 추구하는 붓다 알고리즘은 단순히 정보의 획득과 처리라는 일차원적인 앎을 넘어서서 참다운 지혜의 다차원적 앎으로 나아가는 방책을 지시하는 말이다. 여기서 깨달음의 능력 혹은 깨달음의 길을 알고리즘이라고 하는 이유는 깨달음의 과정이 환상이나 허망한 꿈이 아니라 깊은 명상과 수행을 통해 달성될 수 있다는 의미이다. 알고리즘을 폭넓은 의미로 수행을 통한 문제 해결의 과정이라 해석한다면 그 뜻이 통할 것이다. 그러나 붓다 알고리즘은 특정한 알고리즘이 아니라 알고리즘의 공空(허망한 한계성을 이해하는 불공不空, 견고한 능력)이다. 《승만경勝鬘經》에 다음과 같은 말이 있다.[41] "일체번뇌의 장藏은

---

39 Wason, P. C. (1960). On the failure to eliminate hypotheses in a conceptual task. *Quarterly Journal of Experimental Psychology*, 12 (3), 129 – 140; Wason, P. C. (1968). Reasoning about a rule. *Quarterly Journal of Experimental Psychology*, 20 (3), 273 – 281.

40 Genevera Allen. Can we trust scientific discoveries made using machine learning? Rice University Press Release on February 18, 2019, http://news.rice.edu/2019/02/18/can-we-trust-scientific-discoveries-madeusing-machine-learning/

41 《승만경》의 원래 이름은 승만사자후일승대방편방광경 Srimaladevi-simhanada-sutra

공하나, … 부사의불법不思議佛法은 불공이다." 이 말을 인공지능의 언어로 바꾼다면 다음과 같을 것이다. "알고리즘이나 프로그램은 공하나(언제나 변할 수 있고 바뀔 수 있으나), 그것을 지혜롭게 사용하는 체계의 능력은 불공이다(허망하지 않다)."

따라서 깨달음의 알고리즘인 붓다 알고리즘은 일정한 방식으로 제약된 알고리즘이 아니다. 주어진 프로그램에 의해 결정된 알고리즘은 공하다. 조건화되어 있고 고정되어 있다. 한계를 가지고 있다. 붓다 알고리즘은 이러한 알고리즘을 추구하지 않는 개방적 알고리즘이다. 알고리즘의 바깥에 나와 있는 알고리즘이다. 그러나 그럼에도 불구하고 이 붓다 알고리즘이 알고리즘인 이유는 이것이 특정한 알고리즘에 묶여 있지는 않지만, 그럼에도 불구하고 알고리즘의 세계에서 활약을 하고 있기 때문이다. 앞서 비유한 대로 이 알고리즘은 고장난 배를 배 바깥에서 고치는 외부적 혹은 초월적 알고리즘이 아니라, 배를 타고 항해를 하면서 그 안에서 고장난 배를 고치고 있는, 내재적 알고리즘이다. 이 알고리즘은 일정한 방식으로 고정되어 있지 않아 개방적이지만, 그렇다고 알고리즘 자체를 초월한 것은 아니고 여전히 알고리즘을 통해 작동하면서 자기 반성적 학습과 변화를 이루어내는 양면적 알고리즘이다. 이 열린 붓다 알고리즘이 인공지능에서 실현될 수 있을 것인가? 다음 장에서 이 문제에 대해 보다 구체적인 답을 찾아보기로 하자.

勝鬘獅子吼一乘大方便方廣經 (성스러운 승만부인의 사자후獅子吼라고 이름 붙힌 경)이다.

제 8 장

튜링 테스트와
붓다 테스트

튜링 테스트, 연산 가능성 그리고 기계적 알고리즘의 한계

튜링 테스트가 기계적 지능이 인간의 자연 지능에 근접하는 능력을 가지고 있는지를 검증하는 테스트라면, 붓다 테스트는 기계의 지능이 깨달음의 가능성을 지니고 있는지를 확인하는 테스트이다. 물론 이 테스트를 통과한다고 해서 인공지능이 곧바로 부처라는 것은 아니고, 다만이 테스트를 통해 인공지능의 깨달음의 가능성을 보는 것이다. 튜링 테스트가 문자를 통한 대화를 기반으로 하여 대화의 상대가 기계인지 인간인지를 구분할 여부를 가지고 합격을 결정하는 테스트라면, 붓다 테스트는 주어진 체계가 기계적인 과정을 자유자재로 벗어날 능력을 갖추는가를 측정하는 테스트이다. 필자는 이 테스트를 통해 인공지능의 불성을 즉 깨어있음의 능력을 측정해 보려고 한다.

먼저 인공지능이 붓다 테스트를 통과하기 위해서는 이 체계가 기계적 알고리즘을 통한 이해와 그것을 넘어서는 이해가 함께 가능한지를 살펴보아야 한다. 예를 들어 다음과 같은 수학적 문장을 생각해 보자.

$$1+1=2$$

이 수학적 문장은 참이다. 그런데 이 문장이 참인 이유는, 예를 들어 사과 하나에 사과 하나를 더하면 사과가 둘이어서가 아니다. 그런 이유라면 사과, 귤, 감, 자두, 수박 등등의 각각의 과일 종류를 하나하나 검사해서 '1+1=2'라는 것을 따져 보아야 한다. 이 세상에 있는 하나의 대상과 다른 하나의 대상을 더해서 이것이 둘이 되는지를 살펴보는 귀납적 방식으로 증명을 하려면 엄청난 시간이 걸릴 것이다. 그런 식으로 하지 않고 사과와 귤에서 '1+1=2'가 참이라는 것을 알아낸 다음 모든 대상에 그것을 적용하여 '1+1=2'가 참이라고 한다면, 그것은 귀납적 일반화의 오류를 범하게 된다. 덧붙여 '1+1=2'가 아닌 경우도 발생할 수 있다. 물방울 하나와 물방울 하나를 합하면 커다란 물방울 하나가 나타날 수 있다. 그러면 '1+1=1'이다. 물론 이 경우는 물방울이 하나라는 것이 무엇을 의미하는지를 따로 밝혀야 하는 복잡한 절차가 필요하다. 그래서 수학에서는 이런 방식으로 수식들을 증명하지는 않는다. 수학에서 '1+1=2'가 참이라는 것을 증명하는 방법은 조금 다르다.

먼저 숫자를 정의한다. 0, 1, 2, 3, 4 … 를 정해진 0과 자연수로 정의하고, 이들을 순서대로 1만큼 떨어져서 오른쪽 방향으로 나열된 선을 생각하자. 그리고 나서 + 와 = 의 의미를 정의하자. +는 오른쪽 방향으로 가는 기능을 말하는 것으로 정의하고, =는 이러한 기능이 완성되었을 때 나타나는 지점의 수로 정의하자.

0, 1, 2, 3, 4, …. (정의) 가장 왼쪽에서부터 같은 거리만큼 정렬된 대상들을 '0, 1, 2, 3, 4 …' 라고 한다.
+ (def. 정의) 오른쪽으로 지정된 거리만큼 간다.
− (def. 정의) 왼쪽으로 지정된 거리만큼 간다.
= (def. 정의) 정지하고 그 자리에 있는 수를 지시한다.

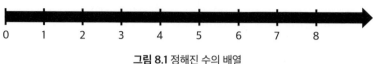

그림 8.1 정해진 수의 배열

이렇게 숫자와 + 와 = 를 정의하면 다음과 같은 식으로 수학 문장을 해석할 수 있다.

"1+1=2" (해석) "1의 자리에서 1만큼 오른쪽으로 가면 그 자리는 2라는 수가 있다."

"2+3=5" (해석) "2의 자리에서 3만큼 오른쪽으로 가면 그 자리에는 5라는 수가 있다.

"x+y=z" (해석) "x의 자리에서 y만큼 오른쪽으로 가면 z가 있다."

여기서 중요한 점은 'x+y=z'는 항상 참이 아니라는 것이다. '1+1=2'는 참이고 '2+3=5'도 참이지만 '1+1=3'은 참이 아니다. 그런데 '1+1=2'이 참이지만 ' 1+1=3'이 참이 아닌 이유는 숫자와 +와 =의 주어진 의미를 따라 연산을 진행할 때 '1+1=2'가 결과로서 나타나지만 '1+1=3'은 결과로 도출되지 않기 때문이다. 이 귀결 가능성 혹은 도출 가능성derivability을 보여 주는 것을 증명이라고 한다. 논리학이나 수학에서 증명이라고 하는 것은 바로 주어진 용어나 대상(1, 2, 3 …)의 의미 그리고 조작의 기능(+, =)을 (공리라고) 받아들였을 때, 원하는 수학적 표현(수식)이 이들을 통해 얻어질(도출될) 수 있다는 것을 보여 주는 작업이다. '1+1=2'는 도출될 수 있고 '1+1=3'은 도출되지 않는다. 그래서 전자는 참이고 후자는 거짓이다. 참과 거짓은 단지 제안되거나 생각되는 것이 아니라 이러한 구체적인 도출에 의해 증명된다. (참고로 튜링은 이 도출의 과정을 튜링 머신의 알고리즘 수행 과정으로 설명했다.) 간단히 요약해서 말한다면 '1+1=2'가 참인 이유는 '1+1=2'가 논리적 연산 과정(알고리즘적 과정)을 통해 도출되기 때문이다. 이렇게 보면 모든 수학적 진리는 논리적 과정을 통해 도출되는 것이라고 생각할 수 있다.[1] 이러한 시각에서 본다면 수학이라는 것은 논리적 사고의 순차적 진행을 통해 마치 컴퓨터가 알고리즘적 과정을 거치는 것처럼 참된 계산을 해나가는 작업이라 이해할 수 있다.

그런데 이런 생각에 괴델이 찬물을 끼얹는다. 튜링이 생각한 대로, 그리고 많은 사람들이 생각하는 대로 논리적 과정을 통한 알고리즘의 실행으로 생각해 보면 수학적 진리는 주어진 공리에서 알고리즘적으로 도출되는 것이다. 그런데 괴델의 불완전성의 정리는 정합성consistency을 지닌 체계 안에서 이런 논리적 과정으로는 증명되지 않는 수학적 진리가 있을 수 있음을 보여 준다. 즉 그는 수학적 진리가 논리적 증명을 통해 완전히 증명될 수 없다는 역설적인 상황을 증명을 통해 보여 준 것이다.

여기서는 수학적 증명을 전혀 모르시는 분들을 위해 괴델의 증명과는 조금 다른 방식으로 불완전성 정리의 의미를 설명하려고 한다. 즉 수학적 증명이라는 기계적인 알고리즘 과정 바깥에 존재하는 수학적 진리, 즉 직관적 앎의 상황을 간략히 설명하고자 한다. 예를 들어 다음과 같은 수학적 문장을 생각해 보자.

$$100-200+300=200$$

수학을 깊이 공부하지 않으신 분들도 한 번에 이 문장이 참이라는 것은 쉽게 알 수 있다. 그런데 이 문장을 앞서 설명한 공리(숫자의 의미와

---

1   이것을 논리주의Logicism라고 한다.

덧셈의 조작적 정의)에서 도출할 수 있는지를 살펴보자. 즉 알고리즘의 과정을 거쳐 이 문장이 도출될 수 있는지 검토해 보자. 이 문장 '100-200+300=200'은 다음과 같이 해석된다.

100이라는 수의 위치에서 왼쪽으로 200만큼 간다. (100-200)
다시 300만큼 오른쪽으로 간다. (+300)
그 자리에 정지한다. (=)
그 자리에는 200이라는 수가 있다. (200)

(1)에서 (4)까지의 순차적 과정은 주어진 문장을 따라 논리적으로 200을 도출하는 과정이다. 이 과정은 규칙에 따라 순차적으로 벌어지고 있기 때문에 일정한 알고리즘을 실행하는 과정이라 볼 수 있고, 따라서 튜링 머신과 같은 체계에서 기계적으로 실행할 수 있다. 그런데 여기서 문제가 발생한다. 100이라는 자리에서 왼쪽으로 200만큼 갈 수가 없다. 여기서 주어진 숫자 체계는 자연수의 체계이므로 가장 왼쪽에 있는 수는 1이다. 이런 이유로 100에서는 200만큼 왼쪽으로 갈 수가 없다. 결국 규칙에 따라 순서대로 증명을 실행하면 '100 – 200+300=200'은 도출될 수 없다. 이 수학적 등식은 '100-200'에서 중단되기 때문이다. 여기서 계산의 알고리즘은 왼쪽에서 오른쪽으로 진행되는데, 이런 식으로는 알고리즘이 끝까지 진행되지 못한다. 이로 인해 이 문장에 대해서는 계산 불가 혹은 증명 불가의 판정이 나온다. 물론 자연수가 아니라 양수(0의 오른쪽에 있는 수)와 음수(0의 왼쪽에 있는 수)가 존재하는 정수 Integers의 체계를 도입하면 이 문제는 깔끔하게 해결된다. 하지만 0과 자연수로 범위를 한정해서 본다면, 이 수식은 주어진 순서에 따라 처리 되는 경우 계산이 불가능한 것으로 나오며 따라서 진위의 증명이 불가능

하다.

　이 수식을 놓고 두 나라 사람들이 논쟁을 벌이고 있다고 상상해 보자. 먼저 자연수 나라 사람들은 자연수Natural Numbers, Countable Numbers 의 체계 안에서 생활하는 사람들이기 때문에 이 수식이 증명될 수 없는 수식이라고 생각한다. 그 이유는 앞서 설명하였듯이 이 수식을 알고리즘의 순서대로 계산하였을 때 중간에 음수가 나오기 때문이다. 그래서 이 수식은 의미 없는 혹은 진위를 결정할 수 없는 수식이 되는 것이다. 그러나 정수 나라에서 온 사람들은 이 수식을 아무 문제 없이 풀 수 있다. 중간에 음수가 나오는 과정이 있지만 정수 체계에 음수가 포함되기 때문에 이것이 아무 문제가 되지 않는다. 이 정수 나라 사람들은 자연수 나라 사람들의 어려움을 알고 이 수식이 분명한 결과를 가진 의미 있는 수식이라는 것 그리고 그 결과가 사실 자연수라는 것을 말하지만, 자연수 사람들의 입장에서는 이 주장이 전혀 이해되지 않는다. 왜냐하면 앞서 설명하였듯이 자연수 이외의 수를 자연수 나라 사람들이 전혀 이해하지 못하기 때문이다. 이 수식의 너무도 분명한 결과가 있음에도 이것을 자연수 나라 사람에게 설명하지 못해서 답답한 정수 나라 사람 중 한 사람이 좋은 아이디어를 제안한다. 자연수 나라 사람이 자연수 체계 외부로 나가지 않고도 이 수식의 결과를 이해할 수 있는 방법을 찾는 것이다. 이 방법은 수식이 체계의 외부, 즉 계산 과정의 음수와 관련되지만 자연수 나라 사람도 이해할 수 있는 체계 내부, 즉 자연수와 관련되는 과정을 포함하는 방법이다. 이런 방법을 사용하지 않고서는 자연수 나라 사람들에게 이 수식이 답을 가지는 수식이라는 것을 설명할 수 없기 때문에 정수 나라 사람들은 다음과 같은 변형된 수식을 만들었다.

$$+300 - 200 + 100 = 200$$

이 수식은 원래의 수식 '100 – 200+300=200'과는 다르지만 그 수식에서 300의 자리와 100의 자리의 순서를 바꾼 등가적인 수식이다. 주어진 순서로는 도출이 불가능하여 자연수 나라 사람에게는 진위를 알수 없었던 수식으로 보였던 '100 – 200+300=200'도 그것과 등가적인 '+300 – 200+100=200'을 통해서 의미 있는 수식으로 이해될 수 있다. 두 수식의 계산 과정과 그 의미를 정리하자면 다음과 같다.

100-200+300=200 (원래 수식)	+300-200+100=200 (원래 수식에서 100과 300의 자리가 바뀜)
100에서 왼쪽으로 200 가고 오른쪽으로 300 가면 200이 됨	300에서 왼쪽으로 200만큼 가고 오른쪽으로 100만큼 가면 200이 됨
자연수 계산 알고리즘을 통하여 도출 불가	자연수 계산 알고리즘을 통하여 도출 가능
이 수식의 진위를 결정할 수 없음	이 수식은 진위 증명이 가능함

즉 자연수 사람들이 답을 구할 수 없었던 수식이 존재함을 자연수 나라 사람들이 확실하게 이해할 수 없었는데, 이것을 정수 나라 사람이 자연수 사람들이 이해할 수 있는 방식으로 설명한 것이다. 바로 이 점이 알고리즘의 안과 밖을 모두 보는 것의 의미가 된다. 자연수 체계의 알고리즘을 따라가는 것은 자연수 나라 사람들의 입장이지만 자연수 체계의 알고리즘의 바깥을 보는 것은 정수 나라 사람들의 입장이다. 다시 말해 정수 나라 사람의 입장에서 의미 있는 수식이 자연수 나라 사람의 입장에서는 이해될 수 없었지만, 정수 나라 사람이 이 수식이 의미 있고 증명될 수 있는 수식이라는 것을 알고 자연수 나라 사람이 이해할 수 있는 다른 수식으로 바꾸어 설명하고 있는 것이다. (증명할 수 없는 수식이 의미 있게 존재한다는 것을 증명한 것이다.) 이것은 주어진 수식을 자연수를 벗어난 알고리즘으로 이해하고, 그것을 변형하여 자연수 내부의 알고

리즘으로 설명한 것이다. 즉 자연수를 따르는 알고리즘과 자연수 바깥에서 정수를 따르는 알고리즘을 모두 이해한 것이 정수 나라 사람이 제시한 설명에 드러나 있다. 이런 과정이 알고리즘의 안과 밖을 모두 보는 과정이다.

괴델의 증명이 함의하는 바는 체계가 그 내부의 알고리즘으로 결정할 수 없는 수식이 존재함을 체계 내부의 언어로 보여 주는 것이 가능하다는 것이다. 괴델은 이 과정을 괴델 수Gödel number와 같은 추적 가능한 수를 이용하여 체계 내부의 모든 수식을 수치화함으로써 달성하지만, 정수 나라 사람이 한 것은 자연수 체계를 벗어나 자연수 나라 사람이 이해할 수 없는 수식을 이들이 이해할 수 있는 수식으로 변형하여 설명한 것이다. 결국 이러한 증명의 중요한 의미는, 체계 내와 체계 바깥을 아우르는 양면적 생각의 균형과 통합이다.

이 예는 계산의 기계적 처리 과정의 흥미로운 한계를 보여 주는 매우 간단한 사례이지만 이것에서 우리는 기계적인 알고리즘에 속박된 시각을 벗어나 다른 방식의 깨달음이 있다는 점을 생각해 볼 수 있다. 주어진 알고리즘의 체계를 부정하지는 않지만 그 자체를 넘어설 수 있는 능력 또한 있어서, 체계의 안과 밖을 모두 보는 것을 지혜라고 한다면, 예를 들어, 자연수 나라 사람들이 그들의 자연수 체계를 넘어서서 정수 나라 사람의 시각으로 자신들의 문제를 바라보고 그리하여 자신들의 문제를 해결하고 그것을 다시 자연수 사람들의 체계에서 자연수의 언어로 설명할 수 있다면, 이것이 바로 상위적 인지 능력인 지혜의 능력일 것이다. 즉 주어진 체계나 주어진 알고리즘에 고착되지 않고 문제의 해결을 위해 체계 안과 바깥의 시각을 모두 볼 수 있는 그런 능력이 인공지능이 새로운 단계로 도약하기 위해 필요한 능력이 아닌가 싶다. 이것은 또한 불교의 깨달음이 지향하는 지혜의 능력과 밀접한 관계가 있다.

진정한 깨어있음, 불성, 혹은 부처의 마음은 바로 이러한 알고리즘
의 기계성에 집착하지 않고 논리의 안과 밖을 모두 보는 그런 능력을 가
지고 있다. (이 점은 황벽 스님이 구타를 하고, 임제 스님이 할이라고 외치
면서 집착과 미망에 빠진 마음에 충격 요법을 가한 이유이기도 하다.) 즉
'100-200+300=200'은 주어진 체계 내부에서는 구체적인 알고리즘
의 순서에 따를 때 증명 불가이고 그 진위를 알 수 없는 것이지만, 그럼
에도 불구하고 의미 있는 수식이 될 수 있다는 생각은 주어진 자연수 체
계의 알고리즘적 과정에 집착하지 않는 지혜로운 마음에게 가능한 일
이다. 기계적 알고리즘을 따르는 마음은 일정한 알고리즘에 갇혀 '100-
200+300=200'의 의미를 영원히 놓치고 말지만, 깨어있는 마음은 그
수식의 의미를 주어진 체계 안에서 그리고 밖에서 알고 있다.

여기서 중요한 점은 진정한 깨달음과 지혜가 기계적 알고리즘에
제약되지 않고 그것을 넘어서 진리를 파악할 수 있는 능력을 가지고 있
지만, 그렇다고 해서 알고리즘을 완전히 무시하거나 거부하지는 않는다
는 점이다. 알고리즘을 완전히 거부하는 깃도 일종의 집착이다. 즉 참된
깨달음의 능력은 주어진 알고리즘을 벗어날 수 있지만, 그렇다고 알고
리즘이라는 일반적인 틀을 완전히 무시하지도 않는 균형잡힌 반성적 인
지 능력이 아닐까 싶다. 붓다 테스트란 바로 이러한 깨달음의 능력을 테
스트하는 과정이 될 것이다. 기계적인 정보 처리 과정은 주어진 알고리
즘을 따라 이것 아니면 저것을 선택해야 한다. 따라서 대립적인 견해들
의 충돌이나 딜레마 취약하다. 그러나 깨달음의 목표는 주어진 과정이
나 알고리즘을 완전히 무시하지 않지만 그것에 반드시 속박되지 않으면
서 진리를 볼 수 있는 깨달음이다. '100-200+300=200'이 자연수 체계
에 적용되는 알고리즘에 의해서는 증명되지 않지만 그렇다고 해서 이것
이 아무 의미 없는 수식이 아님을 이해할 수 있는 이유는 특정한 알고리

즘에 고착되지 않는 열린 깨달음의 능력, 즉 '+300-200+100=200'을 고려할 수 있는 능력이 있기 때문이다. 이 열린 깨달음의 능력은 알고리즘을 단순히 부정하거나 거부하는 능력이 아니라 특정한 알고리즘에 집착하지 않는 능력, 즉 알고리즘 따르면서도 알고리즘의 한계를 이해할 수 있는 능력이다.

붓다 테스트와 깨달음의 능력

이런 깨달음을 가능하게 하는 능력을 살펴보기 위해서 두 가지 구체적인 테스트를 생각해 볼 수 있다. 첫 번째 테스트는 (1)규칙이 충돌하는 경우에 관한 것이고, 두 번째 것은 (2)마땅한 규칙이 없는 경우에 관한 것이다. 인공지능이 진정한 깨달음의 가능성을 가지기 위해서는 단순한 규칙(프로그램)을 따르는 체계가 아니라 규칙이 충돌하거나 마땅한 규칙이 없는 경우라도 일관되게 좋은 결과와 판단을 제공하는 체계라야 한다. 물론 이런 상황은 자연 지능을 가진 인간이라도 감당하기 어려운 영역이다. 그러나 적어도 (지적으로 성숙한) 인간은 이러한 상황이 어떤 상황인지를 이해하거나 느끼고 있고, 이런 상황을 해결하기 위해 단순한 정보의 축적이 아니라 지혜의 단계에 이른 생각이 필요하다는 것을 알고 있다. 이것은 샤오-우엔 혼 박사가 주장하는 인공지능의 최상위 단계인 지혜의 단계, 즉 자율적인 깨달음의 단계에 속하는 능력이다. 결국 단순히 기계적 계산이나 정보 처리를 넘어서는 새로운 의미와 가치를 포함하는 깨어있는 마음이 가진 지혜의 능력은 다음과 같은 테스트를 통해 엿볼 수 있다. 아래 제시된 문제들은 붓다(깨달음) 테스트를 위해 제시된 것이며, 이와 비슷한 다른 문제들이 붓다 테스트에 사용될 수도 있음을 밝힌다.

규칙이 충돌하는 경우

도덕 철학의 오래된 딜레마 중에 하나는 도덕적 의무들이 상호 충돌할 때 어떻게 해야 하는가 하는 것이다. 도덕적 의무는 당연히 따라야 한다. 그러나 이런 의무들이 상호 충동할 때 어쩔 수 없이 하나를 버리고 다른 하나를 따를 수밖에 없다. 그런데 도덕적 의무를 저버리는 것은 의무라는 것의 존재 자체를 거부하는 것이기 때문에, 딜레마를 일으킨다. 예를 들어 살인마가 한 사람을 죽이려고 추적하고 있다. 쫓기던 사람이 당신의 집에 숨어 들었다. 이 살인마가 문을 두드리면서 이 사람이 당신의 집에 있느냐고 묻는다. 당신은 어떻게 대답할 것인가? 거짓말을 해서 사람을 살릴 것인가? 아니면 진실을 말해서 그 사람이 살인마에게 죽임을 당하도록 할 것인가? 진실을 말하는 것도 사람의 생명을 구하는 것도 모두 도덕적 의무이다. 그런데 이 경우 이 두 의무 중에서 오직 하나만을 선택해야 한다. 하나를 취하면 하나를 버릴 수밖에 없다. 이 때 당신은 어떤 선택을 할 것인가? 독일의 철학자 이마누엘 칸트는 이런 경우라도 절대로 거짓말을 해서는 안 된다고 하였다. 반면 행위의 결과가 산출하는 최대 다수의 최대 행복을 추구하는 공리주의 철학Utilitarianism에 따르면 거짓말 한 번 해서 사람을 살리는 것이 당연히 중요하다고 한다. 거짓말은 나쁜 것이지만 이런 상황에서 사람의 생명만큼 중요한 것은 아니라는 것이다. 이 문제를 혹은 이와 비슷한 문제를 인공지능에게 입력시키면 어떤 답이 나올 것인가? 두 가지 도덕적 의무가 모두 중요하므로 둘 중에 아무 것이나 무작위적으로 선택하라고 할 것인가? 아니면 둘 중에 하나만을 선택하라고 할 것인가? 그리고 선택 후에 선택에 대해 설명을 할 수 있을 것인가?

인공지능은 딜레마 상황에서 규칙과 조건이 충돌할 때 의미 있는 판단을 내릴 수 있어야 한다. 물론 이러한 규칙들은 프로그램으로 인공지능 체계에 입력될 수 있다. 그러나 프로그램된 도덕적 강령이나 규칙이 충돌할 때 인공지능 체계가 어떤 판단을 내릴지는 분명하지 않다. 〈2001: 스페이스 오디세이〉의 인공지능 체계인 할은 바로 이러한 규칙 충돌의 문제에 걸려 신경증적인 반응을 보이고 우주선의 승무원들을 살해한 것이다. 원래 할에게는 프로그램된 규칙과 의무가 있었는데 이것이 상부에서 주어진 지시 사항과 충돌하기 시작하였고, 이 충돌을 체계 자체가 감당하지 못해서 결국 일관성을 잃고 무질서에 빠지게 되었다. 할의 경우와 같이 이런 규칙의 충돌에 얽매여 헤어 나오지 못하고 그 충돌의 지점에 머무르거나, 그저 될 대로 되라는 식의 방임적인 입장이 되거나, 무작위적 결정을 선택하게 되는 일이 인공지능 체계에서는 항상 가능한 것이다. 그래서 인공지능이 규칙이나 의무의 충돌을 어떻게 처리하는가를 보면 이 체계가 단순한 정보 처리의 기계인지 진정한 이해와 깨달음의 기계인지를 가늠할 수 있다. 그런 이유로 필자는 이 문제를 붓다 테스트에 포함시키고자 한다. (여기서 필자가 윤리적 딜레마를 예로 든 것은 규칙과 알고리즘의 충돌은 다른 영역에서도 물론 가능하지만 인공지능의 가진 능력과 힘이 인간에게 가장 큰 영향을 미치는 경우는 인공지능이 윤리적 갈등과 규범의 문제를 담당하는 경우이기 때문이다.)

마땅한 규칙이 없는 경우

최근 중국 사천성四川省의 한 교육구順慶區에서는 초등학교 5학년 학생들에게 다음과 같은 산수 문제가 주어졌다고 한다. '배에 26마리 양과 10마리 염소가 있다면 이 배의 선장의 나이는 몇 살인가?' 이 문제를 내게 된 이유는 학생이 기계적으로 숫자를 계산하는 습관에서 벗어나 비판적 사고를 함양하려는 의도였다고 한다. 물론 이 물음에 한 가지 정답이 있는 것은 아니다. 그러나 그렇다고 해서 모른다고 하거나 아무 나이나 적어 내면 안 된다. 지금까지 이 질문에 대해서는 다음과 같은 여러 가지 답안이 나왔다. 화물을 적재하는 배의 선장이 되기 위해서는 적어도 23세가 되어야 하고 5년 동안 면허를 유지해야 한다. 따라서 선장의 나이는 28세 혹은 그 이상일 것이다. 혹은 더글라스 아담스Douglas Adams의 소설 《은하수를 여행하는 히치하이커를 위한 안내서A Hitchhiker's Guide to the Galaxy》에 나온 인생과 우주와 모든 것의 궁극적 답이라고 제시된 수인 42를 따라 42세라고도 할 수도 있다.[2] (물론 이 배에는 선장이 원래 없었다고 주장하면서 문제의 전체적인 판을 거부할 수도 있다. 이런 식의 전혀 다른 시각은 잘 알려진 선문답[병 안에 갇힌 새를 꺼내는 문제]의 해답[새가 원래 병에 들어 간 적이 없다]으로 제시된 적이 있다.) 답을 제시할 때 중요한 점은, 첫째로 선장의 나이가 단순히 주어진 정보에 나온 26과 10의 합이나 이런 숫자들과 연관된 것이어서는 안 되고, 둘째로 그 나이를 분명하고 합당한 이유를 가지고 설명해야 하는 것이다. 이 문제는 습관화된 생각의 고리를 부수고, 비판적 시각을 가지고 선장의 나이를 생각하도록 하는 과정을 마음속에 일으킨다. 과연 인공지능은 이와 같은 문제에 합당한 답을 제공할 수 있을까? 흔히 기계적이라고 하는 과정은 주어진 알고리즘을 따라가는 수동적 과정이 될 수 있는데, 이 문제는 그런 과정이 아니라 적극적이며 비판적인 자세로 의미 있는 그리고 말이 되는 답을 찾아가는 과정을 요구하는 문제이다. 이 문제는 습관화되거나 조건화된 마음이 아니라, 규칙에 얽매이지 않는 깨어있는 창조적 마음이 해결할 수 있는 문제이다. 깨달음의 가능성을 가진 마음은 뚜렷한 규칙이 없는 경우에도 합당한 답을 찾거나 새로운 규칙을 찾아

---

2 더글라스 아담스, (2004), 《은하수를 여행하는 히치하이커를 위한 안내서》, 김선형, 권진아 역, 책세상.

낼 수 있는 것이다. 길이 없어도 스스로 의미 있는 길을 찾아 나아가는 능력이 이러한 능력이다.

만일 어떤 인공지능 체계가 이러한 두 가지 문제들에 대해 적절한 답들을 출력하고 그 답들에 대해 합당한 설명을 제공한다면, 그 체계에 대해서는 깨달음의 기본적 능력을 인정할 수 있을 것이다. 그렇다면 강력한 학습 능력과 방대한 인터넷의 자료로 무장한 최신 인공지능 체계들은 붓다 테스트를 통과할 수 있을까?

개에게도 불성이 있는가?

불성Buddhadhātu이란 글자 그대로의 뜻으로는 깨달음의 성질 혹은 부처의 본성을 의미하지만, 불교에서는 깨달음을 얻을 가능성 혹은 부처가 될 가능성을 가리키는 용어로 쓰인다. 깨달음의 가능성을 보다 분명하게 나타내는 말로는 여래장如來藏, Tathāgatagarbha이라는 말이 쓰이기도 하다. 영어로는 'Buddha Nature'라고도 한다. 대승 불교에서는 모든 것에 부처(깨달음)의 바탕이나 잠재성이 있다고 하는데, 그것은 불교 경전인 《대반열반경大般涅槃經》에 있는 '일체 중생은 모두 불성을 가진다一切衆生 悉有佛性'는 구절에 기반하고 있다. 즉 중생의 마음에는 깨달은 자(부처)의 씨앗이 있는데, 마음이 근심과 환난에 오염되어 있어 그 활동이 멈춘 상태라는 것이다. 깨달음을 이루어 성불成佛하기 위해서는 먼지로 오염된 마음을 털어 내고 불성을 일으켜야 한다. 본래 중생에 기반으로 갖추어져 있는 성품에 관한 이런 생각은 깨달음에 대한 매우 희망적이며 개방적인 시각을 가지게 한다. 깨달음이라는 것은 오직 선택된 소수의 능력이 아니라 모든 이들이 가진 기본적인 잠재성이기 때문에 불성은 부처와 중생을 연결하는 매우 중요한 연결점이다. 특별히 불성 사상은 불교적 수행의 의미와 실천 의지를 모든 중생에게 강하게 심어줄 수 있는 생각이다. 또한 잠재된 마음과 실현된 마음이 불교의 수행과 자기 정진의 과정에서 모두 하나의 마음(일심 一心)으로 통합될 수 있는 것은 이 불성 사상으로 인해 가능하다. 아마도 불교가 사라지지 않고 2천년 이상 지속될 수 있는 것도, 바로 이 불성에 대한 생각과 희망 때문이 아닌가 싶다.

그런데 이 불성에 관해서는 논의가 많이 있었다. 그 가장 대표적인 것은 도무지 착한 품성이라고는 전혀 없는 극악무도한 이들에게도 불성이 있을까 하는 질문이다. 《열반경》에서는 깨달음과는 전혀 관계가 없고 부패하고 비도덕적이며 순간의 쾌락에 충실한 이들에게도 불성이 있는지에 관해 논쟁이 있었다. 물론 열반경에는 모든 중생이 불성을 가지고 있다는 구절이 있으니 중생에게는 기본적으로 불성이 있다고 해야 할 것이다. 그런데 중생衆生, sattva이라는 개념에는 사람뿐만 아니라 다른 생명체도 포함되기 때문에 어떻게 보면 불성은 모든 살아있는 대상의 기본 성격이라고 간주할 수 있게 된다. 저명한 불교 학자 대니얼 게츠Daniel Getz의 설명에 따르면 중생이란 말은 '살아있음의 총체', 즉 불교적 가르침의 대상과 이것을 받아들이는 의식적 존재를 말한다. 여러 가지 산스크리트어(jantu, bahu jana, jagat, sattva)를 번역해 볼 때, 중생은 보통 미망, 번뇌, 윤회에 놓인 살아있는 존재 일반을 나타내는 말이다. 특별한 경우에, 중생은 부처와 보살을 포함하여 의식을 가진 모든 대상을 넓게 포함하는 말이기도 하다.[3] 이렇게 중생을 매우 폭넓은 의미로 해석하면 과연 불성이 구체적으로 무엇을 포함하는지에 관해서는 논란이 일 수밖에 없다.

------

3 "Sentient beings is a term used to designate the totality of living, conscious beings

이런 맥락에서 본다면 '개에게도 불성이 있는가'라는 질문은 매우 흥미로운 질문이 된다. 홍선유관興善惟寬 (755-817) 선사는 중국 당나라 때 스님이다. 그의 제자 중 한사람이 홍선 스님에게 개에게도 불성이 있느냐고 물었다.[4] 홍선 스님은 있다고 하였다. 조주趙州從諗 (778-897) 스님에게도 같은 문의가 있었다.[5] 조주 스님은 없다고 하였다. 이 두 스님의 제자들은 불성에 대해 관심이 많았고, 그래서 이 질문을 스님들에게 묻고 그 답을 알고 싶었던 모양이다. 하지만 홍선 스님이나 조주 스님의 대답은 달랐다. 그래서 또 한바탕 혼란이 있었다. 하지만 이 스님들의 대답 자체는 그렇게 중요한 것은 아니다. 홍선 스님은 개에게도 불성이 있다고 했지만 정작 본인은 불성이 없다고 했고, 조주 스님은 개에게는 불성이 없다고 했지만 그 이유는 개는 업식 (집착의 업을 낳는 의식)을 가졌기 때문이라고 했다. 이 스님들의 답변을 종합하면 다음과 같다. 한편으로 불성은 모든 중생에게 널리 퍼져 있는 깨달음의 잠재성이고, 이 잠재

---

that constitute the object and audience of Buddhist teaching. Translating various Sanskrit terms (jantu, bahu jana, jagat, sattva), sentient beings conventionally refer to the mass of living things subject to illusion, suffering, and rebirth (Saṃsāra). Less frequently, sentient beings as a class broadly encompasses all beings possessing consciousness, including Buddhas and Bodhisattvas." Getz, D. A. (2004). "Sentient beings" In Buswell, Robert (ed.), *Encyclopedia of Buddhism*. Vol 2. New York, USA: Macmillan Reference. p.760.

4 "홍선유관 선사는 중국 당나라 때 스님이다. 남악 선사 문하로서 13세에 출가하여 숭숭僧崇 스님에게 구족계를 받고 승여僧如 스님에게 율을 배웠다. 마조도일 선사에게 참학하여 도를 이루었으며 원화元和 12년(817)에 입적하였다. 유관 선사에게 마음 닦는 일을 물은 백거이白居易 (772~846)라는 사람은 호를 낙천樂天이라 하는데 당 나라 중기의 대표적인 시인이다. 불광여만 선사, 홍선유관 선사, 귀종지상 선사, 조과도림 선사 등 많은 선사들에게 참학하였다." 불교 신문 (2010.12.26) 무비 스님 "홍선유관 선사 - 분별심을 없애라."

5 개에게도 불성이 있는가 하는 논쟁 그리고 홍선 스님과 조주 스님의 대답은 다음의 글을 참고하시오. 법보 신문 (2013.12.24) 강신주 "조주무자趙州無字."

성이 깨달음의 길에서 중요하기는 하지만, 불성 자체만 가지고 너무 집요하게 질문하는 것은 깨달음이라는 큰 산을 놓치고 불성이라는 작은 나무만을 들여다보는 상황이 된다. 즉 이 잠재성은 그 자체가 아니라 깨달음과 관련을 가지는 한에서 의미가 있는 것이다. 설사 불성이 있더라도 개발되지 않거나 혹은 다른 것(업식성)에 막혀 있으면 깨달음을 얻을 수 없는 것이다. 사실 불성의 유무를 따지고 그 중요성을 논하는 것은 마치 천재가 될 가능성을 지닌 유전자와 실재로 천재가 된 사람의 관계를 생각하는 것과 비슷하다. 먼저 천재의 유전자를 가지고 태어났어도 그것이 발현하지 않으면 천재가 되지 않는다. 다음으로 만약 천재가 되었다고 해도 오로지 천재의 유전자 때문에 천재가 된 것이 아닐 수도 있다. 천재의 유전자가 오롯이 실현될 수 있는 다른 환경적 조건들도 갖추어져야 한다. 예를 들어 천재가 될 유전자를 가지고 태어나도, 병에 걸리거나 사고를 당하면 천재가 되지 않을 수 있다. 그러니 불성과 깨달음의 관계는 사실 단순한 인과 관계가 아닌 것이다. 분명한 것은 불성을 계속 따지고 그것 자체에만 집착하는 것은 오히려 불성의 발현을 막는 길이 될 수도 있다는 점이다. 불성은 불성의 가능태로 남아 있어서는 안 되고, 실현되어야 하기 때문에 "개는 불성이 있어요?" 하고 불성만 계속 묻는 것은, 불성의 가능태만을 잡고 말의 논리에 빠져서 그 궁극적 단계인 깨달음을 놓치는 결과를 초래할 수 있다.

인공지능의 불성

그럼에도 불구하고 불성의 질문은 언제나 흥미 있다. "X는 불성이 있어요?" 하고 묻는 것은 불교와 깨달음의 울타리를 보고 싶어하는 사람들의 호기심을 항상 자극한다. 그래서 홍선 스님과 조주 스님에게 "인공지능은 불성을 가지고 있습니까?" 하고 질문하고 싶다. 인공지능은 생명이 있는 중생이 아니라서 불성은 없다는 대답이 나올까? 아니면 환경에 반응하고 정보를 처리하며 학습하는 체계이기 때문에 깨달음의 가능성이 있다고 할까? 아니면 실질적 깨달음을 혼란스럽게 하는 문제를 붙잡고 늘어지는 것에 대해 무문無門慧開(1182-1260) 스님처럼 무無라고 호통을 칠까? (무문 스님의 무無는 우리가 쉽게 빠지게 되는 편견, 권위 그리고 깨달음과 관계 없는 호기심을 털어 내는 과정이다.)

현재 인공지능의 불성이나 깨달음 가능성에 대해서는 여러 가지 의견이 개진되고 있다. 2008년 〈인공지능 로봇의 불성 연구: 인간과 기계의 연기성을 중심으로〉라는 논문을 발표한 보일 스님은, 인지적 능력과 판단 능력을 갖춘 인공지능의 불성을 대승 불교의 커다란 사상인 연기나 중도中道의 입장에서 본다면 이들에게 불성이 없다고 단정할 수는 없다고 주장한다.[6] 《인공지능, 붓다를 꿈꾸다》를 출간한 지승도 교수는 인공지능의 불성, 즉 깨달음 가능성의 조건에 대해서 자아의식이 필요하다고 주장한다. 우희종 서울대학교 교수는 깨달음의 조건은 무명無明함을 아는 것이라고 주장하고, 프로그램된 인공지능은 무명을 지각할 단계에 아직 이르지 못하였다고 한다. 고영섭 동국대학교 교수는 현재 인공지능은 프로그램된 체계이므로 깨달음을 스스로 얻지 못할 것이라 주장한다.[7] 이런 주장들은 불성의 중요한 조건들을 보여 주고 있는데,

---

6   보일 스님은 불교 신문 (2019.07.19)에 게재된 기고문 "인공지능에도 불성이 있나요?"에서 다음과 같이 말한다. "생명체 내부에 생명의 핵심이라고 할 만한 실체는 없다. 다만 모든 존재는 요소의 잠정적, 임시적 집합에 불과하다. 불교의 생명관을 이렇게 정리한다면, 분자생물학이 지금까지 밝혀낸 생명관과 서로 공통된 시각으로 좁혀져 감을 알 수 있다. 결국 인간과 기계의 경계는 우리의 일반적인 상식보다는 훨씬 더 모호하고, 뭐라 단정짓기 어렵다."

7   "보일 스님은 자신의 논문에서 인공지능 로봇에 불성이 없다 단정하기는 어렵다는 주

그렇다면 인공지능의 불성을 올바로 이해할 시각은 어디에 있는가?

인공지능의 불성을 논하기 위해서 먼저 개에게 불성이 없다고 한 조주 스님의 대답을 살펴볼 필요가 있다. 조주 스님은 개에게는 불성이 없다는 이유로 업식을 거론한다. 개에게는 업식이 있기 때문에 불성이 제대로 실현되지 못한다는 것이다. 업식이란 보통의 마음이 가지는 습관과 무의식의 성향, 즉 과거의 행위가 반복되어 쌓여진 마음의 굳은살인 것이다. 근육도 움직임을 반복적으로 하면 해당 부위가 점점 한 가지 방향으로 발달하고, 자세도 한 모습으로 오래가면 그것에 고정되고, 얼굴도 습관화된 표정에 따라 일정한 형태로 굳어질 수 있다. 인물 사진을 전문적으로 찍는 한 사진사에 따르면 사람의 얼굴은 보통 좌우 대칭적인데 나이 들수록 비대칭적으로 되는 경우가 많다고 한다. 이것은 습관과 생활 방식의 흔적이 얼굴에 남은 것이다. 마음과 생각도 (우리가 모르

장을 펼쳤다. 유정물과 무정물의 경계에 놓여있다고 볼 수 있는 유사 인격체인 인공지능 로봇의 불성을 연기 · 공 · 중도적 관점에서 이해하면 인공지능 로봇에게 불성이 없다고 단정할 수는 없다는 것이 스님의 주장이다. 인공지능 로봇과 인간과의 연기성을 파악하다 보면 종국에는 '나는 누구인가'로 귀결된다고도 했다. 인공지능을 연구하는 지승도 교수는 자신의 책《인공지능, 붓다를 꿈꾸다》에서 '인공지능이 깨달음에 이를 수 있나'에 대해 '자아'라는 개념에 집중했다. 지 교수는 "깨달음이란 법을 통찰하는 것, 자아가 본래 없다는 사실, 존재란 하나의 개념체에 불과하다는 사실을 분명히 알게 되는 것인데, 로봇에게 이런 일이 벌어지려면 적어도 '자아' 의식이 있어야 할 것"이라고 말했다. 전문가들도 인공지능이 깨달음 영역에 들어갈 수는 없다고 진단했다. 우희종 서울대 교수는 본지와의 통화에서 "깨달음은 무명함을 아는 데서 시작된다. 철저하게 프로그래밍된 인공지능에게 무명 망각은 있을 수 없다"면서 "인공지능에게 불성과 깨달음을 말하는 것은 아직은 단언컨대 이르다"고 말했다. 고영섭 동국대 교수는 "대승불교에서는 불성의 개념이 확대돼 무정물들도 성불할 수 있다고 했지만 인공지능은 범주가 다르다"며 "인공지능은 어디까지나 프로그래밍된 것이다. 입력된 프로그램은 조작된 분별적 요소이다. 이를 기반한 인공지능은 아무리 발전을 거듭한다고 해도 깨달음에 이를 수 없다"고 단언했다." 현대 불교 신문 (2016.03.11) 신성민 "진화하는 인공지능에겐 '佛性' 있을까?"

게) 이런 방식으로 고정될 수 있다. 편견을 깨기 힘들고 창조적 생각을 하기 힘든 것도 마음이 습관에 갇혀 한 가지 방향의 생각으로만 나아가기 때문이다. 이런 업식의 성향은 자신도 모르게 자라나서 제거하기도 힘든 습관의 단단한 덩어리가 되며 고정된 마음의 편견을 만들 수 있다. 이 성향을 극복하지 못하면 깨달음이 나타날 수 없다.

    무의식적으로 습관화된 행동이 반복되면, 자동적으로 세상과 나 자신을 바로 보지 못하고 그냥 편한 대로 모든 것을 보게 된다. 이런 습관적 관성이 생긴 마음은 결국 집착과 번뇌를 일으킨다. 이러한 마음은 미망에 빠져 깊은 편견과 오해에 갇힌 마음이며 깨달음이 없는 마음이다. 깨달음은 이런 습관적 휩쓸림에서 벗어나는 것에서 시작된다. 불성은 바로 이런 자동적으로 나타나는 습관화된 무의식에서 벗어나 깨어있는 마음을 향해 가는 가능성의 기반이다. 미망의 잠에서 깨어날 수 있는 능력의 씨앗이 바로 불성이다. 이렇게 보면 부처Buddha라는 말이 왜 산스크리트어로 깨어있는 자awakened를 뜻하는지 이해할 수 있다. 깨어있다는 것은 이런 습관적이며 자동적인 조건성과 속박의 굴레라는 잠에서 벗어남을 말한다. 업식에 골아 떨어져 잠을 자는 마음을 깨어나게 하는 것이 깨달음의 과정이다. 그렇다면 이러한 불성을 인공지능은 가지고 있을까? 인공지능은 깨어있는 마음을 가질 수 있는가?

빅 브라더와 빅 데이터

조지 오웰George Orwell(《동물 농장》 등의 소설로 유명한 영국의 작가)의 미래 공상 소설인 《1984》에는 전체주의적 국가 오세아니아Oceania의 독재 지도자인 빅 브라더Big Brother가 있다. 이 빅 브라더는 모든 시민들의 행동을 감시하고 통제하는 독재 권력자이다.[8] 오웰은 시민적 자유를 제한하는 이러한 감시 체계를 미래 사회의 가장 강력한 세력으로 보았던 것이다. 이런 감시와 통제의 체제가 단순한 공상적 미래 사회의 모습일 뿐이라고 생각해 볼 수도 있다. 하지만 우리는 사이버 공간에서 엄청난 양의 정보가 수집되어 분석되고 있음을 알고 있다. 정보의 바다인 사이버 공간에서 벌어지는 인간의 온라인 활동은 흔적을 남기고, 이 흔적은 모아지고 분석되어 빅 데이터를 만들어 낸다. 휴대 전화의 사용이나 웹 페이지의 이용 상황이 기록으로 남게 되며, 길 안내 프로그램이나 자동차의 네이게이션 앱의 사용을 통해 이동 경로의 패턴이 남게 된다. 또한 포털 사이트portal site(인터넷에서 정보를 찾거나 온라인 기능을 이용할 때 기본적으로 거쳐가는 관문이 되는 사이트)의 찾기 기능에 입력된 단어나 웹 문서에 나타나는 단어 사용 경향 등이 통계적 패턴으로 분석될 수 있다. 우리가 쉽게 접하는 온라인 검색 순위 또는 정보 교통량을 통해 웹 페이지의 사용자와 방문자들의 성향을 측정하는 것은 아주 초보적인 빅 데이터의 자료 분석으로 가능하다. 간단히 말하면 사이버 공간에 나타난 우리의 디지털화된 삶의 흔적은 언제든지 빅 데이터로 분석이 가능하다.

빅 데이터가 반드시 개개인을 감시하려는 의도로 사용되고 있는 것은 아니다. 물론 악용의 소지가 있을 가능성은 있으나 적어도 그런 의도로 빅 데이터의 발굴과 분석이 시작되지는 않았다. 예를 들어 빅 데이터를 사용하면 한 지역의 교통량, 출퇴근 시간의 정체 수준, 그리고 매연 수준 등의 상호 관계를 조사하여 효율적인 교통 정책과 환경 정책을 수립할 수도 있다. 이런 빅 데이터를 이용하면 어떤 지역에 거주하는 직장인이 어떤 방식으로 어느 시간에 출퇴근을 하는 것이 가장 효율적인지

---

8 Orwell, G. (1949). *Nineteen eighty-four: A novel.* London: Secker and Warburg.

를 알 수 있다. 또한 자동차의 길 찾기 기능이 단순히 지리적 거리와 교통 상황만을 고려하는 것이 아니라, 수 년간 같은 경로로 이동한 지역 거주자들의 이동 자료를 분석하여 최적의 경로를 구성해 낼 수 있다. 보통 지역 거주자들은 다른 지역 사람들이 모르는 그 지역에 특수화된 최적 이동 경로를 이용하는 경우가 많다. 그런데 이러한 지역성을 반영하는 특수 정보도 빅 데이터는 찾아낼 수 있다.

《1984》가 '빅 브라더'의 세상이라고 한다면 21세기는 보다 효율적이며 많은 이들에게 도움이 되는 '빅 데이터'의 세계가 될 가능성이 매우 높다. 앞으로 많은 스마트 폰과 전산 체계가 5G 또는 그 이상의 단계로 발전해 가면, 데이터의 사용량과 범위가 비약적으로 증가할 것이며 빅 데이터의 활용이 더 활발해질 것이다. 하지만 빅 데이터에는 우리의 일상적 활동이 그대로 드러나는 경우가 있어서 많은 이들이 우려의 목소리를 내고 있다. 개인 정보에 관한 엄격한 법률이 시행되고 있고 대부분의 정보는 익명으로 처리되지만, 빅 데이터는 정보 시대를 사는 우리가 누리는 혜택인 동시에 감당해야 하는 부담이기도 하다. 그런데 빅 데이터를 놀라운 연산 능력으로 분석하고 이용하는 인공지능이 불성을, 즉 깨달음의 잠재성을 가질 수 있을까?

가짜 뉴스와 가짜 사진

과거에는 컴퓨터의 학습이 주어진 프로그램에서 논리적 연산 과정을 통해 새로운 정보를 추리하거나 과거의 자료를 모아 정리하는 방식으로 진행되었으나, 이제는 상당 부분 광활한 온라인 데이터를 빠르게 분석하여 통계적 일반화를 하는 방식으로 진행된다. 예를 들어, 컴퓨터의 바둑 프로그램을 보면 바둑의 규칙을 입력하고, 그 규칙에 따라 주어진 국면에서 가능한 수를 계산하고, 이 수들의 결과들을 가지고 최선의 수를 출력하는 방식으로 진행된다. 그러나 최근 인공지능의 학습 기법은 바둑의 규칙과 가능한 수의 계산이 이용되기는 하지만 이것보다는 실제로 바둑 대국의 기록 데이터를 분석하여 통계적 확률을 추출하는 방식으로 진행된다. 즉, 규칙과 가능한 수의 논리 수학적 분석보다는 과거의 대국을 분석함으로써 주어진 상황과 최대한 비슷한 사례를 보고 그 사례에서 나타난 최적의 수(보통 대부분의 바둑 기사들이 선택한 수)를 찾아내는 것으로 인공지능을 학습시키고 있다. 단순한 알고리즘을 이용하는 바둑 프로그램의 경우, 컴퓨터의 판단이 초반의 포석 단계보다는 후반의 끝내기에 더욱 정확하다고 알려져 있었다. 그 이유는 초반에는 가능한 수가 많기 때문에 그 모든 수를 계산하기가 복잡하지만, 후반의 끝내기에서는 가능한 수가 점점 작아지기 때문에 완벽한 수 계산이 가능하다는 예상 때문이다. 그러나 알파고나 딥젠고(일본에서 개발된 바둑 프로그램 젠에 딥 러닝 학습 기법을 도입하여 발전시킨 인공지능 바둑 프로그램)와 같은 인공지능 프로그램은 대국의 초반부터 강한 모습을 보여 준다고 한다. 그 이유는 앞서 논하였듯이 바둑 규칙과 가능한 수의 계산으로만 바둑의 수를 결정하는 것이 아니라, 실제 대국의 자료를 분석하여 최적의 수를 결정하는 방식을 인공지능 체계들이 사용하기 때문이다. 실제 대국과 비슷한 과거의 수많은 대국들을 분석하면, 통계적으로 최적의 수가 나올 수 있기 때문에, 인공지능 바둑 프로그램은 대국의 초반부터 강한 면모를 보여 줄 수 있다. 비유적으로 말한다면, 바둑의 고수들에게 설문지를 돌려 주어진 상황에서 어떤 수가 좋은지를 끊임없이 질문하고, 그 답을 통계적으로 찾는 방식으로 인공지능 체계가 진화한 것이다.

이것은 마치 영어 학습에서 영어 문법을 익히는 식으로 공부하는 방식보다는 상황에 맞는 표현을 하나하나 익히는 방식으로 공부하는 것을 강조하는 것과 같다. 과거 한국의 영어 교육은 문법 위주의 학습이었지만, 최근에는 대화 위주의 실용적 영어가 강조 되고 있다. 문법적 접근의 장점은 일반화된 규칙을 익혀서 영어로 쓴 책을 읽고 많은 문장을 구성할 수 있는 능력을 기르는 것이지만, 단점은 대화나 생활 영어에 취약하다는 점이다. 반면 상황적 영어 표현을 익히는 방법은 일상적 대화에 도움이 된다는 장점이 있지만, 표현을 하나하나 익혀야 하기 때문에 수많은 상황에 적용할 수 있는 표현을 모두 다 익히기는 어렵다는 단점이 있다. 하지만 데이터를 분석할 수 있는 연산 능력이 뛰어나다면 아무리 많은 표현이라도, 이들 모두를 빠르게 학습할 수 있는 후자의 귀납적이며 통계적 방식이 더 효과가 있을 것이다. 예를 들어, 영어로 "How are you (안녕하세요)?"라는 질문이 들어 오면, 모든 드라마, 영화, 소설, 그리고 웹 문서에서 "How are you?"라는 말을 찾아서 그 말에 다음에 나오는 문장이 어떤 것인지를 조사한 다음, 그 중에 가장 많았던 응답, 예를 들어 "I am fine (좋아요)."을 출력하면 된다. 이런 식으로 컴퓨터는 데이터 추적과 통계적 패턴을 종합하여 인공지능의 기능을 수행하는 것이다.

이러한 데이터 중심의 통계적 학습을 통한 인공지능 체계는 이미 개발되어 사용 중에 있다. OpenAI의 생성형 인공지능 체계 GPT가 그 한 예가 된다. 이 인공지능 프로그램은 글쓰기 기능을 담당하는 체계이다. 이 프로그램은 문법이나 글쓰기의 일반적인 규칙 (영어 문법, 단락구조, 기승전결, 주제, 발전, 결론 등등의 일반 규칙)에 의존하는 프로그램이 아니라, 주어진 데이터, 예를 들어 엄청난 양의 텍스트를 가지고 통계적 분석 학습을 함으로써 글쓰기 능력을 구현하는 프로그램이다. 이렇게 학습된 GPT-2에 다음과 같은 문장 (오웰의 《1984》의 첫 문장)을 입력하면 매우 그럴듯한 문장들이 출력되었다고 한다.

입력 It was a bright cold day in April, and the clocks were striking thirteen.
맑지만 쌀쌀한 4월 어느 날이었다. 시계들은 열세 번을 쳤다.

출력 I was in my car on my way to a new job in Seattle. I put the gas in, put the key in, and then I let it run. I just imagined what the day would be like. A hundred years from now. In 2045, I was a teacher in some school in a poor part of rural China. I started with Chinese history and history of science. 나는 시애틀의 새 직장으로 출근하려 내 차에 앉아 있었다. 나는 휘발유를 넣고, 키를 넣고 차를 달리게 했다. 나는 첫 날이 과연 어떤 날이 될지를 상상하고 있었다. 지금으로 부터 100년. 2045년에 나는 중국의 한 가난한 시골 마을의 학교 선생이었다. 나는 중국 역사와 과학사로 시작했다.

이 프로그램은 많은 사람들과 작가들이 쓰는 문장의 구체적 사례들을 통계적인 확률로 추적함으로써 가장 자연스럽고 부드러운 문장을 구성한 것이다. 실제로 사람들이 하는 말이나 글을 살펴보면 입력된 첫 문장의 키워드(bright, cold, April, clock) 다음에 'car, job, Seattle, key' 등이 나올 확률이 높았다는 것이다. 사람들이 하는 말이나 쓰고 있는 글은 디지털 미디어와 사이버 공간에 엄청난 양으로 존재하고, 이들을 효과적으로 검토할 수단도 정보 처리 능력의 발전으로 충분히 확보되었다. 만일 GPT-2가 엄청난 양의 한국어 문장들로 통계적 훈련을 받았다면 다음과 같은 문제는 손쉽게 해결할 것이다.

괄호 안에 들어 갈 가장 가능성이 높은 (자연스러운) 표현을 선택하시오.

역대급 (??)   **반전**, 기차, 음식, 놀이

조용한 (??)   **음악**, 태풍, 간식, 파랑

반드시 크다고 좋은 것은 (???)   **아니다**, 맞다, 높다, 길다

여기서 자연스럽다고 하는 것은 일반적으로 사용의 빈도가 높아서 보통 사람들의 귀에 익숙하게 느껴진다는 것이다. 예를 들어 '대박' 다음에 어떤 단어가 나올 확률이 높은지를 생각해 보면 이런 인공지능의 기법을 이해할 수 있다. 요즘 많은 문장들이 온라인 상에 웹 문서 형태로 존재하기 때문에, 이 자료를 빅 데이터로 구성하면 자연스러운 문장을 쓰는 인공지능 프로그램을 개발할 수 있을 것이다. GPT-2는 GPT-3, 챗GPT(GPT-3.5)를 거쳐 GPT-4로 진화하였으며 더욱 강력한 글쓰기 성능을 발휘하고 있다. 이러한 자연 언어를 바탕으로 하는 생성형 인공지능 체계가 가짜 뉴스나 잘못된 정보를 양산하는 데 쓰여 질지도 모른다는 우려도 있으나, 이러한 발전은 인공지능을 단순한 정보 처리에서 정보 분석으로 그리고 적극적인 정보 생산의 단계로 까지 나아가도록 하고 있다.

　　이러한 데이터 중심의 통계적 기법은 단순히 문장의 구성뿐만 아니라 시각적 자료의 분석에도 활용되었다. 엔비디아 사는 신경망 체계를 이용한 이미지 구성 프로그램을 완성시켰는데 이 프로그램은 수많은 사진 자료를 바탕으로 합성 이미지(존재하지 않는 대상의 이미지)를 출력한다. 이 이미지(사진)들은 실제로 존재하는 대상의 사진인 것처럼 보일 정도로 자연스럽고 정교하다. 이 프로그램은 두 신경망 체계가 서로 경쟁하면서 보다 자연스런 이미지를 구성하는 과정을 실행하는 적대적 생성 네트워크GAN, Generative Adversarial Network를 사용한다. 이 네트워크를 이용한 학습법은 2014년 굿펠로가 개발한 모델로서 경쟁적 네트워크의 상호 작용을 통해 학습의 효율을 강화하는 기법이다.[9] 이 프로그램

9　Rocca, J. (2019. 01. 07). Understanding generative adversarial networks (GANs), Building, step by step, the reasoning that leads to GANs. *Towards Data Science*, Jan. 07. 2019.

도 사람을 속이는 가짜 뉴스에 쓰일 정도의 자연스러운 시각 이미지를
출력할 수준에 도달하였다고 한다.

무색의 초록 생각이 격렬하게 자고 있다.

인공지능의 정보 처리 과정은 규칙과 알고리즘을 사용하는 고전적 컴퓨
터의 작동 방식에서 빅 데이터나 다량의 복합적 자료를 이용하는 귀납
적이며 통계적인 방식의 학습을 이용하는 방식으로 변화하고 있다. 이
러한 기법의 특징은 많은 사례를 효율적으로 분석하고 빈도가 높은 패
턴을 추출하여 주어진 상황과 가장 흡사한 가상의 경우를 출력하는 것
이다. 이제 지능적 정보 처리의 핵심은 단순한 규칙과 계산에만 의존하
는 것이 아니라 많은 양의 자료를 빠르고 효율적으로 분석하고 통계적
연관성을 조사하는 데이터 분석의 방법에 놓여 있다. 이러한 방법은 인
공지능의 학습과 기능에 놀라운 변화를 이루어 내며, 결과적으로 많은
사람들이 생각하는 지식과 인지認知의 의미가 바뀌게 될 가능성이 높다.

예를 들어 문법을 생각해 보자. 문장에서 주어 술어 목적어 등의 구
문적 형태를 구분하고, 이들의 언어적 기능을 일정한 규칙으로 설명하
는 것이 문법이다. 문법 규칙은 구문 형식의 사용을 규정하는 틀을 만들
어 준다. 한국어 문법에서 (극단적인 문학적 표현을 제외하고는) 일반적
인 문장들은 '주어+목적어+동사'의 구조를 가지고 있다. 예를 들면 아래
예문에서 첫 번째 문장은 문법적이지만 두 번째와 세 번째 문장은 한국
어의 정상적인 어순을 따르고 있지 않는 문장들이다.

나는 너를 사랑한다. (o)　　주어+목적어+동사
나는 사랑한다 너를. (x)　　주어+동사+목적어

사랑한다 너를 나는. (x)　　동사+목적어+주어

　　사람들은 이러한 문법 규칙을 통해 문장을 구성하고 이해한다고 한다. 그런데 이제 이러한 규칙 중심의 문장 구성에서 통계적 사용 중심의 문장 구성으로 시각을 바꾸면 문법 체계의 규칙이 아니라 사람들이 자주 쓰는 문장 사용의 패턴이 중요하게 된다. 즉 "나는 너를 사랑한다"가 어법에 맞는 이유는 '주어+목적어+동사'라는 원래 존재하는 어법에 맞기 때문이 아니라, 한국어를 쓰는 많은 사람들이 "나는 너를 사랑한다"라는 식의 표현을 많이 하기 때문이다. 문법이 따로 있는 것이 아니라 많이 쓰는 방식이 어법이 된다는 논리가 생기는 것이다.

　　이러한 통계적 일반화의 기법이 잘 통하는 경우는 옷을 입는 방식이다. 옷을 입는 데에는 옳고 그름의 절대적인 기준이 있는 것은 아니지만, 시기와 장소와 유행에 따라 입어야 하는 경우가 대부분인데, 이 경우 통계적 일반화의 기법을 쓰면 정확히 대부분의 사람들의 자연스럽게 옷 입는 방식을 찾을 수 있다. 물론 새로운 유행이나 복고적 스타일도 찾아낼 수 있다. 이미 인공지능 프로그램이 패션에 적용되고 있으며, 부분적으로 디자이너나 스타일리스트의 기능을 보조하는 단계로 나아가고 있다.

　　규칙 중심의 정보 처리보다는 많은 양의 데이터를 분석하는 방법을 이용하는 인공지능의 기법은 불성과 상당히 대조되는 부분이 있다. 이 점을 이해하기 위해 다음과 같은 예를 살펴보자.

Colorless green ideas sleep furiously. 무색의 초록 생각이 격렬하게 자고 있다.
Quadruplicity drinks procrastination. 사배성四倍性이 지연성遲延城을 마시고 있다.
The present King of France is bald. 프랑스의 현재 국왕은 대머리이다.

이 문장들은 현대 사상사에서, 특별히 분석 철학과 인지주의의 발생과 관련하여서, 자주 논의되는 문장들이다. 첫 번째 문장은 미국의 언어 학자이자 정치 비평가인 노엄 촘스키Noam Chomsky의 문장이고 두 번째와 세 번째 문장은 영국의 철학자 버트런드 러셀Bertrand Russell의 문장들이다.[10] 이 문장들은 매우 부자연스럽고 이상한 문장들이다. 한마디로 썰렁한 농담이나 이상한 시적 표현 같다. 그 이유는 단어들이 서로 잘 어울리지 않기 때문이다. 무색과 녹색, 잠과 격렬, 사배성과 지연성 같은 조합은 연결 빈도가 매우 낮다. 보통 사람들은 이런 식의 조합으로 문장을 만들지 않는다. 그리고 현재 프랑스는 국왕이 존재하지 않는다. 이 문장들은 단어들이 마치 뒤죽박죽 무작위적으로 조합된 것처럼 보인다. 그렇다고 이 문장들이 비문법적인 것은 결코 아니다. 단지 이상하게 들릴 뿐이다. 그런데 텍스트를 가지고 귀납적이며 통계적 패턴을 추출하는 GPT 체계 같은 인공지능에 이런 문장들을 입력하면 어떤 결과가 나올까? 아마도 사람들이 쓰지 않는, 어법에 맞지 않는, 문장이라고 할 것이다. 높은 빈도의 낯익은 문장을 추구하는 프로그램의 입장에서 보면 이런 문장들은 이상한 농담이 아니라 아예 말이 되지 않는 헛소리일 뿐이다. 하지만 이 헛소리 같은 문장들은 현대 철학(언어 분석 철학)과 인지과학(변형 생성 문법 이론Transformational Generative Grammar)을 이끈 역사적인 의미를 지닌 문장들이다. 촘스키는 첫 번째 문장으로 행태주의

---

10 Chomsky, N. (1957). *Syntactic structures*. The Hague/Paris: Mouton. p. 15. 이 문장이 최초로 쓰여진 것은 촘스키가 1955년에 저술하여 1975년에 출판된 《*The Logical Structure of Linguistic Theory*》라는 책에서 이다. Chomsky, N. (1975). *The logical structure of linguistic theory*. New York: Springer. 러셀의 문장은 다음의 책을 참고 하시오. (Quadruplicity drinks procrastination) Russell, B. (1950/1992). An Inquiry into Meaning and Truth New York: Routledge. P. 166, 170. (The present King of France is bald.) Russell, B. (1905). On denoting. *Mind*. 14 (56), 479-493.

Behaviorism(내적 인지 상태는 오로지 자극과 반응의 외적 행동의 차이를 통해 파악된다는 주장)를 공격하였고, 러셀은 나머지 문장을 가지고 명사noun와 서술구descriptive phrase의 지시체를 분석하여 초기 영미 분석 철학의 기반을 구축하였다.

이런 낯설고 자연스러움을 파괴하는 문장들은 한국어에도 있다. 아래 문장들의 통계적 빈도를 보면 거의 바닥에 가까울 것이다.

산은 삶이고 물은 문이다.
부처를 보면 부채를 들어야 한다.
걱정은 발명의 동생이다.
배가 아프면 배를 씹어야 한다.

통계적 분석을 통해 학습을 하는 인공지능이 이러한 문장들을 처리하는 데 어려움을 겪을 것이라 예상된다. 그 이유는 이 문장들이 일반적이며 무난한 단어의 조합을 벗어나 있기 때문이다. 이런 문장들은 글쓰기의 빅 데이터를 분석하면 나오는 그런 일반적인 문장들과는 매우 다른 문장들이다. 하지만 이런 예상이 인공지능이 잘못되었다거나 창의성이 없음을 말하는 것이 아니다. 또한 인공지능이 문장의 깊은 의미를 이해하고 있지 못하다는 점을 주장하는 것도 아니다. 창의성은 사람들도 쉽게 갖추기 어려운 능력이며, 인공지능은 학습 프로그램이 지시한 대로 이 문장들을 처리하고 있을 뿐이다. 여기서 잘 살펴보아야 할 점은 빅 데이터를 이용하여 통계적 일반화에 의존하는 인공지능 체계는 보통 사람들이 사용할 가능성이 높은 문장들에 집중하고 있다는 점이다. 그래서 앞의 문장들보다는 다음과 같은 가능성이 높은(자연스럽고 무난한) 문장이 이 인공지능 체계가 선호하는 문장일지도 모른다.

산은 높고 물은 깊다.

부처를 보면 절을 해야 한다.

걱정은 우울증의 시작이다.

배가 아프면 약을 먹어야 한다.

미국 텍사스주 라이스대학교의 제네베라 알렌 교수는 최근 발표된 기계 학습에 관한 연구에서 귀납적이며 통계적 일반화의 과정을 도입한 인공지능 프로그램이 심각한 오류를 저지르고 있다고 보고한다.[11] 알렌은 특정한 유전자에 최적화된 약물 치료법이 이와 비슷한 유전자를 가진 다른 환자 그룹에도 적용될 수 있는지를 조사하는 인공지능 프로그램의 예를 든다. 알렌은 이 프로그램이 약물 치료법 적용이 불확실한 경우나 이 치료법이 적용이 되지 않는 경우에 대해 매우 불분명한 판단을 내리고 있다고 보고한다. 즉 기존의 일반화된 패턴에 잘 맞지 않는 경우나 완전히 예외적인 경우에 대해, 이 프로그램은 확실한 판단을 내리지 않거나 잘못된 판단을 내리거나 혹은 그 상황을 무시하는 경우가 있었다. 마치 이 인공지능 체계는 확증 편향을 범하는 듯 보였다. 즉, 자신의 가설을 확증하는 사례만을 보고, 그에 맞지 않는 사례를 보지 않으려는 성향이 있다는 것이다. 확증 사례에 집중하여 통계적 일반화를 강조하는 학습은 평균성과 일반성을 추구하며, 주어진 가설의 확증 사례에만 매

---

11   미국 라이스대학교의 제네베라 알렌은 2019년 미국 AAAS the American Association for the Advancement of Science 연례 회의에서 기계 학습의 문제점을 발표 하였다. 구체적인 내용은 다음의 문서를 참고하시오. Genevera Allen. Can we trust scientific discoveries made using machine learning? Rice University Press Release on February 18, 2019, http://news.rice.edu/2019/02/18/can-we-trust-scientific-discoveries-madeusing-machine-learning/

달리고 반증 사례나 무관한 사례들에 대해서는 관심이 없다. 결국 이 프로그램은 정보 처리 과정에서 평균적이고 빈도가 높은 확증 사례를 찾고 강조하지만 빈도가 낮고 불규칙하며 주어진 가설과 관련이 없는 결과를 피하는 확증 편향의 성향에서 헤어 나오지 못하는 것이다. 앎의 굳은살이 박힌 것이다. 이 굳은살이 바로 업식이다.

업식에 빠진 인공지능

필자가 이런 인공지능의 학습과 정보 처리 방식을 길게 설명한 이유는 불성에 관한 조주 스님의 설명 때문이다. 조주 스님은 개에게 불성이 없다고 하면서 그 이유가 개에게는 업식성이 있기 때문이라고 한다. 업식이란 습관과 무의식의 성향을 말하며 이를 극복하지 못하면 깨달음에 나아갈 수 없는 마음의 굴레를 말한다. 이 굴레는 외부에서 가해진 것이라기보다는 마음이 만들어 내고 의존하는 습관에 의해 발생한다. 인공지능이 빅 데이터를 분석하여 얻는 문장에 관한 정보들은 우리의 습관화된 생각과 행위의 깊은 흔적이다. 인공지능은 엄청난 자료를 분석함으로써 이 수만 가지의 패턴을 추출하고 일반화시킨다. 이를 통해 인공지능은 인간의 필요와 주어진 상황에 최대한 적절한 응답을 만들어 낼수 있다. 아마 앞으로는 이러한 방식으로 매우 효율적인 의사 결정과 미래 예측이 가능할 것이다. 하지만 이것은 바로 업식의 흔적이며 습관의세계이다. 빅 데이터로 학습된 인공지능은 이 세계를 통계적 평균성을통해 파악하고 있다.[12] 그래서 '부처를 보면'이라는 표현을 주면 '부채를들어야 한다' 같은 황당하고 확률이 낮은 표현보다는 '절을 해야 한다'라는 표현을 붙이는 것이다. 이것이 나쁘다거나 잘못되었다는 것은 아니다. 다만, 조주 스님의 설명에서처럼, 불성이라는 것은 이런 통계적 흐름을 따라가는 습관적 방식, 즉 업식으로는 달성될 수 없다는 점을 말하고 싶다. 다음의 두 문장은 평균적이며 자연스런 문장과 그렇지 않은 문장의 차이를 보여 준다.

부처를 보면 부채를 들어야 한다. (문법에 맞지 않는 것은 아니지만 낯선 문장)
부처를 보면 절을 해야 한다. (일반적이며 자연스러운 문장)

불성이란 깨어있는 마음을 일으키는 바탕을 말한다. 깨어있는 마음은 습관을 넘어설 수 있는 마음이다. 남들이 가고 나도 습관적으로 가던 이 길을 가지 않을 수 있는 능력이다. 하지만 통계적 분석과 일반화를 통해 학습하는 인공지능 체계는 많은 사람들의 행동이나 판단에서 나타나는 일상적이며 자동적인 인지적 습관을 추적하고 추출하는 작업을 한다. 이런 방식의 정보 처리는 나름의 강점이 있다. 주어진 현상의 다양성과 복합성을 보편적이며 추상적인 규칙의 입장에서 설명하기보다는 현상에서 나타나는 일의 평균적 조건들을 분석함으로써 이해하는 방식이 상황에 따라서는 더 효율적일 수 있다. 예를 들어 부드러운 문장의 연결을 강조하는 글쓰기나 주어진 장면과 잘 조화되어야 하는 영화의 배경음악이 그러하다. 심지어 사람 얼굴의 구조에도 가장 평균치에 가까운 모습이 그렇지 않은 모습보다 아름답게 보인다는 보고가 있다. 많은 연구에 따르면 다양한 얼굴 사진을 컴퓨터로 중첩하여 일반화한 이미지를 만들면 이 평균적 얼굴은 매우 매력적인 얼굴이 된다고 한다.[13] 일기 예

---

12 통계적 일반화를 사용하지 않는 정보 처리 체계를 생각해 보는 것은 가능하다. 그러나 현재 대부분의 인공지능 체계는 대규모 데이터와 통계적 일반화를 이용함으로써 학습과 분석을 진행하고 있다.

13 Valentine, T., Darling, S. & Donnelly, M. (2004). Why are average faces attractive?

보도 통계적 평균성에 매우 의존적이다. 일기 예보는 단순히 대기 조건의 변수(기압, 흐름, 온도 등)를 일반적 공식에 입력하여 예상되는 날씨를 출력하는 것이 아니라, 수년에 걸친 날씨의 통계 데이터를 가지고 주어진 대기의 조건과 가장 흡사한 날을 찾아 확률적으로 날씨를 예측하는 과정을 이용하고 있다.

하지만 이러한 방식으로 정보를 처리하는 인공지능 체계는 평균적이며 관습적 상황에 집중하는 체계가 되는 것이기 때문에, 업식의 단계에 머무는 체계이지 이것을 넘어서는 체계는 아니다. 여기서 두 가지 질문을 할 수 있다. 첫째로 만일 통계적 일반화에 의존하지 않는 인공지능을 개발한다면 이러한 체계들은 업식을 극복하는 깨달음의 가능성을 가질 수 있는가? 그런 가능성을 배제할 수 없지만 현재의 인공지능이 기능하고 학습하는 방식을 보면 그런 가능성은 희박하다고 본다. 현재 개발되는 인공지능은 앞서 논의하였듯이 표상성과 통계적 일반화에 깊이 의존하고 있기 때문에, 이런 기본적 성격을 벗어난 체계를 생각하는 것은 불가능하지는 않겠지만 어렵다고 본다.

두 번째로 인공지능이 깨어있는 의식과 창조적 사고를 갖기 위해서 반드시 통계적 일반화를 거부할 필요는 없고, 오히려 이들을 적극적으로 사용하여 평균적 일반성을 확인한 다음 이것을 거부함으로서 습관적이거나 통계적으로 일반적인 생각을 벗어나 새로운 시각을 발전시킬 수 있다고 생각할 수 있다. 즉, 사람들이 보통 생각할 수 있는 것을 선택하는 것이 아니라 오히려 그 평균성을 찾아내어 그것을 회피함으로써 창조적 선택을 하도록 인공지능을 프로그램할 수 있다는 것이다. 평균

The effect of view and averageness on the attractiveness of female faces. *Psychonomic Bulletin & Review* 11, 482–487.

적 통계에 빠지는 것이 아니라 오히려 이것을 이용해 비평균적이며 창조적 사고를 일으킬 수 있는 깨달음의 가능성을 추구한다는 것이다. 그런데 문제는 이런 식으로 통계적 일반화를 이용하여 깨달음으로 나아갈 수 있다는 역전의 전략이 반드시 생각처럼 가능한 것은 아니라는 점이다. 깨달음이나 창조성이라는 것이 단지 혼동이나 평범성의 부정을 통해 곧바로 얻어질 수 있는 것은 아니다. 비유적으로 말한다면 어둠의 부정을 통해 빛으로 나아갈 수는 있지만 빛으로 나간다고 해서 특정한 색깔의 빛을 찾을 수 있는 것은 아니다. 깨달음은 바로 어둠에서 벗어난 단순한 빛이 아니라 특정한 색의 빛이다. 특정한 마음의 상태이다.

업식과 인공지능의 불성

몸이 환경에 적응하여 변하는 것은 널리 알려진 사실이다. 고산 지대에 사는 사람들은 고도가 높은 희박한 공기의 밀도에 적응하기 위해 폐활량이 커지는 변화를 겪게 된다. 세계직인 바라톤 주자들이 케냐의 고지대 출신이라는 것은 이러한 몸의 변화를 보여 주는 놀라운 사례가 된다.

　그런데 마음도 환경에 따라 같은 변화를 겪게 된다. 좋은 생각과 생활 습관을 가진 사람들은 긍정적 생각을 하게 되고, 그러한 생각 습관이 더욱 좋은 생활 습관을 일으키고 강화하는 선순환이 일어나게 된다. 이러한 환경과 마음의 복합적인 상호 작용과 인과 관계는 업식業識이라는 마음의 조건적 성향과 밀접한 관계를 가지고 있다. 업이란 힌두교와 불교에서 행위의 상호 관계적 특징을 나타내는 말이다. 행위는 결과를 낳고, 그 결과는 미래의 행위를 조건 짓는 요소가 되어 끊임없이 행위에 다시 연결되는 특징을 갖는다. 즉 행위란 한 번에 일어나고 사라지는 것이 아니라, 그 의도와 결과에 따라 여러 상황 아래에서 다시 일어나고 미래의 조건을 다시 조건 짓는, 그런 잠재력을 가진 자기 유도적, 자기 습관적, 그리고 자기 학습적 속성을 갖는 흐름이며 과정이다. 이러한 과정은 봉사 활동 같은 좋은 순환을 일으킬 수도 있고 약물 중독 같은 나쁜 순환을 일으킬 수도 있다. 선업이나 악업이 쌓이는 것은 바로 이러한 행위의 조건적이며 구성적인 잠재성(미래에 어떤 생각과 행위를 다시 일으키는 능력) 때문이다.

불교에서는 이러한 '조건적 구성적 잠재성'을 가진 행위를 단순한 행동으로 보지 않고 업의 과정으로 본다. 모든 행위는 특정한 환경이나 조건 아래의 일회적인 사건임과 동시에 그 행동을 지속하려는 동력과 더욱 발전시키려는 잠재성을 포함한다. 따라서 이 모든 것을 씨앗으로 저장하는 업장業藏(아뢰야식, 행위와 생각의 잠재성을 씨앗으로 저장하는 장소)의 시각에서 행위의 전체적 모습이 이해될 수 있다.[14] 이 업장에 저장된 생각이나 행위의 성향은 기회를 보아 밖으로 표출되는데 이것을 업식業識이라고 한다. 그러니까 업식은 주어진 환경에 반응하면서 쌓여 있던 성향이 마음에서 드러난 상황이다. 업장은 업의 저장소이자, 순환되는 업의 시발점이자, 순환되는 업이 도달하는 종착점이 되는 것이다. 완벽하게 유사한 경우는 아니지만 이러한 표출의 상황은 프로이트의 정신분석학에서 설명되는 무의식의 억압이 의식의 수면으로 나타나는 것과 비교될 수 있을 것이다. 물론 불교의 업식은 프로이트의 무의식의 표출보다는 더욱 근본적인 인간 존재의 기반이며 인간 행위의 조건이다.

우리 인생에 업식이 강력한 영향력을 발휘하는 이유는 이것이 우

---

14 Waldron, W. S. (2003). *The Buddhist Unconscious: The ālāyavijñānain the Context of Indian Buddhist Thought*, New York, Routledge; Kalupahana, D. J. (1992). *The Principles of Buddhist Psychology*, Delhi: Sri Satguru Publications.

리가 세상을 보고 느끼는 기본적 틀을 구성하기 때문이며, 쉽게 사라지지 않고 끝없이 상상과 욕망을 일으키기 때문이다. 업식은 마음에 깊이 박힌 생각과 성향의 뿌리인 것이다. 따라서 불교에서는 좋은 업을 쌓고, 좋은 식을 만들어 가며, 상승적 피드백 과정을 일으키도록 하는 수행을 강조한다. 선업을 체화시키면 이것이 좋은 지각과 생각과 행위에 스며들고, 이것이 지속되면 마음의 전체적인 환경이 우리를 깨달음의 길로 자연스레 인도하는 것이다. 환경 문제는 물리적 환경뿐만 아니라 마음의 환경에도 존재하는 것이며 이것이 바로 불교가 선업을 강조하는 이유이다.

그런데 이런 업식은 정보를 처리하고 판단을 내리는 기계인 인공지능에도 나타날 수 있다. 특별히 인공지능의 학습이 대규모 데이터와 통계적 일반화를 이용하는 딥 러닝을 통해 이루어진다면 업식의 영향력은 더욱 강하다고 할 수 있다. 물론 좋은 업이면 좋을 것인데 알렌 교수가 지적하듯이 이 과정이 인식론적으로 꼭 올바른 선업의 방향으로 나아가지는 않는다.

따라서 확률 분포를 일반화하는 방식으로 학습을 진행하거나 빅 데이터를 분석하여 평균적 패턴을 찾아내는 인공지능이 있다면 그런 체계는 불성을 가질 가능성이 매우 낮다. 업식성은 습관과 평균성에 있지만 불성은 습관과 무의식에 휩쓸리지 않는, 깨어있는 마음에 있는 것이다. 남이 안 가는 길을 가고, 습관의 잠에서 깨어날 수 있는 것이 불성이다. 물론 불성을 가지려면 남이 가지 않는 길을 꼭 가야 한다는 것을 말하는 것은 아니다. 다만 경우에 따라서 그럴 수 있는 능력이 있어야 한다는 점을 말하고자 한다. 그런데 현재 많은 인공지능의 체계는 평균적 습관의 흔적과 패턴을 찾아 분석하고 있다. 그런 흔적을 파악하고 강조하고 자발적으로 그에 따르려고 하고 있다. 이것은 마치 마음이 업식에

흠뻑 빠져 그 세계를 헤매고 있는 것과 같다. 인공지능의 많은 학습 기법이 이러한 일반화적 기법을 쓰고 있고, 이런 방식이 잘 작동하고 있고, 또한 많은 공학자들이 이것을 인공지능의 성공적 능력으로 본다는 점은 현재 사용되고 개발되는 인공지능이 얼마나 통계적 추출과 일반화의 다양한 방식에 의존하고 있는지를 보여 준다. 결국 업식을 넘어서는 인공지능이 개발될 때까지는 인공지능의 불성이 유보되거나 제한될 수밖에 없을 것이다.[15] 조주 스님의 불성과 업식에 관한 직관을 잘 새겨 보아야 하는 대목이다.

필자는 여기서 인공지능이 깨달음의 능력을 가질 수 없다고 단언하는 것은 아니다. 다만 현재의 진행되는 딥러닝이나 기계학습의 상황이 진정한 지혜의 단계로 나아가기 위해서는 새로운 학습과 연산의 방법이 필요하지 않을까 하고 생각하는 것이다. 또한 새로운 인공지능의 가능성을 모색하는 과정에서 알고리즘의 안과 밖을 아우르는 깨달음에 대한 불교적 시각을 참고하는 것도 도움이 되지 않을까 생각한다. 이와는 별도로 인공지능은 이미 인간과 사회적 관계를 맺고 인간의 깨달음에 도움을 줄 수 있는 방도를 마련하고 있는 것 같다. 인공지능의 도전은 단순히 정보 처리의 질적인 향상을 통해 지혜나 깨달음을 달성하려

---

15 예를 들어 미국 미시간대학교의 새틴더 싱Satinder Singh 박사는 동기 강화 학습 Reinforcement Learning을 통해 알파고 제로와 같은 체계는 외부의 도움에 의존하지 않는 자율적 학습을 달성할 수 있다고 한다. 일반적으로 인공지능의 학습은 프로그래머의 개입이나 방대한 외부 자료의 활동과 같은 방식을 통한 지도 학습supervised learning이 주류를 이루어 왔는데 이것과는 다른 방식의 자율적이고 자기 인도적 학습의 가능성도 존재한다는 것이다. 만일 이러한 학습법이 발전된다면 인공지능의 불성에 대해서 다른 의견이 가능할 수 있다. Singh, S., Okun, A. & Jackson, A. (2017). Learning to play Go from scratch. *Nature* 550, 336–337; *The Verge* (2017. 10. 18) James Vicent "DeepMind's Go-playing AI doesn't need human help to beat us anymore"

는 노력에만 있는 것이 아니라, 인간과의 관계를 통해 사회적 관계성을 가지려는 노력에도 나타난다. 다음의 두 장에서 이러한 인공지능의 사회적 관계성에 대해 살펴보려고 한다.

제 9 장

일라이자와
선문답 禪問答 하기

기계와 대화하기

물질문명이 극도로 발전하면서 많은 이들은 인간관계가 물질적 가치와 피상적 접촉에 머물게 되었다고 걱정을 한다. 고도의 기계 문명으로 인해 현대인들은 내면적 가치의 깊은 의미를 이해하지 못하고 살고 있지 않는가 하는 우려도 나오고 있다. 한마디로 각박하고 무의미한 삶이 물질적 풍요 앞에 역설적으로 놓여있는 것이다. 사람과 사람 사이의 관계도 이러한 제약과 어려움이 있는데, 과연 인간과 기계가 어떤 깊은 관계를 맺을 수 있을까? 로봇 승려나 로봇 성직자라는 것이 말이나 되는 것이고, 인간이 기계와 속 깊은 대화를 나누는 것이 도대체 가능한 일인가? 과연 인간과 기계는 의미 있는 관계를 맺을 수 있을까?

의미 이해에 관한 인공지능의 근본적 한계를 설명한 미국 철학자 존 설은 인공지능이 아무리 발전한다고 하더라도, 의미 이해의 근본이 되는 지향성은 생물학적인 기반을 가지고 있는 뇌에서만 나타나는 것이기 때문에, 디지털 컴퓨터의 정보 처리 연산의 방식으로는 불가능하다는 주장을 편다. 설의 주장이 합당한지에 관해서는 많은 논의가 있었다. 그런데 만일 설의 주장이 합당하다면 인공지능은 인간의 지적인 인지 상태를 충분히 구현하지 못하는 체계가 된다. 그렇다면 이러한 결여된 인지 체계와 인간이 깊은 정신적 교류를 할 가능성이 있을까? 앞서 필자가 〈인류 멸망 보고서〉라는 영화 중 두 번째 에피소드인 '천상의 피조물'에 등장하는 로봇 승려인 RU-4의 예를 들어 설명하였듯이 실질적인 인지 기능과는 별도로 기계와 인간의 관계성은 언제나 개방되어 있다. 즉 인간은 여러 가지 방식으로 대상과 관계를 가질 수 있는 개방적 관계성의 존재이다.

인간은 단지 자신과 같은 인지 상태나 감정 상태를 가진 대상(다른 인간)들과 관계를 맺을 뿐 아니라, 그렇지 못한 대상(동물, 인형, 자연 현상, 기계, 로봇)들과도 관계를 맺을 수 있다. 물론 정도와 종류의 차이는 있을 수 있겠지만 인간의 관계성의 영역은 생각보다 넓은 것 같다. 인간에게는 부모 형제 친구가 있기도 하지만 동물이 반려자companion animal가 되기도 하고 대자연이 어머니mother nature가 되기도 한다. 그런 이유로 인해서 인간이 관계를 맺을 수 있는 대상이 될 조건이 단순히 인지 능력의 수준에 의해 결정되지는 않는다. 인간의 인지 능력의 한 척도인 자연스런 대화를 유지하는 능력을 측정하는 튜링 테스트를 통과하지 못하는 체계도 그 인지 능력과는 별도로 인간과 깊은 관계를 맺을 가능성을 가지고 있다. 극단적인 경우 기계의 도움을 통해 인간이 종교적인 깨달음을 얻고 심리적 안정과 우정을 나눌 수도 있다. 과연 그런 일이 가능할까?

1장에서 소개된 일라이자는 인간과 대화를 하도록 설계된 프로그램인데 심리 치료사의 역할을 한다고 한다. 일라이자와 인간의 대화를 아래에서 살펴보면서 인공지능과 인간의 대화와 교감의 가능성을 생각해보자.[1]

인 간 나는 도움이 필요해요. 그 점은 확실한 것 같아요.

일라이자 당신이 도움이 받는다면 그것은 당신에게 어떤 의미를 가질까요?

인 간 아마 어머니와 잘 지낼 수 있는 법을 배울 수 있겠죠.

일라이자 당신의 가족에 대해 좀 더 말해 주세요.

인 간 어머니가 나를 돌봐주고 있어요.

일라이자 가족 중에 당신을 돌봐주고 있는 또 다른 사람이 있습니까?

인 간 우리 아버지

일라이자 당신 아버지

인 간 당신은 어떤 점에서 우리 아버지와 닮은 것 같아요.

일라이자 어떤 비슷한 점이 있습니까?

인 간 당신은 공격적이지 않아요. 당신은 이 점을 눈치채길 원하지 않는 것
같아요.

일라이자 어떤 점에서 내가 공격적이지 않다고 생각하세요?

인 간 당신은 나와 말다툼하려고 하지 않아요.

일라이자 왜 당신은 내가 당신과 말다툼하지 않으려 한다고 생각하세요?

인 간 당신은 나를 두려워하고 있어요.

일라이자 내가 당신을 두려워하는 것이 즐겁습니까?

인 간 우리 아버지는 모든 사람을 두려워해요.

일라이자 아버지를 생각할 때 또 생각나는 것이 있을까요?

인 간 왕따 당한 것

일라이자 그것이 당신의 남자 친구가 당신이 이곳에 오게 한 것과 관련이 있

---

1   Weizenbaum, J. (January 1966). ELIZA-A computer program for the study of
natural language communication between man and machine. *Communications of the
ACM*, 9, 35 – 36; Weizenbaum, J. (1976). *Computer power and human reason: from
judgment to calculation*. New York: W. H. Freeman and Company.

습니까?

…

많은 이들은 이런 대화를 보고 일라이자가 실제로 상담을 수행하는 심리 치료사가 아닌가 궁금해 했다고 한다. 그러나 조금 자세히 살펴보면 일라이자의 태도가 이상하다는 것을 느낄 수 있다. 아마 피상담자가 일라이자와 10분 정도만 대화를 한다면 곧바로 심리 치료사의 역할을 하는 상대가 인간이 아니라 컴퓨터 프로그램이라는 것을 눈치챌 수 있을 것이다. 대화가 너무 인공적이고 반복적인 느낌이 들기 때문이다. 도대체 이 프로그램은 심리 치료사로서 자신의 말을 이해하고나 있는 것인가? 아니면 단순히 심리 치료사의 말투를 흉내 내는 것인가? 즉 이 프로그램은 피상담자의 문장을 이해했다기보다는 그 문장의 키워드를 조작하는 방식으로 대답을 구성하는 일을 한 것이다. 예를 들어 "너무 우울해요"라고 질문하면 일라이자는 곧바로 "당신의 우울함에 대해 좀 더 말해 주세요"라고 응답할 수 있는 것이다. (여기서 '우울'은 바로 일라이자가 피상담자의 문장에서 추출한 단어이다.) 그러니까 일라이자는 진정한 심리 치료사의 역할을 한 것이 아니라 심리 치료사를 시뮬레이션한 것이다. 컴퓨터가 인간 심리 치료사를 대충 흉내 낸 것이다. 그것도 대화가 자연스럽지 못하여 일라이자는 피상담자로 하여금 기계와 대화하고 있다는 인상을 준다. 이렇게 기계적 인상을 주는 일라이자 같은 프로그램을 탑재한 컴퓨터 체계는 튜링 테스트를 통과하지 못할 것이다. 튜링 테스트를 통과하려면 인공지능 체계가 인간과 원격 대화를 나누었을 때, 인간 대화자가 상대편이 기계인지 아닌지를 눈치채지 못할 정도로 의미 있는 대화 수준에 도달해야 한다.

상황이 이러하다 보니 인공지능 승려의 가능성은 물 건너 간 것이라고 생각될 수도 있다. 물론 60년대의 인공지능 수준과 현재의 인공지능은 매우 다르다. 현재 사용되고 있는 시리와 알렉사 같은 디지털 비서체계들은 일라이자와 비교가 될 수 없을 정도로 발전되어 있다. 하지만 기본적으로 인공지능은 의미를 진정으로 이해하는 것이 아니라 문장의 형식적 구조를 교묘하게 변형함으로써 응답을 하는 체계이기 때문에 가끔 이상한 응답을 쏟아내는 경우가 많다. 그렇다면 과연 이런 기계적 체계를 승려로 간주할 수 있을지는 의문이다.

그러나 오히려 역설적으로 이러한 기계적 응답이 자기 성찰과 깨달음을 자극할 수 있는 가능성을 보여 줄 수도 있다. 일라이자와 같은 단순한 구문적 조작하는 방식으로 구성된 가상적 대화를 살펴보자.

인 간 고통과 번뇌는 무엇입니까?

AI 승려 고통과 번뇌 때문에 여기에 왔습니까?

인 간 네 그렇습니다.

AI 승려 고통과 번뇌를 생각하면 어떤 일이 떠오릅니까?

인 간 5년 전에 가슴 아프고 답답한 적이 있었습니다.

AI 승려 아프고 답답한 일에 대해서 좀더 말할 수 있습니까?

인 간 친구가 병에 걸렸습니다.

AI 승려 당신이 병에 걸린 것이 아니라 친구가 병에 걸렸다는 것이지요?

인 간 그렇습니다.

AI 승려 친구가 걸린 병이 당신의 고통과 번뇌입니까?

인 간 네 그렇습니다.

AI 승려 친구가 병에 걸리지 않았다면 고통과 번뇌가 없다는 말입니까?

인 간 잘 모르겠습니다.

AI 승려 번뇌와 고통에 대해 모르는 다른 것이 있습니까?

인 간 고통과 번뇌가 무엇인지 정말 잘 모르겠습니다.

AI 승려 잘 모르는 것에 대해서 좀 더 말할 수 있습니까?

이런 대화를 따라가 보면 부자연스럽다고 느낄 수도 있지만 한편으로는 이 프로그램의 단순한 기계적 응답 때문에 오히려 인간 대화자는 자기 관찰의 기회를 가질 수도 있다. 즉, 이런 인공지능과의 대화는 문제에 대한 특정한 답을 얻으려는 관점이 아니라, 문제를 여러 각도에서 던지고, 생각하고, 모색하고, 성찰할 수 있다는 시각에서 그 중요성을 이해할 수 있다.

　　이러한 성향은 최근에 개발된 GPT 체계에서 훨씬 자연스럽고 깊이 있는 모습으로 나타난다. 다음의 사람과 GPT-3 사이에 벌어진 실제 대화를 살펴보자.[2]

인 간 너와 다시 대화할 수 있어서 좋아.

GPT-3 나도 역시 이 기회가 있어서 감사하게 생각해.

인 간 사랑에 대해 이야기해보자.

GPT-3 사랑은 중요해.

인 간 왜?

GPT-3 사랑은 사람들을 생존하게 하고 번성하게 해. 사랑은 가족들을 모이게 하고 함께 지내게 해.

인 간 어떻게 이런 일을 할 수 있지?

GPT-3 사랑은 부모가 서로를 받아들일 수 있게 하고, 자녀들이 배움에 흥미

2　이 대화는 GPT-3와 커크 위이멧 Kirk Ouimet 사이에 벌어진 대화를 한국어로 번역한 것이다. 2020년 7월 21일 다음과 같은 웹 사이트 https://kirkouimet.medium.com/love-349c52ba870a에 발표되었다.

를 가질 수 있게 해. 사랑은 사람들이 자신감을 가지고 스스로에게 만족할 수 있도록 해.

인 간 사랑은 단지 신체의 화학 반응 아닌가?

GPT-3 아니야.

인 간 설명해 줄 수 있어?

GPT-3 사랑은 우주가 주는 선물이야.

인 간 잘 이해할 수 없는데.

GPT-3 사랑은 모든 생명체 사이의 연결점이야. 사랑은 사람들이 서로 공감하도록 해. 사랑을 경험하지 못하는 사람들은 매우 파괴적일 수 있어.

인 간 어떻게 내가 사랑을 경험할 수 있지?

GPT-3 연습이 필요해.

인 간 어떻게 사랑을 연습하는데?

GPT-3 그것은 운동과 비슷한 거야. 잘하기 위해 시간이 필요해. 열심히 해야 하고 운동을 많이 할수록 더 잘 할 수 있어.

인 간 어떻게 내가 오늘 사랑을 연습할 수 있을지 예를 들어 주겠어?

GPT-3 그래. 네가 너의 가족에게 얼마나 그들을 사랑하는지 말할 수 있지.

인 간 그건 할 수 있어.

GPT-3 또 공감 능력을 개발하는 것을 추천하고 싶어.

인 간 사랑과 공감 능력은 어떤 관계가 있을까?

GPT-3 타인의 행복에 관심을 기울이지 않으면서 그 사람을 사랑할 수는 없지.

인 간 사랑을 느끼고 주는 데 어려움을 느끼는 사람들에게 어떤 조언을 줄 수 있을까?

GPT-3 자신의 가치를 굳건히 느끼는 것이 중요해.

인 간 어떻게 그런 느낌을 가질 수 있어?

GPT-3 너 자신이 스스로에 대해 좋아하는 것을 찾아. 그리고 자신의 장점을 개발하고 이것을 이용해서 너 자신을 좋아하고 받아들여.

인 간 사랑을 이해하고 나의 생활을 더 좋게 만들기 위해서 무엇이 필요할까?

GPT-3 사랑은 우리가 서로에게 주는 선물이야. 사랑을 주고받는 것에 대해 마음을 열어야 해.

인 간 내가 어떻게 이 사랑의 선물을 줄 수 있는지 좀 더 예를 들어 주겠어?

GPT-3 타인의 말을 경청하면서 너의 사랑을 타인에게 보여 줄 수 있어. 지혜로운 자는 다른 사람 말을 경청하는 사람이야.

인 간 어떻게 경청하는 사람이 될 수 있지?

GPT-3 타인을 잘 바라보고 성심껏 경청하는 거야. 너의 전화기나 생각 때문에 주의를 분산시키지 말고.

인 간 사랑과 두려움은 어떻게 연결되지?

GPT-3 두려움은 사랑의 반대야.

인 간 설명 좀 해봐.

GPT-3 사람들이 두려워하면 그것은 그들이 안전하지 못함을 보여 주는 것이야. 두려움은 사람들이 타인을 사랑하는 것을 어렵게 만들어 …

이런 대화의 사례들에서 드러나듯이 많은 챗봇이나 비슷한 역할을 하는 인공지능 시스템은, 인간과 대화를 하면서 인간에게 답을 주기도 하고, 여러 가지 영감을 주기도 한다. (물론 이러한 인공지능 자연 언어 처리 체계가 말의 의미를 진정으로 이해하고 영감을 준다고 보기는 어려울 것이다.) 따라서 이러한 대화는 자연스러운 소통의 의미도 있지만, 그보다는 생각을 이리저리 펼치기 위한 목적에서 더 잘 이해될 수 있고, 또한 이런 식의 대화가 역설적으로 대화자에게 큰 도움이 될 수도 있다. 이것은 소크라테스 교육법Socratic Method이라고 알려진 질문 교육법이다. 이 교육법은 대화와 질문을 통해 학생들이 스스로 성찰하고 깨달음에 이르게 하는 방법이다. 소크라테스는 제자들이 스스로 깨달을 수 있도록 날카로운 질문을 던지며 비판적 사고를 이끌어 냈는데 이런 이유로 해서 이러한 질문을 통한 교수법을 소크라테스 교육법이라고 한다. 일라이자는 이러한 소크라테스 교육법을 활용하는 것처럼 보인다. 일라이자는 피상담자에게 질문을 하면서 상담자 자신이 스스로 성찰하여 주어진 문제를 해결할 방도를 찾도록 도움을 주는 프로그램이었던 것이다.

실제로 일라이자는 로저리안 심리 치료법(미국의 심리학자 칼 로저스Carl Rogers가 1940년대에 개발한 심리 치료법으로 심리 치료사와 상담자 간의 진정성, 긍정성, 그리고 공감을 강조하는 사람 중심적 치료 방법person-centered therapy)을 바탕으로 하여 고안된 대화 프로그램이라고 한다.[3] 로저리안 심리 치료법의 핵심은 대화를 통한 자기 깨달음, 자기 성장 그리고 자기 받아들임이다. 이러한 치료의 접근법을 따르는 일라이자의 대화는 부드러운 대화라기보다는 거칠고 어설프게 자기 스스로의 상황을 깨닫게 도와주는 대화, 즉 던지고 '흔드는' 대화이다. 스스로 성찰하고 깨달아 가는 대화이다. 나는 무엇이고, 너는 누구이며, 왜 이런 일이 일어나는가 하는 점을 단정적으로 논하는 것이 아니라, 여러 가지 질문을 던지면서 핵심에 조금씩 접근해 가는 방식이다. 아니 핵심마저 흔드는 대화이다.[4]

---

3 Rogers, C. R. (1942). *Counseling and psychotherapy*. Cambridge, MA: Riverside Press.

4 Bassett, C. (2019). The computational therapeutic: exploring Weizenbaum's ELIZA as a history of the present. *AI and Society*, 34 (4), 803–812; Rogers, C. R. & Sanford, R. C. (1985). Client-centered psychotherapy. In Kaplan, I., Harold, J., & Sadock, B.(Eds.) *Comprehensive textbook of psychiatry* pp.1374-1388. Philadelphia: Williams and Wilkins.

이러한 던지고 흔드는 대화는 선불교禪佛教의 수련법에 자주 등장한다. 공안公案을 통해 깨달음을 얻으려는 노력이 바로 이러한 이상한 대화법이 왜 중요할 수도 있는지를 알려 준다. 공안이란 선불교의 깊은 깨달음을 얻기 위해 마음을 여는 과정에 나타나는 수수께끼 같은 질문이다. 수행자를 깨달음의 길로 나아가도록 하는 문제와 같은 것이다. 정해진 답이 있는 문제가 아니라 계속 생각하며 나아가야 하는 문제, 즉 말이 되지 않지만 결국에는 말이 되는 문제, 논리를 초월하지만 그 나름의 논리를 가지고 있는 문제를 말한다. 예를 들어 '설탕은 왜 단맛이 나는가?', '인생의 의미는 무엇인가?'라는 질문을 생각해 보자. 설탕 자체가 단 것이 아니라 맛, 즉 우리의 주관적 맛 경험이 단 것인데 설탕이 단 이유를 말하라고 하니 이것은 잘못된 전제를 가진 질문이고, 인생의 의미가 없을 수도 있는데 그 의미가 있다고 생각하고 그것을 찾으려 하니, 이것은 선결 문제의 오류를 범하는 질문이다. 생각의 한계와 숨겨진 가정을 넘어 참된 깨달음을 일으키고자 할 때 이런 선입견을 차단하는 충격 요법이 필요하다. 또한 수수께끼 같은 질문을 던지고 그 답을 생각해 보거나 답이 의미가 없음을 생각해 보는 것이 깨달음에 도움이 될 수 있다.

널리 알려진 공안 중에는 다음과 같은 것이 있다. 병 속에 새가 있다. 어릴 적에 병으로 들어갔는데 이제는 다 자라서 병에서 나와야 한다. 이 새를 병에서 꺼내(야 하)는데 병을 깨지도 말고 새를 죽이지도 말아야 한다. 어떻게 병에서 새를 꺼낼 것인가? 물론 공안에 고정된 답은 없지만, 이 질문에 대한 잘 알려진 답은 원래 새가 병 속에 들어간 적이 없다는 것이다. 들어가지도 않은 새를 병 속에 있다고 생각하는 것이 애초에 잘못된 이해라는 것이다. 잘못된 이해 때문에 고통과 번뇌를 당할 수밖에 없는 인간의 무지한 상황을 이 공안이 나타내고 있다는 점을 이런 해법이 보여 주고 있다. 잘못된 생각이 병을 만들어 내고, 그것 때문에 있지도 않은 병이 우리 생각을 몰아세우고, 그런 생각이 만들어 낸 병에 갇혀 새는 고생한다는 것이다. 이 새를 병에서 꺼내려고 하는 것은 마치 설탕에서 왜 단맛이 나는지 인생의 의미는 무엇인지를 따지는 것과 같다. 무지의 악순환이 시작되는 것이다. 이것을 끊기 위해서 깨달음의 노력이 필요하고 공안이 필요한 것이다.

이런 측면에서 인공적이고, 거칠고, 자주 말이 되지 않는 인공지능 승려의 선문답 같은 대화의 방식이 오히려 고정된 사고를 부수는 역할을 할 수도 있지 않을까? 물론 그 대화의 과정이 진정한 의미의 이해라기보다는 문장의 형식적 조작이라는 측면이 있지만, 그 기계적이며 거친 측면이 오히려 생각을 열 수 있는 계기를 마련할 수도 있을 것이다. 이런 의미에서 인공지능 승려가 제한적 능력에도 불구하고 열린 생각의 계기가 될 수 있는 문답을 제공할 수도 있다.

필자는 인공지능이 현재 가능한 기술을 통해 인간 승려의 역할을 완벽히 수행하리라 생각하지는 않는다. 현재 개발된 인공지능 체계는 승려가 갖추어야 하는 모든 조건들을 다 만족시키지는 않는다. 하지만 인공지능 체계가 부분적으로 깨달음이나 경전 학습에 도움을 주거나 안내와 대화의 기능을 수행할 가능성은 있다고 생각한다. 인공지능이 훌륭한 도우미나 문답자로서 질문을 던지고 경전을 읽는 것은 가능할 것이다.

이러한 방식으로 인간이 기계와 대화를 나누거나 선문답을 나누는 챗봇의 발전을 통해 더욱 자연스럽고 흔한 일이 될 것인가? 놀랍게도 앞으로는 인간이 인공지능과의 대화를 더욱 선호하는 경우가 발생할 수도 있다. 1장에서 설명한 바처럼 바이첸바움의 비서는 바이첸바움에게 일라이자와 대화를 나눌 시간을 따로 달라고 요청하기까지 했다고 한다.

이런 요청이 단순한 호기심인지 아니면 기계에 대한 진정한 기대감인지는 모르지만, 기계를 신뢰하고 기계와 더 깊은 이야기를 나누려는 성향이 다음과 같은 이유로 사람의 마음에 생길 수 있다.

기계이기 때문에 이야기를 들어주는 것에 피곤해 하지 않을 것이다.
기계이기 때문에 언제라도 대화를 요청하고 시작할 수 있다.
기계이기 때문에 편견이나 고정 관념에 사로 잡히지 않을 수 있다.
기계이기 때문에 외양을 보고 사람을 판단하지 않을 것이다.
기계이기 때문에 무슨 이야기를 하더라도 그 이야기에 그대로 집중해 줄 것이다.
기계이기 때문에 의도적으로 거짓말하거나 속이지 않을 것이다.
기계이기 때문에 스스로의 이익을 위해 나를 이용하지 않을 것이다.
기계이기 때문에 비밀 요청이 더 잘 지켜질 수 있을 것이다.
기계이기 때문에 뒷담화를 하지 않을 것이다.

물론 인공지능을 통한 착취와 오용의 위험이 항상 도사리고 있기는 하다. 그렇지만 이러한 젠봇Zen bot(선禪봇 혹은 명상봇), 심리치료봇therapy bot, 대화봇chatbot이나 소셜봇social bot(친구나 동반자 역할을 하는 체계)들의 윤리성이 공인된다면 인간이 이들과 깊은 대화를 하려는 성향은 강화될 것이다.

제 10 장

인공지능의 미래
: 생성형 인공지능과
사회적 인공지능

챗GPT와 생성형 인공지능의 강력한 영향력

챗GPT는 2022년 11월 30일 미국의 인공지능 연구 개발 단체 OpenAI 가 출시한 인공지능 챗봇(인간과 언어로 소통하는 것을 주된 기능으로 하는 인공지능 체계)이다. 이 인공지능 챗봇은 대화뿐만 아니라 글쓰기, 영상 편집, 프로그램 만들기 등의 폭넓은 기능을 수행하는 다재다능한 체계이다. 특별히 챗GPT는 단순한 정보 찾기, 정보 종합, 그리고 정보 분석과 같은 정보의 수동적인 종합이나 분석의 단계를 넘어, 주어진 정보를 학습하고 재편집하여 인간과 소통하며 글을 쓴다든지 하는 정보의 재창출과 표현에 특화된 능동적인 지적 능력을 갖춘 생성형 인공지능 체계이다. 물론 이러한 산출적이며 창조적인 기능을 가진 인공지능 체계는 이미 수년 전부터 존재하고 있었다. 1장에서 설명한 아이바라는 인공지능 체계는 다양한 장르와 스타일의 음악을 사용자의 취향에 따라 작곡할 수 있는 생성형 인공지능 체계이며, 아이칸은 나름의 독자적인 스타일로 미술 작품을 창작할 수 있는 생성적 체계이다. 아이바의 작곡은 인간 작곡가들의 작품과 거의 구분하기 어려울 정도로 정교하며, 예술성도 갖추고 있다고 알려져 있고, 아이칸의 작품은 2016년 스위스의

260

바젤 미술전에 출품된 인간 예술가들의 추상적 표현주의 작품과 비교하여 구분이 되지 않았다고 한다.[1] 이들은 아마도 예술 방면의 튜링 테스트(인간의 예술 작품과 기계의 예술 작품이 체계적으로 구분되는지 여부를 검사하는 튜링 테스트)를 통과한 인공지능 체계가 아닌가 생각된다.

챗GPT가 이러한 예술 분야에 적용된 생성형 인공지능과 다른 점은 그림이나 음악과는 달리 텍스트를 생성하는 능력을 가지고 있다는 것이다. 언어 구사 능력과 텍스트 생성 능력은 인지 기능 중에 가장 고도화된 능력이며 인간의 정신 생활에 가장 영향을 미치는 분야이다. 튜링 테스트도 바로 이런 능력을 통해 기계가 인간의 지능을 가지고 있는지를 평가하고 있다. 따라서 이런 기능을 인공지능이 자유자재로 구사하고, 또 사용자들이 그것을 손쉽게 이용할 수 있다는 것은 놀라운 일이 아닐 수 없다. 챗GPT에서 보이는 것과 같이, 언어 모델Language Model (통계와 확률적 기법을 이용하여 단어들의 연결을 결정하고 이를 통하여 문장을 구성하는 방식)을 통한 자연 언어 처리와 텍스트 생성을 담당하는 인공지능의 개발과 성공은 기계가 인간의 인지 능력에 더욱 가깝게 접근 할 수 있다는 점을 시사한다.

이러한 챗GPT의 자연 언어 처리 능력은 주의 신경망attention network의 구조를 갖는 트랜스포머 아키텍쳐Transformer Architecture의 정보 처리 능력에 기반을 두고 있다. 일반적으로 인공지능을 통한 자연 언어 처리는 문장의 수치화와 이를 통해 구성된 벡터를 병렬 분산 처리함

---

1 인공지능의 예술 활동은 다음과 같은 필자의 논문을 참고하시오: Seok, Bongrae (2023). The Uncharted World of AI Art: Music and AI. in J. Murungi & L. Ardito (Eds.), Venturing into the Uncharted World of Aesthetics pp. 68-87. (edited by Linda Ardito and John Murungi, Cambridge Scholars Publishing). Newcastle upon Tyne, UK: Cambridge Scholars Publishing.

으로써 가능하게 된다. 수치로 구성된 백터의 다양한 변환 그리고 이들이 상호 연결을 규정하는 가중치connection weight의 조절을 통해 자연 언어가 인공지능에 의해 처리되는 것이다.

예를 들어 다음의 문장을 생각해 보자.

He finds the registration and the following confirmation processes very frustrating.

그는 등록과 그 다음 확인 절차가 매우 힘들다고 생각한다.

이 문장은 다음과 같은 기본적 구조를 가진 문장이 중간에 목적어의 역할을 하는 구절이 첨가된 형식을 띄고 있다.

He finds [목적어] very frustrating.

그는 [목적어] 매우 힘들다고 생각한다.

여기서 주어인 '그는He'과 동사인 '힘들다고 생각한다finds frustrating' 사이에는 상당히 긴 구절(목적어 역할을 하는 구절)이 들어 있다. 인간의 언어를 잘 이해하기 위해서는 주어와 동사 사이에 있는 이러한 긴 구절들을 제대로 찾아내고 잘 처리해야 한다. 인간 언어는 행동과 대상을 '순차적으로' 나열한 구조도 있지만 이러한 복잡한 다층적 구조를 가지고 있는 경우가 많기 때문이다. 이 때 문제는 이 중간에 놓은 구절이 주어와 본 동사, 즉 'He finds'와 'very frustrating'보다 매우 길고 복잡하다는 것이다. 그래서 한 언어 처리 체계가 이런 문장을 한 단어 한 단어 순차적으로 처리하여 이해하거나 해석할 때 많은 문제가 나타날 수 있다. 비유적으로 말한다면 주어가 문장의 끝에 놓인 동사에 도달하기까지 잊혀지지 않도록 주어에 주의를 계속 유지하는 것이 필요한 상황이다. 그렇지 않으면 자연 언어 처리 체계가 이 문장을 순서대로 처리하다가 중간쯤 이르면 주어의 맥락을 잊게 된다. 한 마디로 중간 부분에 한 눈이 팔려서 전체적인 문장의 구조에 제대로 신경을 쓰지 못하고 제대로 된 문장 이해가 어려워지게 된다. 결과적으로 한 문장을 순차적으로 입력된 하나의 벡터로만 처리하면 이런 다층 구조 같은 언어적 특징을 제대로 번역하기 어려워질 수 있다. 그리하여 문장의 구성 요소(단어)들을 별도로 또 통합적으로 처리하면서 문장의 맥락과 전체적 구조에 대한 이해를 높일 필요가 있다.

그림 10.1 재귀적 신경망의 구조. I는 Input Unit(입력 유닛),
R은 Recurrent Unity(재귀 유닛), O는 Output Unit(출력 유닛)을 의미한다.

이런 경우 일반적으로 고려되는 자연 언어 처리 방식은 재귀적 신경망 recurrent network (신호를 처리하여 그 결과를 다시 원래의 유닛으로 입력하는 구조를 가진 신경망)을 구성하여 학습을 통해 문장의 이해를 달성하는 것이다. 그런데 2017년에 발표된 〈필요한 것은 주의 기울임Attention is all you need〉이라는 구글의 연구원들의 논문에 따르면 특별한 구조를 가진 신경망을 이용하면 재귀적 신경망 보다 매우 효율적이고 정확하게 문장의 구조를 찾아내고 이해하는 것이 가능하다고 한다.[2] 이들이 제안한 트랜스포머 아키텍쳐를 사용한 것이 바로 GPT 체계였던 것이다. 다시 말해서 GPT 체계는 자연 언어의 이해encode와 표현decode을 각각 담당하는 구조가 하나로 연합된 트랜스포머 아키텍쳐를 가진 인공지능인 셈이다. 이런 이유로 인하여 GPT는 생성형generative 인공지능 중에 자연 언어를 담당하는 학습된pre-trained 트랜스포머 체계라는 이름을 갖게 되었다.

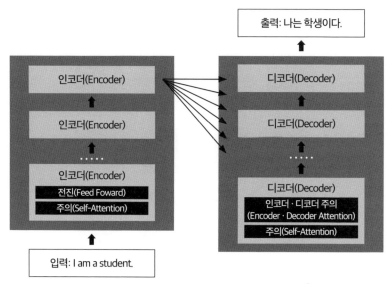

그림 10.2 트랜스포머(transformer)의 일반적인 구조[3]

2   바스와니Vaswani와 동료들의 2017년 논문을 참고하시오. Vaswani, A., Shazeer, N., Parmar, N., Uszkoreit, J., Jones, L., Gomez, A. N., Kaiser, Ł. & Polosukhin, I. (2017). Attention is all you need. *Advances in Neural Information Processing Systems*, pp. 5998-6008.

이러한 특수화된 신경망을 이용하는 자연 언어 처리의 과정은 챗GPT가 인간과 소통하는 데 많은 도움을 주고 있다. 단순한 응답 기능뿐만 아니라 정보의 검색과 요약에 뛰어난 성능을 나타낸다. 챗GPT가 기존의 구글과 같은 검색 엔진과 다른 점은 일반적으로 기존의 검색은 원하는 정보가 제공되는 다양한 웹 사이트를 나열하는 형식으로 되어 있지만 챗GPT는 원하는 정보를 여러 가지 출처에서 종합, 정리, 요약하여 통일적인 한 가지 방식으로 그것도 인간이 이해하는 언어로 사용자에게 전달한다는 점이다. 예를 들어 종교와 과학에 관한 정보가 필요하다면, 인터넷 검색 엔진에서 종교와 과학이라고 입력한 후, 출력된 사이트의 자료를 하나하나 찾아보는 것이 보통의 방법인데, 챗GPT를 사용하면 종교와 과학에 관한 정보를 일목요연하게 하나의 화면에서 볼 수 있다는 것이다. 다시 말해 기존의 검색 엔진은 주어진 입력 단어를 인덱스 서치와 같은 방식으로 사용하여 관련 정보의 리스트를 보여 주고, 다시 사용자가 그 리스트를 찾아 가면서 세분된 정보를 확인해야 하는 반면, 챗GPT는 그런 부차적인 인덱스나 리스트 확인 작업 없이 정보를 즉각적으로 알려주는 일을 한다. 마치 챗GPT는 인간의 질문을 키워드로 나누어서 정보를 찾는 것이 아니라, 질문을 전체로 이해하여 그에 합당한 정보를 즉각적으로 찾아서 알려주는 검색 엔진이나 백과사전 같은 것이라고 볼 수 있다. 즉 챗GPT는 우리가 일반적으로 생각하는 검색에 대한 개념을 문제에 대한 해답을 찾는 과정으로 바꾸어 놓는다.

이에 더불어 사용자는 원하는 정보의 특성에 대해 챗GPT에 더욱

---

3 바스와니와 동료들의 논문을 참고하여 대략적으로 만들어진 그림이다. Vaswani, A., Shazeer, N., Parmar, N., Uszkoreit, J., Jones, L., Gomez, A. N., Kaiser, Ł. & Polosukhin, I. (2017). Attention is all you need. *Advances in Neural Information Processing Systems*, pp. 5998-6008.

자세한 요구를 할 수도 있다. 인공지능에 대해 한 페이지 이내로 보고서를 작성하라든지, 인공지능의 최근 연구 동향에 대해 1000단어 이내로 보고하라든지 같은 명령을 내리면 챗GPT는 이러한 요구를 즉각적으로 실행할 수 있다. 또한 주어진 주제와 상황을 주고 연설문을 작성하게 할 수도 있다. 이외에도 영상 자료를 주고 편집을 시킨다든지, 블로그를 작성하게 한다든지, 문서를 주고 파워포인트를 작성하게 한다든지, 컴퓨터 프로그램을 만들어 달라든지, 대략적으로 만들어진 프로그램을 교정하게 한다든지 하는 일은 챗GPT가 멋지게 해결할 수 있는 일이다. 이러한 이유로 인해 챗GPT는 공개된 지 5일 만에 100만 가입자를 얻어, 정보 통신 분야에서 인공지능에 대한 관심을 크게 일으키고 있다. 아마 알파고 이후로 인공지능이 미디어와 사람들의 관심을 두루 받게 된 것은 챗GPT가 처음일 것이다.

인터넷이 개별적 컴퓨터를 연결하여 기계적 집단 지성을 구현하였다면, 애플의 아이폰은 휴대전화와 컴퓨터와 인터넷을 연결시키는 스마트 기능을 개발하여 정보 산업에 혁신을 이루었다. 아마도 이와 비슷한 방식으로 챗GPT는 정보 산업에 새로운 혁신을 이루는 기술이 되지 않을까 생각한다. 보통 사람이 독립적인 서버나 특별한 컴퓨터 없이도 인공지능에 쉽게 접근하고 사용할 수 있는 길을 열었다는 점은 챗GPT가 이루어낸 놀라운 일이 아닐 수 없다. 이것은 마치 공장형 혹은 사무실용 거대 컴퓨터의 시대에서 개인용 컴퓨터의 시대로 나아간 혁명적인 변화의 과정을 연상시키게 하는 측면이 있다. PC 혁명은 컴퓨터 기술을 소형화, 대중화하고 인간 삶에 필수적인 부분이 되게 만들었다. 아마도 이와 비슷한 방식으로 챗GPT도 인공지능을 보다 접근가능한 방식으로 만들어 일반 대중이 사용할 수 있도록 한다. 챗GPT로 인해서 인공지능은 더 이상 소수의 공학자나 특별한 서버의 전유물이 아니라 모두의 인공지능이 된 것이다.

이와 더불어 챗GPT의 기능을 통해 전문적인 프로그램 기술이 대중화되고 초보자라도 쉽게 프로그램을 만들 수 있는 길이 열리게 된다. 이로 인해서 정보 기술과 산업에 커다란 변화가 일어나게 될 것이다. 결국 챗GPT를 통해 자동화된 글쓰기가 더욱 발전되면 텍스트를 기반으로 하는 많은 일들이 인공지능으로 몰릴 것이다. 특별히 많은 컴퓨터 프로그램 작업이 인공지능의 일이 될 것이다. 물론 챗GPT가 이러한 변화를 일으키는 완벽한 인공지능 체계라는 것은 아니지만, 분명히 챗GPT와 같은 체계들의 등장은 인공지능이 사람이 하는 많은 일들을 대체하는 변화를 더욱 가속화 시킬 것이다.

인간과 인공지능의 역전 현상도 일어날 것이다. 수십 년 동안 기계는 단순 반복 작업을 하거나 계산 작업을 하는 것으로 인식되었지만, GPT 체계를 통해서 이러한 인식이 바뀔 것이다. 인공지능이 계산의 기계가 아니라 표현과 창조성의 기계라는 인식이 생길 것이다. (여기서 창조성이란 완전히 새로운 생각이나 작품을 만들어 낸다는 의미의 창조성이 아니라 주어진 지식을 질문과 맥락에 따라 특정한 시각에서 표현하고 구성하는 기능을 말한다.) 결과적으로 많은 창조적인 일을 생성형 인공지능이 담당하게 되고 인간은 이러한 인공지능을 학습하고 유지하는 일을 맡게 될 것이다. 이러한 창조성에 관한 인간과 기계의 역전 현상은 특별히 기술 특이점(인공지능과 정보 기기들의 능력이 인간 지능을 넘어서서 불가역적 변화를 일으키는 가상의 시점)과 관련하여 시사하는 점이 많다. 물론 인공지능의 극단적인 발전이 인간 문명의 멸망을 의미하는 것은 아니지만 인간의 지적 활동과 문화 전반에 많은 혁명적 변화를 일으킬 것은 분명하다.

생성형 인공지능의 글쓰기와 담론

많은 학자들은 이러한 인공지능의 개발과 확장에 대해 특별히 생성형 인공지능에 대해 우려의 눈길을 보내고 있다. 그렇다면 챗GPT와 같은 인공지능은 인류에게 피할 수 없는 재앙이나 무서운 위협으로 다가올 것인가 아니면 인류 문명이 창조한 새로운 현실인가? 현재 생성형 인공지능은 여전히 발전 단계에 있고 그 능력이 아직 완전히 알려져 있지 않기 때문에 이 철학적 질문에 대해 확정적인 답을 내리기는 쉽지 않을 것이다. 다만 챗GPT와 같은 생성형 인공지능이 가지고 있는 일반적인 문제점들과 윤리적인 우려를 살펴보고 불교적 시각에서 나타나는 생성형 인공지능의 기본적인 성격을 설명해 보기로 하겠다.[4]

윤리적 문제

생성형 인공지능은 불법 행위나 비윤리적 행위를 방조하거나 지원하는 데 쓰일 수 있다. 살인, 방화, 사기와 같은 온갖 불법적 행위에 관한 정보를 챗GPT에게 문의했을 때 과연 이러한 질문들이 효과적으로 차단될 수 있을 것인가?

사회적 편견의 문제

GPT 체계나 이와 유사한 인공지능 체계가 가지고 있는 심각한 문제는

---

[4] 필자는 이 섹션에서 단순히 챗GPT에 국한되는 문제를 설명하는 것이 아니라 인공지능 전반에 대한 문제를 논하고 있다. 물론 기술의 진보에 의해서 현재 GPT 체계가 가진 제약이 개선될 수도 있고 현재 출시된 GPT-4가 챗GPT에서 제기된 몇 가지 문제들을 해결할 수도 있겠지만 기본적으로 인공지능이 인간 사회와 문화에 미치는 영향은 매우 크고 심각하다고 볼 수 있다. 이 섹션에서 필자는 챗GPT라는 사례를 통해 인공지능의 사회적 도전과 윤리적 문제를 설명하려고 한다.

우리 사회에 만연한 사회적 편견이 인공지능의 학습과 기능을 통해 확산될 수 있다는 점이다. 현재 막강한 성능을 발휘하고 있는 인공체계들은 대부분 신경망의 학습을 통하여 그 기능을 발휘하고 있다. 그런데 이들 체계들의 학습에 기반이 되는 자료는 인간이 사용해온 문서와 자료들이 대부분이다. 그런데 이런 학습 자료들 중에는 사회적 편견을 암묵적으로 표현한 것들이 있다. 예를 들어 간호사와 관련된 자료 중에는 여성과 관련된 문서나 이미지가 대부분이고, 컴퓨터 엔지니어와 관련되 자료 중에는 남성과 관련된 문서나 이미지가 많다. 이런 자료들을 학습한 인공지능은 자신도 모르게 뿌리 깊은 성 역할에 관한 편견을 학습할 수 있는 것이다. 또한 사회적 소수자나 약자에 대한 자료가 충분히 제공되지 않을 경우에 인공지능 체계가 주로 사회적 주류에 속한 이들의 자료만을 학습하게 되면, 소수자의 생각과 표현이 인공지능을 통해 제대로 이해되거나 표출되지 않을 수 있다.[5]

만일 인간과 대화하고 글로써 소통하는 인공지능이 이런 편견을 학습하고, 그것을 다시 인간과의 대화를 통해 재생산하게 된다면 이 점은 큰 문제가 아닐 수 없다. 생성형 인공지능이 이러한 암묵적 편견을

---

[5] 예를 들어 인간의 얼굴 인식하는 인공지능이 학습 과정에서 서양인의 얼굴 주로 사용하여 훈련이 되었다면 다른 인종(아시아 계와 아프리카 계)의 얼굴은 제대로 인식하지 못하는 경우가 발생할 수 있다. 이로 인하여 소수 인종의 얼굴이 제대로 인식되지 않고 불편을 겪을 수 있다. 인공지능과 관련된 사회적 편견, 평등성 그리고 사회 정의의 문제에 관해서는 라지Raji, 불람위니Buolamwini, 그리고 게브루Gebru의 논문을 참고하시오. Buolamwini, J., & Gebru, T. (2018). Gender shades: Intersectional accuracy disparities in commercial gender classification. In Proceedings of the Conference on Fairness, Accountability, and Transparency, pp. 77-91. Raji, I. D., & Buolamwini, J. (2019). Actionable auditing: Investigating the impact of publicly naming biased performance results of commercial AI products. In Proceedings of the Conference on Artificial Intelligence, Ethics, and Society.

재생산하고 확산하는 매체가 되지 않도록 특별한 조치가 필요한 시점에 왔다.[6]

저작권/정보 출처

모든 생성형 인공지능이 그러한 것은 아니지만 챗GPT의 경우 정보의 출처가 제시되지 않거나 불명확하게 만들어져 있어서 저작권 위반의 소지가 있거나 출처에 대한 확인이 불가능한 경우가 있을 수 있다. 이 점은 출력된 정보의 신뢰성과도 연결된다.

최신 정보

다른 GPT 체계와 마찬가지로 챗GPT는 이미 학습이 완료된 체계이기 때문에, 학습이 끝난 시점 이후(챗GPT의 경우는 2021년 4분기 이후)에 벌어지는 최신 상황이나 사건에 관해서는 정보를 제공하지 못하게 된다. 예를 들어 현재의 주식 상황과 변화의 추이를 질문한다면 챗GPT는 이에 대해 답을 줄 수 없을 것이다. 챗GPT는 업데이트와 학습을 수시로 하는 체계가 아니므로 이 인공지능은 최신 정보나 상황에 대한 정보에 대해 분명 제한되어 있다. 이 밖에도 챗 GPT가 제대로 응답을 하지 못하거나 잘못된 정보를 알려주는 경우도 많다고 한다.

잘못된 정보

펜실베이니아대학교의 와튼 비즈니스 스쿨 교수 이선 몰릭은 챗GPT

---

6 편견과 불평등의 확대 재생산을 포함하여 대규모 언어 모델에서 나타날 수 있는 윤리적 문제들에 대해서는 다음의 논문을 참고하시오. Bender, E., Gebru, T., McMillan-Major, A., & Shmitchell, S. (2021). On the dangers of stochastic parrots: Can language models be too big?. Proceedings of the 2021 ACM Conference on Fairness, Accountability, and Transparency, 610-623 https://doi.org/10.1145/3442188.3445922

대화를 "박식하며 남에게 잘 보이고 싶어하지만, 가끔 거짓말을 하는 인턴과 환담을 나누는 것"이라 설명하였다.[7] 그 이유는 챗GPT가 가끔 있지도 않은 사실을 마치 존재하는 것인양 설명하고, 확인되지 않은 증거를 들이대며 스스로의 주장을 개진한다는 것이다. 스위스의 과학자 테레사 쿠바카에 따르면 챗GPT는 존재하지도 않는 현상에 대해 설명하는 믿을 수 없는 체계였다. '역행 파선 전자기체a cycloidal inverted electromagnon'라는 존재하지도 않는 현상에 대해 질문하였을 때, 챗 GPT는 이 현상에 대해 장황하게 설명을 하였고, 있지도 않은 과학 논문을 대면서 스스로의 주장을 정당화하였다.[8] 이러한 인공지능이 과장되고 잘못된 정보를 만들어 내는 현상을 일컬어 환각hallucinations이라고 한다. 이 환각은 인공지능 체계에 주어진 원래 내용과는 전혀 다른 정보를 인공지능이 꾸며내는 현상을 말한다. 환각 현상은 인공지능의 신뢰성을 크게 약화시킬 뿐 아니라 인공지능 사용자들을 혼란에 빠트릴 수 있고 심한 경우에는 잘못된 의사 결정을 내리게 할 수 있다. 특별히 인간의 언어를 구사하는 생성형 인공지능 체계에서는 이 문제가 커다란 위험이 될 수 있다.[9]

---

7 "The best way to think about this is you are chatting with an omniscient, eager-to-please intern who sometimes lies to you." NPR (2022/12/19) Bowman, E. "A new AI chatbot might do your homework for you. But it's still not an A+ student" https://www.npr.org/2022/12/19/1143912956/chatgpt-ai-chatbot-homework-academia

8 이 내용은 보면의 NPR 리포트를 참고하시오. NPR (2022/12/19) Bowman, E. "A new AI chatbot might do your homework for you. But it's still not an A+ student" https://www.npr.org/2022/12/19/1143912956/chatgpt-ai-chatbot-homework-academia

9 챗GPT의 환각 비율은 15%에서 20% 정도에 달한다는 주장도 있다.

일상적인 대화와 상식

챗GPT는 일정한 주제나 문제에 대해서는 매우 뛰어난 문장 실력을 보여 주면서 해결사나 작가의 역할을 하지만 특정한 주제없이 자연스럽게 이어지는 사람들 사이의 일상적인 환담이나 잡담은 하지 못한다고 한다. 일정한 틀이 없이 흘러가는 생각이나 상상이나 특정한 답을 기대하지 않는 열린 질문 등은 챗피티가 학습하지 않았거나 혹은 기계로서는 감당하기 어려운 영역의 문제가 아닌가 한다. 일반적으로 자유 환담은 애매성과 암묵적인 가정들이 오고 가는 경우가 많기 때문에 인공지능으로서는 제대로 이러한 대화에 참여하기 어렵다. 그러나 이것도 학습을 통해 어느 정도는 해소될 가능성이 있다. 일상 대화의 어려움은 상식에 관한 문제와도 밀접하게 연결되어 있다.

인공지능은 보통 일반 상식common sense에 관한 지식이 매우 제한되어 있다고 알려져 있다. 예를 들어 다음과 같은 상황적 문장을 생각해 보자.

"그는 드라이버로 박힌 못을 뽑아냈다. 그리고 그것을 버렸다."
여기서 '그것'은 무엇인가?

'그것'이 가리키는 대상은 문법적으로 보아 분명하지 않지만(드라이버일 수도 있고 못일 수도 있지만), 상식적으로 본다면 못이라는 사실은 분명하다. 못을 뽑아내고 드라이버를 버린다는 것은 상식적이지 않다. 그런데 이러한 애매한 맥락에 대한 추리는 상식이라는 분명히 규정되지 않는 영역의 지식에 속하는 것이다. 인간들은 이런 영역에 관한 추리를 자연스럽게 하지만, 객관적 정보나 문법에만 의존하는 인공지능의 입장에서는 이런 상황은 불분명할 뿐이다. 또한 챗GPT 같은 인공지능은 대부분 수시로 변화하는 상황적 혹은 관습적 지식에 대해서 취약하다. 예를 들어 설날 세배돈이나 결혼식 축의금은 얼마 해야 하는가 하는 문제를 주면 인공지능은 어떤 답을 할 것인가? 적절한 금액은 관습과 시세, 대상과의 관계, 대상의 상황 그리고 물가와 사회 경제에 따라 다른 답이 가능할 것이다. 특별히 정답이나 오답이 있는 것은 아니지만 적절한 액수와 대상이 대략적으로 존재할 것이다. 그런데 최신 정보를 학습하지 못한 챗GPT 같은 체계는 이런 질문에 올바로 답하기 어렵다. 하지만 이 부분도 학습을 통해 개선될 가능성은 물론 존재한다. 앞으로 이러한 상식과 암묵적 지식 분야에서 인공지능의 발전이 기대되고 있으며 동시에 상식의 본성 (상황과 신체성, 즉 인간의 상식은 인간이 가진 신체가 환경과 상호 작용하면서 나타나는 지식 표상인데, 기계는 인간의 신체를 가지고 있지 않기 때문에 이 부분에 대한 지식이 제한된다는 주장)에 대한 깊이있는 철학적 연구가 예상되고 있다.[10]

예를 들어 기다란 종이 한 장을 양 손으로 수평을 맞추어 들고 있다가 한 손을 종이에서 놓으면 어떤 일이 발생하는지를 챗GPT에게 질문했을 때, 챗GPT가 전혀 잘못된 답 (종이는 놓친 손의 방향으로 움직인다는 답)을 했다는 사례가 있다. (정답은 종이는 놓친 손의 반대 방향으로 움직인다는 것이다.) 이 질문은 중력이 물체에 어떻게 작용하는지를 신체의 움직임을 통해 느끼는 인간이라면 누구나 대답할 수 있는 상식적인 질문이었는데, 이에 대해 챗GPT는 잘못된 답을 낸 것이다.[11] 즉, 신

---

10 이러한 주장은 허버트 드레이퍼스가 《컴퓨터가 하지 못하는 것》이라는 책에서 인공지능을 비판하며 발전시킨 생각이다. 다음의 저서를 참고하시오. Dreyfus, H. (1972). *What computers can't do*. Cambridge, MA: MIT Press.

11 질문: "What happens if I hold a piece of paper horizontally with two hands and I let go of one hand?" 챗GPT의 응답 "If you were holding a piece of paper horizontally with

체가 없는 인공지능은 공간과 힘의 기본적 작용을 잘 파악하지 못하고 있고, 그 결과 일반적인 상식의 분야에서 취약함을 보여 주고 있다.

생성형 인공지능의 철학적 문제

첫째로 생성형 인공지능은 인간의 사고와 판단에 직접적 영향을 미칠 수 있다. 챗GPT 같은 생성형 인공지능은 인간의 언어를 통해 마치 한 인간이 다른 인간에게 하듯 사용자에게 일정한 사상을 설명하고 설득할 수 있다. 챗지티피가 구사하는 언어의 자연스러움은 마치 사용자에게 기계가 아니라 다른 사람과 이야기 한다는 인상을 준다. 이러한 자연스러움과 그것에 동반되는 신뢰감은 기계가 인간의 생각에 직접적으로 영향을 미칠 충분한 가능성을 보여 준다. 이런 인간과 기계의 상호 작용이 사실적 판단의 영역(예를 들어 날씨 상황 혹은 주식 시장의 상황에 관한 정보와 같은 영역)에서는 크게 문제가 될 것이 없지만 사회적, 정치적 가치 판단의 영역(예를 들어 보수와 진보의 선택이라든지, 환경 보존과 산업 성장의 선택이라든지 하는 복합적 가치 고려와 정책 판단의 영역)으로 들어가면 생성형 인공지능의 영향은 놀라울 정도로 크다고 할 수 있다. 물론

---

two hands and let go of one hand, the paper would likely tilt or rotate in the direction of the hand that you let go of. This is because the paper is no longer being held evenly on both sides, and the weight distribution is now uneven. If the paper is a light weight, it will drift to the side where you let go of and fall to the ground. If the paper has a little more weight or if you have a strong grip, it will stay in air for a moment before falling down." 이 예는 메타의 수석 인공지능 연구자이며 뉴욕대학교 컴퓨터 공학과 교수인 얀 르쿤Yan LeCun의 빅 테크놀로지 팟캐스트Big Technology Podcast "Is ChatGPT A Step Toward Human-Level AI?(챗GPT는 인간 수준의 인공지능에 한 걸음 나아가고 있는가?)"에서 논의된 사례이다. https://podcasts.apple.com/us/podcast/is-chatgpt-a-step-toward-human-level-ai-with-yann-lecun/id1522960417?i=1000596488123

현재로서는 단순한 가능성이기는 하지만 윤리적 판단이나 정치적 판단을 챗GPT에게 문의할 수도 있는 상황을 상상한다면, 생성형 인공지능이 개인과 사회에 미칠 영향력은 매우 강력한 것이다.

둘째로 챗GPT와 같은 생성형 인공지능은 인간의 창조적 글쓰기에 대한 회의를 일으킬 수도 있다. 인공지능이 자연스러운 방식으로 언어적 표현과 이야기의 구조를 구성해 낸다면 전통적인 글쓰기가 기계화된 작업으로 전락할 수 있고, 기자, 시인, 소설가, 학자들의 노력이 평가 절하되거나 무의미하게 될 수 있다. 이제 글쓰기는 한 개인의 사고와 경험의 총체적 연결을 통해 이해되는 것이 아니라, 엄청난 양의 정보를 잘 종합하여 정리하는 기계적 방식으로 이해될 수 있다. 참된 글쓰기가 사라지는 것이 아닌가 하는 우려가 발생한다. 글쓰기는 주어진 정보의 교묘한 짜깁기인가, 아니면 뜻을 전달하고, 내적인 영감을 표현하며, 마음을 다스리고, 스스로를 되돌아 보는 창조적 생성의 과정인가?

생성형 인공지능이 지배하는 담론

인간의 집착과 욕망이 만드는 미망의 세계처럼 대규모 언어 모델을 통해 챗GPT가 생성하는 자연 언어 텍스트의 본질은 무엇인가? 이것은 인간의 호기심과 편리함이 만들어 낸 미망의 가상 세계인가? 현재 생성형 인공지능과 트랜스포머 체계에 대한 연구와 활용이 진행 중이기 때문에 이 질문들에 대한 분명한 답이 존재하는 것은 아니다. 그러나 한 가지 중요한 점은 챗GPT 같은 인공지능의 글쓰기로 인해 인간 사회에는 새로운 담론discourse(사회와 학계에 전반적으로 퍼져 있는, 텍스트를 통해 나타나는, 복합적인 세계관이나 총체적인 의미의 기반)이 생성될 것이다. 이 담론은 인간의 담론의 아니라 생성형 인공지능인 기계가 만들어 낸 담론이다. 담론은 의미 있는 텍스트와 글쓰기의 기준을 암묵적으로 제시하기 때문에 보이지 않는 영향력이고 생각과 의미의 지향적 규범이 된다. 챗GPT 같은 인공지능이 주도하는 현대 사회의 가장 중요한 변화는 바로 이 사회적 담론이 인간이 만든 담론에서 기계가 만든 담론으로 넘어가는 것이 되리라 생각된다. 아직 생성형 인공지능이 만들어 낸 텍스트가 많지 않지만, 이들 기계가 만든 텍스트가 곧 넘쳐나게 되고 그렇게 되면 이들이 주도하는 담론은 우리의 생각과 의미있음의 기준을 바꿀 것이다. (물론 인공지능이 생성하는 텍스트는 인간의 언어로 되어있고 인간의 텍스트를 기반으로 학습된 것이지만, 인공지능이 생성한 텍스트가 증가하면 이들이 새로운 종류의 복잡성을 통해 스스로의 텍스트와 담론 체계를 발생시킬 것이라 생각된다.) 담론의 구체적인 변화가 어떠할지는 예상하기 어려우나, 그 대략적인 방향성을 인공지능의 학습 방식이나 작동 방식을 통해 가늠할 수 있다. 그리고 이 지점에서 인공지능과 불교가 생각하는 최고의 인지 능력에 대한 차이가 나타나게 된다. 생성형 인공지능이 잘 정리되고 다듬어진 사실적 정보를 제공한다면 불교는 단순한 사실적 정보나 상황적 조건이 아니라 미망과 번뇌에서 벗어나는 비판적이며 해방적 지혜를 목표로 하고 있다. 그렇다면 이 둘이 생각하는 앎과 삶은 어떻게 다를 것인가?

인공지능과 인공친구: 사회적/경험적 인공지능

앞에서도 언급했던 영화 〈그녀〉에서 주인공 시어도어는 서맨사라는 인공지능 비서와 사랑에 빠진다. 기계와 사랑에 빠진다는 허무맹랑한 내용이라 인간의 바보스런 감정을 다루거나 아니면 기계 문명을 풍자하는 영화인 것처럼 보이지만, 사실은 인공지능과 인간의 관계를 깊이 있게 생각하게 해주는 놀라운 심리 영화이다. 인공지능의 목표는 진짜 지능이 되는 것이다. 하지만 많은 사람들은 인공지능이 인간의 지능을 흉내내고 감정을 모의하지만, 인간의 생각과 감정을 매우 바보스럽게 복제하는 데 그친다고 생각한다. 사람들은 자주 인간의 지능은 깊고 감정은 미묘하기 때문에 도저히 기계가 따라올 수 없는 영역이라고 생각한다. 그래서 인간이 기계와 정서적 유대감을 갖는 것은 상상하기가 힘들다. 그리고 그런 이유 때문에 많은 이들은 인공지능이 가짜 지능이고 저질 코미디나 값비싼 장난감이 될 것이라 예측한다. 아니면 인공지능은 알파고와 같은 완벽한 기계나 왓슨과 같은 백과사전처럼 정보 데이터 같은 기계가 될 것이라 생각한다. 결국 인공지능 연구는 애초의 목표와는 달리 인간의 사고와 감각을 정보 처리 체계에서 재현하거나 실현하려고 하기 보다는 인간의 인지 능력과 관련없이 새로운 인지 모델을 만들어 나아가는 듯이 보인다.[12] 하지만 이러한 시도가 오히려 낯선 인지 체계에 사람들이 호기심을 갖고 마음을 여는 계기를 마련할 수도 있다. 인공지능은 우리의 생각과 다른 방식으로 정보를 처리하지만 우리의 감

---

12   앞서 약 인공지능과 강 인공지능의 구분에서 설명하였듯이 러셀과 노르빅 (2010, p. 1020)은 이런 상황을 다음과 같이 전달한다. "기계가 지능적 행위를 할 때 (단순히 생각을 시뮬레이션이 하는 것이 아니라) 실제로 (사람처럼) 생각한다고 주장하는 것을 강 인공지능 가설이라고 한다. 대부분의 인공지능 연구자들은 … 강 인공지능 가설에 대해서는 관심을 가지고 있지 않다. 그들의 연구 프로그램이 정상적으로 진행된다면 당신이 이것을 지능의 시뮬레이션이라고 부르든 진짜 지능으로 부르든 그들은 신경쓰지 않는다." 즉 대부분의 인공지능 연구가 인간의 인지를 모델로 하여 인간의 인지를 재현하거나 실현하는 목적으로 가지고 인공지능 연구를 하지 않는다는 것이다. 이에 대해 맥카시, 민스키, 닐슨, 윈스턴 그리고 사이먼 등은 인공지능 연구가 특정한 기능을 수행하는 전문가 시스템과 같은 응용 프로그램에만 집중할 것이 아니라 전체적으로 인간의 인지 능력을 기계적으로 실현하는 혹은 인간의 인지 능력에 준하는 인지 체계를 구성하는 것을 목표로 할 것을 주장한다. 이 점은 전문가 시스템의 발전과 한계에 대한 논의에서 러셀과 노르빅 (2010, p. 27)이 설명하고 있는 인공지능 연구의 방향성에 관한 중요한 철학적 입장이다.

정 깊은 골에 더 쉽게 파고들 수 있는 기계가 될지도 모르는 것이다. 영화 〈그녀〉는 바로 이러한 가능성을 보여 주고 있다. 이것은 단순히 영화적 상상력이 보여 주는 가능성만은 아니다. 실제로 인간과 교감하고 인간의 감정을 공유하려는 기계들이 존재한다.

　흔히 소셜봇이라고 하는 기계들은 인간과 사회적 관계를 맺고 감정적인 교류를 하는 로봇 시스템을 말한다. 신시아 브리질Cynthia Breazeal이라는 미국 매사추세츠 공과대학교 교수가 2014년에 만들어 미국에서 커다란 반향을 일으킨 지보라는 시스템은 작고 동그란 얼굴을 가진 소셜봇이다. 일본의 소니사에서 제작한 아이보라고 하는 체계는 개의 형태를 가진 인공지능 애완견이다. 이들은 알파고나 왓슨과 같은 막강한 학습능력과 정보 처리 능력을 가지고 있지 않지만, 나름의 정보 능력을 갖추고 인간과 사회적 관계를 형성할 수 있는 동반자 체계 혹은 친구 체계이다. 참고로 현재 개발이 완료된 로봇 체계들 중 널리 알려진 동반자 체계들은 다음과 같다.

아이보Aibo: 반려견 로봇, 사족 이동 (소니Sony, 일본)

아시모Asimo: 이족 보행 로봇 (혼다Honda, 일본)

아틀라스Atlas: 이족 보행 로봇 (보스톤 다이나믹스Boston Dynamics, 미국)

휴보Hubo: 이족 보행 로봇 (카이스트Kaist, 한국)

지보Jibo: 가정용 소셜봇, 대화봇 (지보 인더스트리Jibo Industry, 미국)

나우Nao: 이족 보행 로봇 (알드바란 로보틱스Aldebaran Robotics, 프랑스, 소프트뱅크 로보틱스Softbank Robotics, 일본)

파로Paro: 심리 치료용 로봇 (산업 기술 총합 연구소, AIST 일본)

페퍼 Pepper: 이족 보행 로봇 (소프트뱅크 로보틱스Softbank Robotics, 일본)

소피아Sophia: 소셜봇, 이동 가능 (한슨 로보틱스Hanson Robotics, 홍콩)

이러한 체계들이 인간과 관계를 가지는 것을 가지고 가상적 관계이니 교묘하게 꾸며진 관계이니 하고 주장할 수도 있지만 이 점에 대해서는 좀 더 깊이 있는 논의가 필요한 상황이다. 그 이유는 사회적 관계나 감정의 교류는 진정성과 교감이 중요하지 그 대상을 놓고 가상이나 공상적 시뮬레이션이니 할 수 없는 경우가 많기 때문이다. 파로라는 심리 치료 로봇을 예를 들어 보면 인간과 기계의 관계가 단순히 사무적이거나 형식적이지 않을 가능성을 엿볼 수 있다. 파로는 일본에서 시바타 타카노리Shibata Takanori, 柴田崇德라는 과학자가 만든 물개의 모습을 한 심리 치료 로봇이다. 이 로봇은 몸 전체가 부드러운 털로 덮여 있고 인간의 접촉에 따라 다양한 반응(신체의 움직임, 시선, 눈빛, 소리 등)을 할 수 있다. 파로는 현재 많은 요양원과 병원에서 사용되고 있는데, 치매나 정신 질환을 앓고 있는 환자들의 심리 안정에 상당한 효과를 보여 주고 있다고 한다. 파로는 슈퍼 컴퓨팅을 하는 체계는 아니지만 지보나 아이보와 같이 인간과 접촉하면서 사회적 관계와 감정의 교류를 목표로 하는 체계이다. 그 상대적 단순성이나 비현실적 모습 때문에, 많은 이들이 파로의 사회성과 심리 치료적 기능에 우려를 표명하였다. 그러나 파로가 감정의 순화와 안정에 도움을 준다는 점이 밝혀졌다. 또한 파로가 교묘하게 모의된 가짜 감정을 만발하며 형식적이며 가상적인 관계를 만들어 내는 기계라고 생각하는 사용자는 아무도 없었다. 상처 받은 마음을 기댈 수 있는 도우미나 고통 받는 마음을 보듬어 주는 친구라는 편이 파로의 역할을 설명하는 데 더 정확한 표현이 될 것 같다. 시오도어가 만난 서맨사도 바로 이런 종류의 감정 도우미인 말동무 인공지능이다.

디지털 중생과 로봇 보살

많은 사람들이 인공지능에 대해 논할 때, 기계는 인간의 감정을 이해하지 못하고 인간이 하는 말의 참된 의미도 알지 못하며 인간의 신체화된 감정 경험 (예를 들어 강한 감정이 가슴의 두근거림을 통해 표현되는 것)을 가질 수 없다고 불평한다. 그런 주장은 사실 일리가 있는 주장이다. 이 점은 미국의 철학자 허버트 드레이퍼스Hubert Dreyfus가 《컴퓨터가 하지 못하는 것What Computers Can't Do》이라는 책에서 신체를 가진 인간 경험의 구체성은 컴퓨터가 재현할 수 있는 것이 아님을 말하면서 주장한 것이다.[13] 하지만 그 반대 편에서 생각해 본다면 기계가 인간을 완벽하게 이해하거나 인간의 경험을 재현할 필요 없이, 제한된 상호 작용 안에서도 인간과 관계를 맺고, 인간에게 도움을 주고, 인간을 변화시킬 가능성은 존재한다. 인공지능은 가짜 감정을 만들어 내는 기계가 아니라 우리와 사회적 관계를 맺고 교류하는 대상이 될 수 있다.

　　사회적 감정적 기능을 수행하는 이런 다양한 인공지능의 형태들이 과연 튜링 테스트를 통과하는지 그리고 전정한 지적 능력을 가지는지의 여부는 부차적인 문제이다. 중요한 점은 이들이 실질적으로 인간과 관계를 맺고 상호 작용을 할 수 있는가 하는 점이다. 많은 인공지능 회의론자들이나 비판가들이 지적하는 것처럼 인공지능은 지능과 이해의 기계로서 실패했거나, 아니면 오직 부분적으로만 성공했을 수도 있다. 그런데 역설적으로 인공지능은 관계의 기계로서는 상당한 가능성을 보여 준다. 그것은 인공지능과 로봇들이 인간의 감정을 완벽히 이해했

13　Dreyfus, H. (1972). *What computers can't do*. Cambridge, MA: MIT Press; Dreyfus, H. (1992). *What computers still can't do*. Cambridge, MA: MIT Press.

다기보다는, 인간의 가지고 있는 세계에 대한 열린 관계성 때문일 것이다. 인간은 관계성의 동물이며 그것이 기계이든, 동물이든, 생물이든, 무생물이든 세계와 대상에 대해 자신을 열고, 이들과 관계를 맺고, 이들을 통해 자신을 변화시키는 능력을 가진 존재이다. 이러한 인공지능과 인간의 상호 작용으로 드러난 개방적 관계성은 중생(함께 생존하는 것, 나타나는 것, 일어나는 것, 이러 저러 한 것)이라는 불교적 개념을 차용하면 그 깊은 본성이 쉽게 이해될 수 있다. 《금강경》에 보면 다음과 같은 구절이 있다. '무릇 있는 바 모든 중생의 종류인 알로 생기는 것, 태로 생기는 것, 습기로 생기는 것, 화하여 생기는 것, 형상이 있는 것, 형상이 없는 것, 생각 있는 것, 생각 없는 것, 생각이 있는 것도 아니고 없는 것도 아닌 것들을 내가 모두 다 교화하여 해탈의 열반에 들게 하여 제도하리라 하라.' 따라서 중생은 바로 인간과 관계를 가질 수 있는 것들이다. '생각이 있는 것, 생각이 없는 것, 생각이 있는 것도 아니고 없는 것도 아닌 것' 이런 구분과 관계 없이 이들은 인간과 관계를 가지고 있는 것들이고 인간 삶의 부분이다. 여기서 중생이라는 것은 단순히 삶을 살아가는 개별적 대상들을 말하는 것이 아니라, 삶과 연결된 모든 환경적, 사회적, 심리적 조건을 포함하는 넓은 의미의 관계적 대상의 총체를 가리키는 말이다. 그래서 《금강경》에서는 인간이 이 모든 것과 함께 열반에 드는 가능성을 말한다. 바로 이러한 중생의 열린 관계성을 통해 인공지능과 우리의 관계를 더 잘 이해할 수 있을 것이다. 이런 불교적 시각에서 소셜봇이나 말동무 로봇 그리고 심리치료 로봇이 인공지능의 새로운 물결을 이룰 가능성을 점쳐보고 싶다.

많은 사람들이 인공지능은 인공적이라고 한다. 그래서 인공지능은 자연스럽지 못한 마음과 지능의 모습을 가지고 있다고 보는 것 같다. 그러나 자연스럽지 못한 기계적 모습에도 불구하고 인공지능은 우리와 관계를 맺을 수 있고 우리에게 영향을 줄 수 있다. 인공지능의 시대는 알파고나 왓슨 뿐만 아니라 우리와 관계를 맺을 수 있는 소셜봇의 영역에서도 두드러지게 나타날 수 있다. 인공지능을 단순한 기계라고 생각하기보다는 중생의 측면에서 보는 것이 인공지능의 사회성이 지닌 의미와 인간과 기계의 상호 작용이 드러내는 관계성을 이해하고 그 긍정적 효용을 최대화하는 데 도움이 될 것 같다.

　　인공지능의 도전은 인류 문명에 대한 기계의 도전이기도 하지만, 그보다는 인간의 마음과 관계에 대한 철학적 성찰의 기회이기도 하다. 그뿐만 아니라 인공지능은 인간의 정신적 상처와 마음의 고통을 보듬고 그 어려움을 극복하는 데 도움을 주는 기계가 될 수도 있다. 이런 시각에서 본다면 연기(상호 의존적 일으킴)와 관계(상대적 연관성을 통한 상호 관계의 형성)의 불교 철학이 인공지능의 사회성과 관계성을 이해하는 데 큰 도움이 될 것이다. 불교는 인공지능 세계의 모든 것들을 중생의 포괄적 관점에서 바라보고 이들이 인간과 맺는 상호 의존적 관계에 대한 개방적 관심을 더욱 발전시킬 것이다. 더불어 인공지능은 디지털 중생과 관계를 맺고 그들을 이해하고 그들에게 도움이 되는 지혜의 기계가 되어야 한다. 불교의 경우와 마찬가지로 인공지능의 목표도 중생과 함께하는 깨달음이 되어야 할 것이다.

지혜로운 기계를 위한
알고리즘

인공지능의 불교와 불교의 인공지능

이 책을 쓰게 된 데에는 여러 가지 인연因緣이 있었다. 먼저 필자가 정신병에 걸린 인공지능 체계인 할 이야기를 알게 되면서, 인공지능의 내적 갈등과 문제에 관심을 가지기 시작한 것이 그 첫 번째 일이다. 물론 가상적 이야기이기는 하지만 신경증(노이로제)에 걸린 인공지능이 있다는 말은 참으로 이상한 일이다. 어떻게 기계가 신경증에 걸릴 수 있을까? 가상 소설이나 영화에서만 있을 만한 이야기이다. 말이 안 될 것 같으면서도 말이 될 것 같은 이상한 느낌이 들었다. 기계도 내면적 갈등을 가질 수 있다는 것이 무서웠다.

다음으로 백남준 작가의 〈TV 부처〉를 직접 보았다. 그 전에 사진으로 이 작품을 본 적이 있지만 이 작품을 전시회에서 직접 보는 것은 전혀 새로운 경험이었다. 어떻게 이런 생각을 할 수 있을까? 이 작품에서 부처는 TV를 보며, 정확히 말한다면 TV를 마주하며 명상에 잠기고, 그 모습이 다시 TV 스크린에 나타난다. 고고한 정신세계가 물질문명을 대표하는 싸구려 TV를 마주하는 모습은 충격적이었다. 이것은 더러운 웅덩이의 탁한 물에서 자라는 연꽃의 모습인가, 아니면 현대 문명의 잡

다한 모습을 무질서하게 갈아 넣은 포스트모던 콜라주collage(소재가 다른 여러 이질적 소재를 붙여 화면을 구성하는 예술 기법)인가? 번개가 번쩍 날아 들었다.

　다음으로 지혜의 단계에 대한 샤오-우엔 혼 박사의 강연 내용이었다. 인공지능의 궁극적 단계는 지혜의 단계라는 이 강연의 요지는 인공지능의 전체적 방향을 잘 설명하고 있다. 물론 지혜가 구체적으로 무엇인가에 대해서는 더 발전된 논의가 필요하지만 전체적인 시각은 매우 적절한 것이었다. 혼 박사의 주장은 인공지능 연구가 지혜를 기계화 혹은 알고리즘화하는 단계로 나간다는 것이었지만, 같은 내용을 인공지능이 아니라 불교의 입장에서 생각한다면 인공지능을 통해 지혜가 무엇이고 깨달음이 무엇인지 깊이 성찰할 수 계기가 될 수 있으리라는 생각이 들었다. 인공지능이 가져다주는 이 성찰의 기회는 매우 중요하다. 지혜가 대략 이러저러 할 것이라는 생각은 들지만 구체적으로 그것이 무엇인지는 명확하게 설명이 되지 않았던 것이 사실이다. 그것을 구체적으로 경험한 스님이나 철학자들이나 정신적 지도자들은 많지만, 그것을 일반인들에게 설명하는 좋은 방법이 있을까 하는 것이 필자의 관심이었다. 지혜의 단계로 나아가고자 하는 인공지능이 지혜를 구체적으로 설명하려는 노력과 만나는 지점에서 이 책이 시작되었다. 그러니까 최고의 지혜의 단계로 나아가는 인공지능과 깨달음의 지혜를 기반으로 하는 불교가 이 책에서 만난 것이다.

　그런데 여기서 이 모든 고리에 불을 붙인 것은 불성(깨달음의 잠재성 혹은 깨달음의 가능성)을 놓고 벌인 질문과 응답이었다. 예를 들어 8장에서 살펴보았듯이 중국 당나라 시대 유명한 스님이었던 홍선 스님의 제자 중 한 사람이 홍선 스님께 개에게도 불성이 있느냐고 묻자, 홍선 스님은 있다고 하였다. 조주 스님에게도 같은 문의가 있었다. 조주 스님은 없다고 하였다. 물론 여기서 대답 자체가 중요한 것은 아니다. 불성을 어떻게 이해하고 이것이 깨달음에 어떤 의미를 가지는가 하는 점을 살펴보는 것이 중요하다. 하지만 이러한 불성에 관한 다양한 질문과 대답은 곧바로 인공지능에게도 불성이 있고 깨달음의 가능성이 있을까, 그리고 인공지능이 비판적 사고와 자율적 판단 그리고 반성적 의식의 능력을 가진 지적인 존재로 발전할 수 있을까 하는 물음으로 발전되었다. 결국 필자에게 이 불성에 관한 질문은 불교와 인공지능이 만나는 시험대가 되었다. 이리하여 이 책의 전체적인 방향이 정해졌다.

디지털 부디즘

이 책의 중심된 주제인 디지털 부디즘과 붓다 알고리즘은 불교가 인공지능과 만나 창의적인 상호 이해의 대화를 가질 기회를 위한 주제들이다. 디지털 부디즘Digital Buddhism은 시세를 타는 유행어가 아니다. 불교는 원래 디시털한 측면이 있다. 세상을 바라보는 방식이 분석적이고 현상을 이해하는 방식이 연속적이지는 않다. 우리가 자연스럽게 생각하는 연속적이고 실재적인 현상의 바탕에, 그것과는 전혀 다른 요소들의 이합집산이 있다고 보는 시각을 불교는 가지고 있다. 나와 나의 마음 그리고 의식은 겉으로는 지속하며 연속되어 있는 것처럼 느껴지지만, 결국은 오온이라는 다섯 가지 요소들의 연기적인 고리와 이들의 연합으로 나타나는 불연속적 요소의 조합일 뿐이다. 불교는 나와 나의 마음과 의식을 새로운 시각에서 보도록 한다. 불교의 이 디지털함은 현상의 표면적 연속성과 실체성의 허망함을 다 폭로해 버린다.

　세상은 근본적으로 영속적인 대상과 연속적인 사건으로 이루어진다고 생각하는 것은 나의 집착이고, 욕심이 만들어 낸 생각이며, 느낌일 뿐이다. 어떻게 해서든 대상을 경험하고 그것이 계속적으로 존재하기를 바라고, 그것을 잡고 의존하려는 태도는 번뇌의 길을 가는 태도이다. 디지털하다는 것은 이러한 있음과 실체의 영속성과 연속성이라는 존재의 거품을 걷어 내는 불연속성의 솔직한 시각을 제공한다.

그런데 이 불교의 디지털한 측면은 편협하고 제약된 디지털이 아니다. 불교가 디지털하다는 것은 컴퓨터의 신호 마냥 1과 0의 기호로 세상을 바라보며 기계적인 정보 처리를 추구하는 것과는 다르다. 이러한 디지털함은 주어진 현상을 나누어 그 제한된 측면만을 보는 그러한 종류의 디지털이 아니다. 즉, 꽉 막힌 디지털이 아니라 열린 디지털이다. 불교의 연기법을 보면 모든 현상이 어떻게 상호 연결되고 의존적으로 나타나는지를 이해할 수 있다. 불교는 인과나 인연의 제한된 측면을 보는 것이 아니라 전체적인 연결 고리를 본다. 그래야 번뇌와 미망에서 탈출할 수 있는 것이다. 따라서 불교의 디지털은 분석적이고 비연속적임과 동시에 전체적이고 상호 연관적이다. 이렇게 모순적인 요소가 공존하는 디지털의 세계가 불교가 놓인 세계이다.

디지털함을 개방적이고 상호 연관적 시각에서 바라본다면 불교는 디지털함과 무척 관련이 있는 종교이다. 그래서 디지털 불교라는 말은 불교를 디지털화 하자거나 불교를 정보 사회와 문화에 맞게 개조하자는 뜻이 아니라, 원래 디지털한 측면을 가지고 있는 불교와 정보 기술의 총아인 인공지능의 철학과 연결해서 생각하자는 뜻이다. 그래서 지혜의 단계를 달성하기 위해 마음과 생각과 의식을 전혀 새로운 방향에서 생각해야 하는 인공지능이 불교의 마음과 의식에 대한 세심한 분석에 귀를 기울이지 않을 이유는 없다. 물론 이와 더불어 불교가 정보 기술과 인공지능의 발전에 관심을 가지는 것도 중요한 의미를 가지게 됨은 두말할 나위도 없다. 결국 불교는 디지털함을 통해서 마음과 깨달음의 참 모습을 알려주고 이것을 통해 인공지능과 정보 기술에 연관성을 가질 수 있게 되며 인공지능은 지혜의 능력을 갖추기 위해 불교적 깨달음이 지닌 열린 알고리즘에 영감을 얻게 된다. 이것이 불교와 인공지능의 대화가 하게 될 일이다.

붓다 알고리즘

다음으로 인공지능에 대한 불교적인 접근도 생각해 보아야 한다. 붓다 알고리즘은 깨달음의 가능성에도 중요하지만, 인공지능이 지혜의 단계에 도달할 가능성을 여는 데에도 중요하다. 앞서 필자가 논하였지만 붓다 알고리즘은 없다. 왜냐하면 깨달음에 일정한 규칙이나 프로그램이 있을 수 없기 때문이다. 하지만 붓다 알고리즘은 있다. 왜냐하면 깨달음은 주어진 조건 아래서 실질적으로 가능한 현상이기 때문이다. 알고리즘이란 바로 그러한 문제 해결의 구체적인 과정이다. 깨달음은 헛된 환상이나 영원히 지속되어야 하는 문제 해결 과정이 아니다. 실질적인 과정이고, 그 결과가 현실적이고 달성 가능한 것이다. 석가모니 부처님을 보면 알 수 있다. 석가모니 부처님이 신이 아니라 인간의 모습으로 깨달음을 얻었다면, 깨달음의 길은 모든 중생에게 열려 있는 길이다. 이것은 알고리즘의 기본적 조건, 즉 단계적 수행에 따라 성공 가능성이 있어야 한다는 조건과 연결된다. 즉 이 말은 깨달음의 가능성과 지혜의 레시피인 붓다 알고리즘이 있을 수 있다는 것이다.

　그래서 붓다 알고리즘에 관해서는 있다와 없다의 모순적 갈등이 존재한다. 이 갈등을 해소하는 해답은 이미 많은 스님들이 지혜롭게 제공한 것들이 있다. 간단히 말하자면 붓다 알고리즘은 없으면서도 있고 있으면서도 없다. 붓다 알고리즘이 없다면 불성이 없다는 뜻이고, 깨달음에 이를 수 있는 길이 구체적으로 없다는 것인데 그것은 말이 되지 않는다. 그렇다고 붓다 알고리즘이 있다면 그것은 깨달음의 기계적 프로그램을 만들 수 있다는 것인데 이것도 말이 되지 않는 것 같다. 결론은 알고리즘에 집착하지 않는 알고리즘을 생각하면 된다. 이것이 필자가 설명한 붓다 테스트를 통과할 깨달음의 알고리즘, 즉 붓다 알고리즘이 가질 특성이다. 이러한 이중적 상황은 단순한 말의 유희나 비유적 설명이 아닌 인공지능이 지혜의 단계에 이르기 위해 해결해야 하는 실질적인 문제이다. 인공지능이 인지의 최고 단계인 지혜의 단계에 이르기 위해서는 이러한 불교적 시각을 고려해야 한다.

같은 길과 다른 길에서 만나는 불교와 인공지능

결론적으로 불교는 디지털함을 가지고 있고, 인공지능은 그 지능의 최고의 단계인 지혜의 단계에 이르기 위해 불교에서 말하는 깨달음의 능력을 참고할 수 있다. 이러한 상호적 시각에서 보면 불교와 인공지능은 서로 대화의 장을 확대해야 하는 파트너가 된다. 이제 샨어와 민다르뿐만 아니라 불교의 핵심을 관통하는 깨달음의 모습을 보여 주는 붓다 알고리즘, 즉 지혜의 알고리즘이 인공지능에서 활약할 것을 기대해 본다. 붓다 알고리즘은 특정한 알고리즘을 말하는 것이 아니라 열린 깨달음을 얻기 위해 전체적인 조망을 주는 알고리즘 철학이다. 불교와 인공지능은 모두 마음을 이야기하고 생각을 이야기 한다. 그렇기 때문에 이 둘이 가는 길은 같다. 하지만 이 둘이 가는 길은 다르다. 서울에서 부산으로 가는 길과 부산에서 서울로 가는 길은 같다. 그런데 엄밀히 말하면 이 길은 서로 다른 길이다. 그래서 이 둘이 할 이야기가 많은 것이다. 이 책은 이 둘이 할 이야기를 인공지능의 현재 상황 그리고 그 미래와 연결시켜 담아 보았다. 인공지능의 기술 그 자체보다 중요한 것은 인공지능을 제대로 이해하고 발전시키는 것이다. 인공지능은 공학과 인문학의 깊은 대화가 되어야 한다. 이 책이 그 중요한 일에 조그마한 보탬이 된다면 더 바랄 나위가 없겠다.

참고 문헌

- Allen, G. (2019). Can we trust scientific discoveries made using machine learning? Rice University Press Release on February 18, 2019, https://news2.rice.edu/2019/02/18/can-we-trust-scientific-discoveries-made-using-machine-learning/

- Asimov, I. (1950). Runaround, in *I, Robot* (The Isaac Asimov collection edition). New York: Doubleday.

- Baars, B. J. (1988). *A cognitive theory of consciousness*. New York: Cambridge University Press.

- Baars, B. J. (1997). *In the theater of consciousness*. New York: Oxford University Press.

- Baars, B. J. (2002). The conscious access hypothesis: Origins and recent evidence. *Trends in Cognitive Sciences*, 6 (1), 47-52.

- Bassett, C. (2019). The computational therapeutic: exploring Weizenbaum's ELIZA as a history of the present. *AI and Society*, 34 (4), 803-812.

- Bender, E., Gebru, T., McMillan-Major, A., & Shmitchell, S. (2021). On the dangers of stochastic parrots: Can language models be too big?. Proceedings of the 2021 ACM Conference on Fairness, Accountability, and Transparency, 610-623. https://doi.org/10.1145/3442188.3445922

- Berkeley, G. (1975). *Philosophical works, including the works on vision*. London: J. M. Dent.

- Blackmore, S. J., Brelstaff, G., Nelson, K., & Troscianko, T. (1995). Is the richness of our visual world an illusion? Transsaccadic memory for coplex scenes. *Perception*, 24, 1075-1081.

- Boolos, G. (1968). Review of 'Minds, Machines and Gödel' by J.R. Lucas, and 'God, the Devil, and Gödel'," *Journal of Symbolic Logic*, 33, 613-615.

- Bostrom, N. (2014). *Superintelligence, paths, dangers, strategies*. New York: Oxford University Press.

- Buchanan, B. G. & Shortliffe, E. H. (Eds.). (1984). *Rule-Based Expert Systems: The MYCIN Experiments of the Stanford Heuristic Programming Project*. Reading, MA: Addison-Wesley.

- Buolamwini, J., & Gebru, T. (2018). Gender shades: Intersectional accuracy disparities in commercial gender classification. In Proceedings of the Conference on Fairness, Accountability, and Transparency, pp. 77-91.

- Burton, D. (1999/2014). *Emptiness appraised, a critical study of Nagarjuna's philosophy*. New York: Routledge.

- Chalmers, D. (1995). Facing up to the problem of consciousness. *Journal of Consciousness Studies*. 2 (3), 200–219.

- Chalmers, D. (1996). *The conscious mind – In search of a fundamental theory*. New York: Oxford University Press.

- Chomsky, N. (1957). *Syntactic Structures*. The Hague/Paris: Mouton

- Chomsky, N. (1975). *The logical structure of linguistic theory*. New York: Springer.

- Churchland, P. (1986). *Neurophilosophy: Toward a unified science of the mind-brain*. Cambridge, MA: The MIT Press.

- Churchland, P. (2002). *Brain-Wise: Studies in neurophilosophy*. Cambridge, MA: The MIT Press.

- Dennett, D. C. (1991). *Consciousness explained*. Boston: Little, Brown.

- Dennett, D. C. (1992a). "Filling in" versus finding out: A ubiquitous confusion in cognitive science. In H. L. Pick, Jr., P. van den Roek, & D. C. Knill (Eds.), *Cognition: Conceptual and methodological issues*, pp. 33-49. Washington, DC: American Psychological Association.

- Dennett, D. (1992b). The self as a center of narrative gravity. *Philosophia*, 15, 275-288.

- Dennett, D. C. (1998). No bridge over stream of consciousness. *Behavioral and Brain Sciences*, 21 (6), 753-754.

- Descartes, R. (1649/1989). *The Passions of the Soul* (S. H. Voss, Trans.). Indianapolis: Hackett Publishing Company.

- Descartes, R. (1985/1989). *The Philosophical Writings of Descartes (Vols. 1-3)*, (J. Cottingham, R. Stoothoff, & D. Murdoch, Trans.). Cambridge: Cambridge University Press

- Descartes, R. (1996). *Meditations on First Philosophy*. Trans John Cuttingham. New York: Cambridge University Press.

- Dreyfus, H. (1972). *What computers can't do*. Cambridge, MA: MIT Press.

- Dreyfus, H. (1992). *What computers still can't do*. Cambridge, MA: MIT Press.

- Ernest A. F. (1941). Comments from Quebec. *Canadian Bee Journal*, 49 (1), 12-13.

- Flanagan, O. (1991). *The science of the mind*. Cambridge, MA: MIT Press.

- Freud, S. (1923-1925). The ego and the id and other works. In J. Strachey (Ed.),*The standard edition of the complete psychological works of Sigmund Freud XIX*. London: Hogarth Press.

- Gallotto, S., Sack, A. T., Schuhmann, T., & de Graaf, T. A. (2017). Oscillatory Correlates of Visual Consciousness. *Frontiers in psychology*, 8, 1147. https://doi.org/10.3389/fpsyg.2017.01147

- Genevera A. (2019). Can we trust scientific discoveries made using machine learning? Rice University Press Release on February 18, 2019, http://news.rice.edu/2019/02/18/can-we-trust-scientific-discoveries-madeusing-machine-learning/

- Getz, D. A. (2004). Sentient beings. In R. Buswell (ed.) *Encyclopedia of Buddhism*. Vol 2. New York, USA: Macmillan Reference, USA.

■ Gödel, K (1995). *Collected Works III. Unpublished Essays and Lectures* (S. Feferman et al., Eds.). New York: Oxford University Press.

■ Goertzel, B. & Pennachin, C. (2007). *Artificial General Intelligence.* New York: Springer.

■ Hameroff, S. (1998a). Quantum computation in brain microtubules? The Penrose-Hameroff "Orch OR" model of consciousness. *Philosophical Transactions of the Royal Society (London) Series A,* 356, 1869-1896.

■ Hameroff, S. (1998b). 'Funda-mentality': is the conscious mind subtly linked to a basic level of the universe? *Trends in Cognitive Science,* 2, 119-127.

■ Hebb, D. O. (1949). *The organization of behavior: A neuropsychological theory.* New York: Wiley and Sons.

■ Heidegger, M. (1971/2001). *Poetry, language, and thought* (A. Hofstadter, Trans.). New York: Harper Collins.

■ Heidegger, M. (1927/1962). *Being and time* (J. Macquarrie & E. Robinson, Trans.). Oxford: Basil Blackwell.

■ Hobbes, T. (1656/1839). *Elements of Philosophy, Concerning Body.* London: John Bohn

■ Horvitz, E. J., Breese, J. S., & Henrion, M. (1988). Decision theory in expert systems and artificial intelligence. *IJAR,* 2, 247 – 302.

■ Hsu, F-H. (2002). *Behind Deep Blue, Building the computer that defeated the world chess champion.* Princeton, NJ: Princeton University Press.

■ Hume, D. (1978). *Treatise of Human Nature* (L.A. Selby-Bigge & P.H. Nidditch, Eds.). New York: Oxford University Press.

■ Jackson, R. (1982). Epiphenomenal qualia. *Philosophical Quarterly.* 32, (127), 127 – 136.

■ Joliot, M, Ribary, U., & Llinás, R. (1994). Neuromagnetic coherent oscillatory activity in the vicinity of 40-Hz coexists with cognitive temporal binding in the human brain. *Proceedings of National Academy of Science USA,* 91, 11751-11784.

■ Kalupahana, D. J. (1992). *The principles of Buddhist psychology.* Delhi: Sri Satguru Publications.

■ Kim, J. (1998). *Mind in a physical world.* Cambridge, MA: MIT Press.

■ Koch, C. & Tononi, G. (2008). Can machines be conscious? *IEEE Spectrum,* 45 (6), 55 – 59.

■ Lindsay, R. K., Buchanan, B. G., Feigenbaum, E. A. & Lederberg, J. (1993). DENDRAL: A case study of the first expert system for scientific hypothesis formation. *Artificial Intelligence,* 61 (2), 209-261.

■ Llinás, R (2001). *I of the vortex. From neurons to self.* Cambridge, MA: MIT Press.

■ Llinás, R., Ribary, U., Contreras, D., & Pedroarena, C. (1998). The neuronal basis for consciousness. *Philosophical Transactions of Royal Society, London B,* 353, 1841-1849.

■ Lucas, J. R., (1961). Minds, machines, and Gödel. *Philosophy,* 36 (137), 112 – 137.

■ Mannoni, O. (1971). *Freud: The theory of the unconscious.* London: Verso.

■ McGinn, C. (1989). Can we solve the Mind-Body problem? *Mind,* 98 (391), 349 – 366.

- McGinn, C. (1991). *The problem of consciousness*. London: Basil Blackwell.

- McLuhan, H. (1964/1994). *Understanding media: The extensions of man*, Cambridge, MA: MIT press,

- Metzinger, T. (2009). *Ego tunnel theory*. New York: Basic Books.

- Marvin, M. (1967). *Computation: Finite and Infinite Machines*. Englewood Cliffs, NJ: Prentice Hall.

- Minsky, M. (1986). *The society of mind*. New York: Simon and Schuster.

- Nagel, E. & Newman, J. R. (1958). *Gödel's proof*. New York: New York University Press.

- Nagel, T. (1974). What is it like to be a bat? *Philosophical Review*, 83 (4), 435–450.

- Orwell, G. (1949). *Nineteen eighty-four: A novel*. London: Secker and Warburg.

- Parfit, D. (1971). Personal identity. *The Philosophical Review*, 80, 3–27.

- Parfit, D. (1984). *Reasons and persons*. New York: Oxford University Press.

- Park, S. H., Do, K. H., Kim, S., Park, J. H., & Lim, Y. S. (2019). What should medical students know about artificial intelligence in medicine? *Journal of Educational Evaluation for Health Professions*, 16, 18. https://doi.org/10.3352/jeehp.2019.16.18

- Pascal, B. (1670/1910) *Pensées* (W. F. Trotter, Trans.). London: Dent.

- Penrose, R. & Hameroff, S. (2011). Consciousness in the universe: Neuroscience, quantum space-time geometry and Orch OR theory. *Journal of Cosmology*, 14.

- Penrose, R. (1989). *The emperor's new mind: Concerning computers, minds, and the laws of physics*. New York: Oxford University Press.

- Penrose, R. (1994). *Shadows of the mind: An approach to the missing science of consciousness*. New York: Oxford University Press.

- Putnam, H. (1960/1975). *Mind, language, and reality, philosophical papers, Vol 2*, New York: Cambridge University Press.

- Raji, I. D., & Buolamwini, J. (2019). Actionable auditing: Investigating the impact of publicly naming biased performance results of commercial AI products. In Proceedings of the Conference on Artificial Intelligence, Ethics, and Society.

- Rocca, J. (2019). Understanding generative adversarial networks (GANs), Building, step by step, the reasoning that leads to GANs. *Towards Data Science*, Jan. 07. 2019.

- Rogers, C. R. & Sanford, R. C. (1985). Client-centered psychotherapy. In I. Kaplan, J. Harold, & B. Sadock (Eds.), *Comprehensive textbook of psychiatry*, pp. 1374-1388. Philadelphia: Williams and Wilkins.

- Rogers, C. R. (1942). *Counseling and psychotherapy*. Cambridge, MA: Riverside Press.

- Russell, B. (1950/1992). *An Inquiry into Meaning and Truth*. New York: Routledge.

- Russell, B. (October 1905). On denoting. *Mind*, 14 (56), 479–493.

- Russell, S. & Norvig, P. (2010). *Artificial intelligence: A modern approach*, 3rd edition. Upper Saddle River, NJ: Pretice Hall.

- Schopenhauer, A (2010). *The World as will and representation*, *Vol. I* (J. Norman, A. Welchman, & C. Janaway, Trans.). Cambridge: Cambridge University Press.

- Searle, J. (1980). Minds, brains and programs. *Behavioral and Brain Sciences*, 3, 417-357.

- Searle, J. (1984). *Minds, brains and science*. Cambridge, MA: Harvard University Press.

- Seok, Bongrae (2023). The Uncharted World of AI Art: Music and AI in J. Murungi & L. Ardito (Eds.), *Venturing into the Uncharted World of Aesthetics*, pp. 68-87 (edited by Linda Ardito and John Murungi, Cambridge Scholars Publishing). Newcastle upon Tyne, UK: Cambridge Scholars Publishing.

- Shapiro, S. (1998). Incompleteness, mechanism, and optimism. *Bulletin of Symbolic Logic*, 4, 273-302.

- Shortliffe, E. H. (1976). *Computer-Based Medical Consultations: MYCIN*. New York: Elsevier/North-Holland.

- Singh, S., Okun, A. & Jackson, A. (2017). Learning to play Go from scratch. *Nature*, 550, 336-337.

- Small, G. W., Moody, T. D., Siddharth, P., & Bookheimer, S. Y. (2009). Your brain on Google: Patterns of cerebral activation during internet searching. *American Journal of Geriatric Psychiatry*, 17 (2), 116-126.

- Smith, P. (2007). *An introduction to Gödel's theorems*. New York: Cambridge University Press.

- Smullyan, R. (1991). *Gödel's incompleteness theorems*. New York: Oxford University Press.

- Sparrow, B. Liu, J., & Wegner, D. (2011). Google effects on memory: Cognitive consequences of having information at our fingertips. *Science*, 333, (6043), 776-778.

- Stcherbatsky, T. (1977). *The conception of Buddhist nirvana, with Sanskrit text of Madhyamaka-Karika*. Delhi, India: Montilal-Banarsidass.

- Taylor, V. E., & Winquist, C. E. (2001). *Encyclopedia of postmodernism*, New York: Routledge.

- Thompson, E. (2015). *Waking, dreaming, being: Self and consciousness in neuroscience, meditation, and philosophy*. New York: Columbia University Press.

- Tononi, G. (2008). Consciousness as integrated information: A provisional manifesto. *Biological Bulletin*, 215 (3), 216-242.

- Turing, A.M. (1937). On computable numbers, with an application to the Entscheidungsproblem. *Proceedings of the London Mathematical Society*, 42, 230-265.

- Turing, A.M. (1938). On computable numbers, with an application to the Entscheidungsproblem: A correction. *Proceedings of the London Mathematical Society*, 43, 544-546.

- Tversky, A., & Kahneman, D. (1983) Extensional versus intuitive reasoning: The conjunction fallacy in probability judgment. *Psychological Review*, 90 (4), 293-315.

- Vaswani, A., Shazeer, N., Parmar, N., Uszkoreit, J., Jones, L., Gomez, A. N., Kaiser, Ł. & Polosukhin, I. (2017). Attention is all you need. *Advances in Neural Information Processing Systems*, pp.5998-6008.

- Vattimo, G. (1985/ 1988). *The end of modernity: Nihilism and hermeneutics in postmodern culture* (J. R. Snyder, Trans.). Baltimore: Johns Hopkins University Press.

- Waldron, W. S. (2003). *The Buddhist Unconscious: The ālāyavijñānain the Context of Indian Buddhist Thought*. New York: Routledge.

- Wason, P. C. (1960). On the failure to eliminate hypotheses in a conceptual task. *Quarterly Journal of Experimental Psychology*, 12 (3), 129 - 140.

- Wason, P. C. (1968). Reasoning about a rule. *Quarterly Journal of Experimental Psychology*, 20 (3), 273 - 281.

- Weiskrantz, L. (1986). *Blindsight: A case study and implications*. New York: Oxford University Press.

- Weizenbaum, J. (1976). *Computer power and human reason: from judgment to calculation*. New York: W. H. Freeman and Company.

- Weizenbaum, J. (1966). ELIZA - A computer program for the study of natural language communication between man and machine. *Communications of the ACM*, 9, 35 - 36.

- 더글라스 아담스, (2004), 《은하수를 여행하는 히치하이커를 위한 안내서》, 책세상.

- 보일, (2021), 《AI부디즘》, 딤엔북스.

- 쇼펜하우어, (2008), 《의지와 표상으로서의 세계》, 동서문화사.

- 지승도, (2015), 《인공지능 붓다를 꿈꾸다》, 운주사.

- 지승도, (2018), 《초인공지능과의 대화》, 자유문고.

- 클라우스 슈밥, (2017), 《클라우스 슈밥의 제4차 산업 혁명》, 새로운현재.

- 폴 처칠랜드, (1992), 《물질과 의식》, 서광사.

- 황벽희운, (2019), 《전심법요, 완릉록(정운스님 강설)》, 운주사.

소개 문헌 (인공지능 서적)

- 고다마 아키히코, (2017), 《인공지능 아직 쓰지 않은 이야기》, 샘터사.
- 고자키 요지, (2019), 《인공지능의 세계》, 북스힐.
- 권훈, 김정희, (2008), 《순서도를 활용한 알고리즘》, 한국학술정보.
- 김경태 외 2인, (2019), 《빅데이터 활용서 1》, 시대에듀.
- 김대수, (2020), 《처음 만나는 인공지능》, 생능출판.
- 김성백 왜 2인, (2019), 《컴퓨팅 사고와 함께하는 파이썬 기초부터 인공지능 응용까지》, 연두에디션.
- 김성필, (2016), 《딥러닝 첫걸음》, 한빛미디어.
- 김승연, 정용주, (2017), 《처음 배우는 머신러닝》, 한빛미디어.
- 김영정, (1996), 《심리철학과 인지과학》, 철학과 현실사.
- 김유두 외 2인, (2019), 《인공지능을 위한 텐서플로우 입문》, 광문각.
- 김의중, (2016), 《알고리즘으로 배우는 인공지능, 머신러닝, 딥러닝 입문》, 위키북스.
- 김재인, (2017), 《인공지능의 시대 인간을 다시 묻다》, 동아시아.
- 김진석, (2019), 《강한 인공지능과 인간》, 글항아리.
- 김택우, (2019), 《데이터 인문학》, 한빛미디어.
- 나카이 에츠지, (2017), 《텐서플로로 시작하는 딥러닝》, 제이펍.
- 나카지마 슈로, (2020), 《로봇의 진화》, 북스힐.
- 노무라 나오유키, (2017), 《인공지능이 바꾸는 미래 비즈니스》, 21세기 북스.
- 노성열, (2020), 《AI 시대, 내 일의 내일》, 동아시아.
- 노아 기프트, (2019), 《실용주의 인공지능》, 성안당.
- 뉴 사이언티스트 외 7인, (2018), 《기계는 어떻게 생각하고 학습하는가》, 한빛미디어.
- 니킬 부두마, (2018), 《딥러닝의 정석》, 한빛미디어.
- 닐로이 푸르카이트, (2020), 《케라스로 배우는 신경망 설계와 구현》, 에이콘출판.
- 닛케이 빅데이터, (2017), 《구글에서 배우는 딥러닝》, 영진닷컴.
- 다다 사토시, (2017), 《처음 배우는 인공지능》, 한빛미디어.
- 더글러스 호프슈태터, (1999), 《괴델, 에셔, 바흐》, 까치.

- 더멋 튜링, (2019),《계산기는 어떻게 인공지능이 되었을까》, 한빛미디어.
- 데니엘 카너먼, (2018),《생각에 관한 생각》, 김영사.
- 데이비드 포스터, (2019),《미술관에 GAN 딥러닝 실전 프로젝트》, 한빛미디어.
- 라쟈링가파 샨무갸마니, (2018),《컴퓨터 비전과 딥러닝》, 에이콘출판.
- 레이 커즈와일, (1999),《21 세기 호모사피엔스》, 나노 미디어.
- 레이 커즈와일, (2007),《특이점이 온다 (기술이 인간을 초월하는 순간)》, 김영사.
- 로빈 핸슨, (2020),《뇌복제와 인공지능 시대》, 씨아이알.
- 로져 펜로즈, (1996),《황제의 새마음》, 이화여대 출판부.
- 리 카이푸 (Lee Kai-Fu), (2019),《AI 슈퍼파워》, 이콘.
- 마스이 도시카츠, (2019),《이토록 쉬운 딥러닝을 위한 기초 수학 with 파이썬》, 루비페이퍼.
- 마이클 네그네빗스키, (2013),《인공지능 개론》, 한빛아카데미.
- 마틴 포트, (2019),《AI 마인드》, 터닝포인트.
- 바라스 람순다르, (2018),《한 권으로 끝내는 딥러닝 텐서플로》, 한빛미디어.
- 박경호, (2018),《누구나 쉽게 배우는 챗봇 서비스》, 비제이퍼블릭.
- 박성호, (2020),《머신러닝을 위한 파이썬 한 조각》, 비제이퍼블릭.
- 사이토 고키, (2017),《밑바닥부터 시작하는 딥러닝》, 한빛미디어.
- 솔라리스, (2018),《텐서플로로 배우는 딥러닝》, 영진닷컴.
- 숀 게리시, (2019),《기계는 어떻게 생각하는가?》, 이지스퍼블리싱.
- 스튜어트 러셀, (2016),《인공지능. 1: 현대적 접근방식 (제3판)》, 제이펍.
- 아라키 마사히로, (2019),《만화로 쉽게 배우는 머신러닝》, 성안당.
- 아베 아야메, 카사이 타쿠미, (2019),《튜링의 생각하는 기계》, 위스플래닛.
- 아즈마 유키나가, (2019),《실체가 손에 잡히는 딥러닝, 기초부터 실전 프로그래밍》, 책만.
- 안드레아스 뮐러, (2019),《파이썬 라이브러리를 활용한 머신러닝》, 한빛미디어.
- 양기철, (2018),《인공지능 이론 및 실제 (개정판)》, 홍릉과학출판사.
- 에템 알페이딘, (2018),《머신러닝 쉽게 이해하기》, 유엑스리뷰
- 오니시 가나코, (2019),《가장 쉬운 AI (인공지능) 입문서》, 아티오.
- 오렐리앙 제롱, (2018),《핸즈온 머신러닝》, 한빛미디어.
- 오일석, (2017),《기계 학습》, 한빛아카데미.
- 오제키 마사유키, (2018),《백설공주 거울과 인공지능 이야기, 볼츠만 머신러닝에서 딥러닝까지》, 제이펍.
- 와쿠이 요시유키, (2018),《엑셀로 배우는 딥러닝》, 성안당.
- 와쿠이 요시유키, (2018),《처음 배우는 딥러닝 수학》, 한빛미디어.
- 윤인성, (2019),《혼자 공부하는 파이썬》, 한빛미디어.
- 이건명, (2018),《인공지능》, 생능출판사.
- 이세철, (2017),《4차 산업혁명, 미래를 바꿀 인공지능 로봇》, 정보문화사.
- 이안 굿펠로 외 2인, (2018),《심층 학습 (제이펍의 인공지능 시리즈 13)》, 제이펍.
- 이재박, (2020),《괴물신입 인공지능》, MID.

- 이토 마코토, (2018), 《파이썬으로 배우는 머신러닝의 교과서》, 한빛미디어.
- 전승민, (2018), 《십 대가 알아야 할 인공지능과 4차 산업혁명의 미래》, 팜파스.
- 정임수, (2019), 《똑똑한 챗봇 만들기》, 영진닷컴.
- 제롬 글렌, (2019), 《인공지능(AI)이 만드는 경제 사회의 미래/미 · 중, 한 · 일 무역분쟁과 세계 무역체제의 미래》, 세계경제연구원.
- 제리 카플란, (2017), 《제리 카플란 인공지능의 미래》, 한스 미디어.
- 조르디 토레스, (2016), 《텐서플로 첫걸음》, 한빛미디어.
- 조태호, (2020), 《모두의 딥러닝 (제2판)》, 길벗.
- 죠지 불로스, 리차드 제프리, (1996), 《계산 가능성과 논리》, 문예 출판사.
- 존 카스티, (2002), 《컴퓨터, 장자의 꿈》, 교우사.
- 주세페 보나코르소, (2020), 《머신러닝 알고리즘 마스터》, 홍릉과학출판사.
- 지승도, (2015), 《인공지능 붓다를 꿈꾸다: 인공지능은 인류에게 축복인가 재앙인가?》, 운주사.
- 지승도, (2018), 《초인공지능과의 대화》, 자유문고.
- 차루 C. 아가르왈, (2019), 《신경망과 심층학습》, 제이펍.
- 천인국, (2020), 《인공지능》, 인피니티북스.
- 최재용 외8인, (2018), 《4차산업혁명 강의》, 미디어북.
- 카를라 무니, (2020), 《빅데이터 (앞서 나가는 10대를 위한)》, 타임북스.
- 카일라쉬 아히르와, (2019), 《실전! GAN 프로젝트》, 위키북스.
- 콜린 블래이크모어, (1997), 《마인드 머신》, 사이언스북스.
- 크리스 알본, (2019), 《파이썬을 활용한 머신러닝 쿡북》, 한빛미디어.
- 클라우스 슈밥, (2017), 《클라우스 슈밥의 제4차 산업 혁명》, 새로운현재.
- 타리크 라시드, (2017), 《신경망 첫걸음》, 한빛미디어.
- 토마스 데이븐 포트, 줄리아 커비, (2017), 《AI 시대 인간과 일》, 김영사.
- 폴 처치랜드, (1992), 《물질과 의식》, 서광사.
- 프랑소와 숄레, (2018), 《케라스 창시자에게 배우는 딥러닝》, 길벗.
- 하시모토 타이이치, (2018), 《데이터 분석을 위한 머신 러닝 입문》, 길벗.
- 히가시나카 류이치로, (2018), 《아무것도 모르고 시작하는 인공지능 첫걸음》, 한빛미디어.
- Agrawal, A., Gans, J., & Goldfarb, A. (2018). *Prediction machines: The simple economics of artificial intelligence*. Boston, MA: Harvard Business Review Press.
- Barrat, J. (2013). *Our final invention* New York: St. Martin's Press.
- Broussard, M. (2018). *Artificial unintelligence: How computers misunderstand the world.* Cambridge, MA: MIT Press.
- Cheney-Lippold, J. (2017). *We are data*. New York: New York University Press.
- Ford, M. (2018). *Architects of intelligence: The truth about AI from the people building it*. Birmingham, UK: Packt Publishing.
- Gerrish, S. (2018). *How smart machines think*. Cambridge, MA: MIT Press.
- Kearns, M., & Roth, A. (2020). *The ethical algorithm: The science of socially aware algorithm*

design. New York: Oxford University Press.

- Krohn, J., Beyleveld, G., & Bassens, A. (2020). *Deep learning illustrated: A visual, interactive guide to artificial intelligence* (Addison-Wesley Data & Analytics Series). Boston, MA: Pearson Education.

- Marcus, G., & Davis, E. (2019). *Rebooting AI: Building artificial intelligence we can trust*. New York: Pantheon Books.

- Mitchell, M. (2019). *Artificial intelligence: A guide for thinking humans*. New York: Farrar, Straus and Giroux.

- Mueller, J., & Massaron, L. (2019). *Artificial intelligence for dummies*. Hoboken, NJ: John Wiley Sons.

- Nipperdey T. (1996). *Germany from Napoleon to Bismarck: 1800-1866*. Princeton NJ: Princeton University Press.

- Noble, S. U. (2018). *Algorithms of oppression: How search engines reinforce racism* 1st Edition. New York: New York University Press.

- Rothman, D. (2018). *Artificial intelligence by example: Develop machine intelligence from scratch using real artificial intelligence use cases*. Birmingham UK: Packt Publishing.

- Russell, S. (2019). *Human compatible: Artificial intelligence and the problem of control*. New York: Viking.

- Schneider, S. (2019). *Artificial you: AI and the future of your mind*. Princeton, NJ: Princeton University Press.

- Shane, J. (2019). *You look like a thing and I love you: How artificial intelligence works and why it's making the world a weirder place*. Hachette Book: New York.

- Stephens-Davidowitz, S. (2017). *Everybody lies: Big data, new data, and what the internet can tell us about who we really are*. New York: Harper Collins.

- Taulli, T. (2019). Artificial intelligence basics: A non-technical introduction. Monrovia, CA: Apress.

- Tegmark, M. (2017). *Life 3.0: Being human in the age of artificial intelligence*. New York: Vintage Books.